Dagmar E. Reifenberger

Alle meine Ängste verwandeln sich in Zuversicht

Alle meine Ängste verwandeln sich in Zuversicht

Humorvolle Rückblicke einer Schulpsychologin

Persönliche Einblicke in meine Tagebücher (1966 bis 2014) und in meinen *Brief an Schulkinder* ins Jahr 2099, geschrieben im Dezember 1999, aufbewahrt im Stahltresor in Rottweil seit Silvester 1999. Momentaufnahmen aus Grund- und Hauptschulen, Gymnasien und Berufsbildenden Schulen

Dagmar E. Reifenberger
Diplom-Psychologin und Musiktherapeutin

&

geb. Dagmar Eva Elisabeth Kamp
Kind, Jugendliche und Tagebuchschreiberin

Co-Autoren:
eine Brieftaube, ein Hund, viele Hauskatzen, zwei Esel
und eine Schnecke

Bibliografische Information der Deutschen Nationalbibliothek
Die Deutsche Nationalbibliothek verzeichnet diese Publikation in der
Deutschen Nationalbibliografie; detaillierte bibliografische Daten
sind im Internet über http://dnb.d-nb.de abrufbar.

Dagmar E. Reifenberger
Alle meine Ängste verwandeln sich in Zuversicht
Humorvolle Rückblicke einer Schulpsychologin

Berlin: Pro BUSINESS 2015

ISBN 978-3-86386-761-4

1. Auflage 2015

© 2015 by Pro BUSINESS GmbH
Schwedenstraße 14, 13357 Berlin
Alle Rechte vorbehalten.
Produktion und Herstellung: Pro BUSINESS GmbH
Gedruckt auf alterungsbeständigem Papier
Printed in Germany
www.book-on-demand.de

Inhaltsverzeichnis

Alle meine Ängste ...

verwandeln sich in Zuversicht,
denn ein Segen ist stärker als ein Fluch
und die Liebe ist stärker als der Tod.

Ein musikalisches Lesebuch aus dem Schulalltag und aus der Schule
des Lebens
als gemeinsame Lektüre
für Schülerinnen und Schüler,
Lehrerinnen und Lehrer,
Kinder, Eltern und Großeltern

mit stimmungsvollen Bildern, gemalt von Kindern im Alter von vier
bis zwölf Jahren im Rahmen eines Malwettbewerbs im Frühling/
Sommer 2012 (*mit wem musiziere ich am liebsten/für wen musiziere ich am
liebsten*).

Erlebt **im Schulalltag in Anspannung** in den Jahren 1988 bis 2013, an
Grund- und Hauptschulen, Berufsbildenden Schulen und Gymnasien
mit Musikbeispielen als Anleitung zum Entspannen, mit Liedtexten in
deutscher, englischer, französischer und lateinischer Sprache, aufgeschrieben für all meine Schülerinnen und Schüler, denen ich in ihren
schwierigen Schulzeiten oder Lebenskrisen begegnet bin oder noch
begegnen werde, die in schweren Stunden „Oh Gott!" rufen oder
seufzen, ungeachtet dessen, ob sie christlichen, jüdischen oder muslimischen Glaubens sind oder keiner Glaubensgemeinschaft angehören.

**Von Dagmar E. Reifenberger, Diplom-Psychologin beim Schulpsy-
chologischen Dienst für Katholische Schulen im Bistum Mainz /
Klang- und Musiktherapeutin in eigener Praxis**

**Ich widme dies Buch allen Menschen aus Nackenheim am Rhein
und Umgebung, besonders jenen jungen und alten Dorfbewohnern,
die daran mitgeschrieben oder mitgemalt haben.**

Und von all diesen vielen Helfern und Mitdenkern und Mitfühlenden ganz besonders: meiner guten alten Freundin und Kirchenchor – Mitsängerin Annemarie Rudolf, die unzähligen Kindern die Liebe zum Lied nahegebracht hat.

Karsamstag / Osternacht 2013

Dieses Buch ist nichts für passive Konsumenten.
Warum ist das so?
Das ganze Leben ist kein passives Konsumieren, sondern immer Begegnung und Arbeit und Spielen und Rätseln und Fragen. Das war immer so, das wird immer so sein.

Lieder haben unseren Eltern und Großeltern die Bombennächte in Luftschutzkellern erträglicher gemacht. Lieder sind auch heute eine wichtige Quelle für Lebensfreude. Deshalb enthält dieses Buch viele Lieder.

Begegnungen mit anderen Menschen, Tieren und Pflanzen bestimmen unsere alltägliche Zufriedenheit. Deshalb berichtet dieses Buch von Begegnungen mit Menschen, Tieren und Natur.

Arbeiten und Spielen sind zwei wichtige Bestandteile eines guten menschlichen Lebens. Deshalb ist dies kein Konsumartikel, sondern ein Arbeitsbuch zum entdeckenden Lernen. Es enthält ernsthafte Gedanken, zeigt aber auch, wie Angst durch Spielen verschwindet oder sich verringert.

Rätsel und Fragen, manchmal leicht zu beantworten, manchmal unlösbar, beschäftigen uns Tag für Tag. Im Rätsel begegnen sich Magie, Tradition und Deutung, Natur und Kultur, Vergangenheit, Gegenwart und Zukunft, Ernst und Witz. Deshalb enthält dieses Buch viele Rätsel und Knobelaufgaben.

Rätsel und Spiele gehören zum Menschsein.

Zu allen Zeiten haben Kulturvölker Rätsel und Spiele erdacht. Beim Rätseln und Spielen treffen sich manchmal junge und alte Menschen und im Team aus mehreren Generationen löst man schwierigste Fragen gemeinsam. Bei Quizsendungen befragt ein junger Kandidat nicht selten einen viel älteren Joker, dessen Wissensgebiet in einem anderen Bereich liegt. Wissen und Glück verknüpfen sich im Spiel.

Aus dem altniederdeutschen Wort *radislo* ist unser heutiges Wort *raten* vom Wortstamm her auch verwandt mit dem Wort *Radieschen*. So wie kleine Kinder staunen, wenn sie Radieschen ernten und wenn sie erstmals verstehen, warum Pflanzen gute Wurzeln brauchen und wie die Wurzeln einer Pflanze in der Erde aussehen, so offenbart ein Rätsel die Verknüpfung von Gegenwart, Vergangenheit und Zukunft.

Liebe und rede
allezeit
die Wahrheit

Maria Ward, 1585–1645

Geleitwort von Pfarrer Winfried Hommel, Mainz, Jahrgang 1953

Dieses Buch über Angst und Zuversicht, über Fluch und Segen, richtet sich an junge und alte Menschen, an Schüler (-innen) und Lehrer (-innen), an alle Menschen, die suchen, staunen und nachdenken. Manche Geschichten, Lieder und Verse sind in mehreren Sprachen geschrieben, in englischer, französischer und lateinischer Sprache, fast wörtlich übersetzt und doch mit feinen Unterschieden, die zum Nachdenken einladen.

Das Buch erscheint 100 Jahre nach Beginn des Ersten Weltkrieges. Es wird in Berlin gedruckt und zwar exakt 75 Jahre nach Beginn des Zweiten Weltkrieges. Die Autorin hat 50 Jahre daran geschrieben, auch gezeichnet, gestempelt und gestickt. Deshalb ist es nicht nur ein Lesebuch, sondern ein Arbeitsbuch. Frieden für die Welt beginnt im eigenen Herzen.

Wenn wir im Jahre 2014 an die Menschen denken, die vor 100 Jahren in einen Krieg gezogen sind, so wissen wir: es standen sich Nationen feindlich gegenüber, die alle für sich reklamierten, dass der einzige Gott mit ihnen sei. Christliche Nationen, die sicher waren, mit Gott an ihrer Seite im Recht zu sein.

Schon in den ersten Kapiteln der Bibel erfahren wir, wie sich Gott das menschliche Miteinander vorstellt. Er ruft Abraham aus den gewohnten Verhaltensweisen heraus und sagt ihm: „Geh in das Land, das ich dir zeigen werde ... und du sollst ein Segen sein!" / „... and thou shalt be a blessing!" / „... et tu seras une source de bénédiction!" / erisque benedictus ... atque in te benedicentur universae cognationes terrae (Gen.12, 1-3).

Das Segenslied der Sternsinger aus dem Jahre 2013, zu hören auf der beiliegenden Morgenlieder-CD, greift diese Worte an Abraham für alle Menschen auf. Auf diesen Abraham berufen sich alle großen Religionen in Europa und im Nahen Osten, sei es das Judentum, das Christentum oder der Islam.

11

Die Erde mit ihrer Vielfalt, ihrer Schönheit und Zerbrechlichkeit ist uns allen gemeinsam gegeben. Auch die verschiedenen Kulturen und Religionen auf ihrer gemeinsamen Suche nach dem Ursprung alles Guten haben unterschiedliche Überlieferungen, Traditionen und Erfahrungen. Die Größe Gottes übersteigt all unsere Vorstellungen. Kein Mensch kann sagen, dass er allein weiß, wie Gott ist. Ob Buddhist, Christ, Hindu, Jude, Moslem: Gott entzieht sich unseren Definitionen. Es ist nicht sinnvoll, sich darüber zu streiten, wer im Besitz des wahren Gottes ist. Viel besser ist es, sich darüber zu freuen, dass es junge und alte Menschen, Freunde und Fremde gibt, die wie ich dem unfassbaren und unbeschreiblichen Gott vertrauen. Und wenn jemand anders zu Gott spricht als ich es gewohnt bin, dann muss ich nicht meine Weise verteidigen aus Angst etwas zu verlieren, sondern ich bin froh, dass auch andere zum Schöpfer dieser Welt beten. Das verbindet uns miteinander auf besondere Weise.

Unsere Eine Welt soll ein bewohnbares und friedliches Haus für alle sein. Wir sollen alle miteinander leben und nicht füreinander eine Bedrohung sein, sondern ein Segen.

Beten und Singen öffnet Herzen. Barmherzigkeit beendet die Spirale der Gewalt, der Feindbilder, des Hasses, der Vergeltung. Wenn alle Menschen guten Willens in Nord und Süd, in Ost und West in gemeinsamer Verantwortung nach dauerhaftem Frieden streben, sind wir Segen miteinander und füreinander.

Mainz, den 11. Juli 2014

**Das Eselchen träumt so gerne
von guten Liedern auf seinen Wegen.**

Prolog

Vor rund fünfundzwanzig Jahren, als ich meine ersten Berufserfahrungen als Schulpsychologin an Grund- und Hauptschulen sammelte, stellten die Kinder mir die gleichen Fragen wie heute.

Sie sorgten sich, ob und falls ja, wie schnell sie ihre Schulprobleme in den Griff bekommen würden. Die klassischen Problemfelder waren Teilleistungsschwächen oder allgemeine Schulangst. Auch Probleme mit Lehrern, Mitschülern, Eltern und Geschwistern waren an der Tagesordnung. Diese klassischen Schülersorgen haben sich bis heute kaum verändert, doch es sind neue und wirklich brennende Fragen hinzugekommen, die es in dieser Weise früher nur ganz selten gegeben hat.

Manche Kinder haben Lebensängste oder Zukunftsängste, die es vor Jahrzehnten seltener gab. Sie sorgen sich, dass eine schlimme Kindheit der Auftakt zu einem schlimmen Leben sei. Mit sich selbst, Ihrem Erscheinungsbild, ihrem Körpergewicht, ihren Schulleistungen und ihren sonstigen Talenten sind viele gar nicht zufrieden. Vergleiche ich die Startbedingungen heutiger Jugendlicher mit den Jugendlichen vor einem halben Jahrhundert, so komme ich ins Grübeln. Um nicht beim Grübeln in die Endlosschleife zu geraten, habe ich mich auf die Frage konzentriert, wodurch sich Kinder trotz suboptimaler Lebensbedingungen zu starken und widerstandsfähigen Erwachsenen entwickeln. Optimale Startchancen sind und waren zu allen Zeiten der Menschheitsgeschichte generell selten. Das vergessen wir umso mehr, weil es viel zu wenig ernsthafte Dialoge zwischen Jung und Alt gibt.

In nicht wenigen Familien sind Großeltern über lange Zeiträume derart dement oder pflegebedürftig geworden, dass ganzen Großfamilien der familiäre oder finanzielle Kollaps droht. Manche Eltern, die meinen, ihren Kindern keine wirklich gute Kindheit bieten zu können, sind Tag und Nacht von Selbstzweifeln und Zukunftsängsten gepeinigt. So entstehen Angstspiralen für die ganze Familie. Nicht alle Mitglieder sogenannter Patchwork-Familien leben ausgesprochen gerne auf relativ engem Raum miteinander. So gibt es für einige Kinder Angst vor den Ferienzeiten, die doch eigentlich eine besonders erholsame Zeit sein sollten.

Probleme wie diese sind alarmierend und längst keine Einzelfälle mehr.

Neuerdings werde ich auch viel drängender als früher nach meiner eigenen Familie, nach meinem bisherigen Leben, nach meinem Glauben gefragt. Diese Fragen entspringen nicht nur kindlicher Neugierde, sondern werden aus persönlichen Zukunftsängsten gestellt. Früher war es für meine Schüler ausreichend zu wissen, dass ich am Weißen Montag in Mainz am Rhein geboren bin und irgendwo in Rheinhessen wohne, verheiratet bin, dass wir drei erwachsene Kinder haben und eine Hauskatze. Es genügt den Schulkindern nicht, mich im Schulgottesdienst zu sehen, sie bohren nach, welche der Lieder ich aus Überzeugung singe und ob ich wirklich an das glaube, was ich im therapeutischen Gespräch mit ihnen berede.

Im Schulalltag bleibt nie genug Zeit, all diese Fragen in der gebührenden Ausführlichkeit und Tiefe zu besprechen. Gerade die jüdischen und muslimischen Schüler fragen sehr detailliert nach, besonders seit Umfragen zum Thema „Wie beten die Hessen?". Sicher, ich könnte mich herausreden mit der Begründung, zu den betenden Rheinland-Pfälzern zu gehören. Aber hinter der Frage steht die ängstliche Frage. „Beten Sie für uns Schüler und falls ja, wie beten Sie. Und beten Sie auch ausreichend oft?"

Das Kreuz in der Kirche und überall sonst macht vielen Menschen Angst.

Deshalb habe ich sehr lange nach einem Kreuz gesucht, das veranschaulicht, warum das Christentum das Kreuz als wichtigstes Zeichen hat. Und warum das Kreuz das vorletzte Bild, aber niemals das Ende ist. Die Angst soll also eingestanden werden, aber nicht als Endpunkt.

Die Schulkinder, die Juden oder Muslime sind, gehen anfangs meist gerne in den Schulgottesdienst. Die Lieder, die Texte, die Atmosphäre gefallen allen.

Aber irgendwann nehmen sie Anstoß an Jesus, an dem Gekreuzigten und an dem Kreuz.
Das kann ich sehr gut verstehen. Als Kindern ging es uns nicht anders, besonders in der Karwoche.

Betrachtet dennoch einmal dieses ganz besondere Kreuz, das ich in Winkel (Ortsteil von Östrich-Winkel im Rheingau) fotografiert habe.

Aus allen fünf Wunden wachsen Trauben, wie sie ja im Rheingau üppig wachsen und gedeihen. Also will uns dieses Kreuz vor Augen führen, dass selbst aus schlimmsten Verletzungen Gutes hervorgehen kann und dass der Tod nicht das Ende von allem, sondern die Vorstufe zu einer unglaublichen Verwandlung ist.

Jesuiten-Wegkreuz in Winkel (Rheingau)

Man kann dieses Verwandelt werden auch ohne Kreuz erklären, in der Natur, wenn bei der Metamorphose aus dem Ei die Raupe wächst, die Raupe sich in etwas scheinbar Totes, Bewegungsloses verpuppt, um dann zu einem Schmetterling zu werden, der zart, aber lebendiger als alle seine vorausgehenden Lebensstufen geworden ist. Die Metamorphosen von Ovid beschreiben Verwandlungen aller Arten.

Um es deutlich zu sagen: ich möchte niemals irgendeinen Menschen von seinem Glauben weg zu meinem Glauben führen.

Ich bin keine Religionslehrerin, ich habe nicht Theologie studiert, ich habe keine missio canonica. Aber die Kinder und Jugendlichen und manchmal auch ihre Eltern möchten wissen, ob ich bete und falls ja, wie und was und wie regelmäßig, was ich über Engel und über Segen und Fluch denke.

Darauf möchte ich eine persönliche Antwort geben, denn es gibt (noch) viele Ängste auf allen Seiten.
Mir kommt es vor allem darauf an, auf welche Weise unsere Religion uns mit anderen Menschen anderer Religionen verbindet und nicht, welche Differenzen bestehen.

So sehr ich mich auch bemühe, Fragen wie diese zu beantworten, sind mir Grenzen gesetzt, bin ich doch nur mit halber Stelle zuständig an zwei Gymnasien für etwa 1500 Schüler, für deren Eltern und für 180 Lehrerinnen und Lehrer. Es sind Schulen in Trägerschaft des Bistums Mainz, und zwar die Liebfrauenschule in Bensheim und die Albertus-Magnus-Schule in Viernheim.

In schwierigen Zeiten ist es nicht verwunderlich, dass die Frage nach Gott drängender wird und ich verstehe gut, weshalb Kinder und Eltern nachhaken, wenn ich zuversichtlich bin, dass nicht jede unglückliche Kindheit zwangsläufig in Amok oder Suizid enden muss.
Für eine gute Kindheit ist es nie zu spät. Schon manche Sechzigjährige, ja, schon mancher Achtzigjährige hat dies bei einem runden Geburtstag bei einem dankbaren Rückblick feststellen dürfen. Und die Menschen, die derzeit 60 oder 80 Jahre alt werden, hatten Kriegskindheiten oder Nachkriegskindheiten, die Kindern und Jugendlichen heute von unsäglichen Entbehrungen erzählen könnten. Wenn es diesen Dialog gäbe. Dieses Miteinanderreden über Ängste damals und Ängste heute kann sehr hilfreich sein und hat in Einzelfällen schon manchem Kind bei Schulproblemen und Lebensängsten sehr geholfen.

Meine Zuversicht – nämlich, dass der Mensch als Geschöpf Gottes im Grunde seines Herzens gut ist, - kann ich nicht in wenige Worte zwischen zwei Buchdeckel schreiben. Darum habe ich sieben Jahre lang versucht, in einem Buch zusammen zu fassen, was ich aus Studium, Berufserfahrung, therapeutischem Wissen und persönlicher Familiengeschichte zusammen gepuzzelt habe. Ich bin Tagebuchschreiberin seit meinem fünften Lebensjahr, daher kann ich durch meine Tagebücher und Erinnerungen persönliche Rückschlüsse zum Thema Resilienz ziehen. Quasi als Langzeitstudie habe ich das lange und extrem beschwerliche Leben meiner Tante einfließen lassen. Sie starb im Januar 2011 im 87. Lebensjahr, war körperbehindert geboren und hatte zeitlebens keine objektiv gute Zeit, weder als Kleinkind, als Schülerin, noch als Parkinson- und Demenzkranke. Dennoch meisterte sie ihr Leben so tapfer es halt ging. Ich habe mein bisheriges Leben in ihrer Nähe verbracht, davon 45 Jahre im selben Haus. Deshalb weiß ich nahezu alles über ihre Kindheit, Schulzeit, mittlere Lebensspanne, Altersjahre. Sie hat mich im letzten Lebensjahr gebeten, ihr Leben nachzuerzählen und zu recherchieren, wie das Leben des jüdischen Arztes Dr. Nathan verlief.

Diese Kurzbiographie ist in keinem Geschichtsbuch zu finden. Wer Schindlers Liste gelesen oder als Film gesehen hat, sollte gelernt haben: nicht seiner Angst davonlaufen, sondern: Wahrnehmen! Nachdenken! So funktioniert das mit den Selbstheilungskräften!

In meinem Buch erfahrt ihr einiges über Lernen und Vergessen, Leben und Lieben, über Gott und die Welt, über euch und eure Mitmenschen, über Jugend und Alter, über Liebe und Treue. Zwischendurch entdeckt ihr viele alte und ein paar aktuelle Fotos aus Rheinhessen. Um zu zeigen, dass Sorgen heute nicht größer oder geringer sind als die Eurer Vorfahren, habe ich einige Zitate bei Jesaja, Jesus Christus, Albertus Magnus, Thomas von Aquin, Mary Ward, Ovid, Vergil, Ludwig van Beethoven, Albert Schweitzer und anderen geborgt. Namen also, die Euch im Unterricht schon begegnet sind oder in der Oberstufe begegnen werden. Wie viele von Euch längst bemerkt haben, das Lachen und das Weinen sind oft nahe beieinander und wenn ihr das in der Schulzeit lernt, dann habt ihr eine gute Balance und somit etwas Gutes für euer ganzes Leben gelernt.

Entdeckendes Lernen oder Üben in der Endlosschleife?

Beides ist gleichermaßen wichtig für deinen Schulerfolg.

Inspiration und Transpiration gehören zusammen. (Ratet mal oder findet heraus, wessen Lebenserfahrung das war! Tipp: Er hatte eine Leserechtschreibschwäche.)

Entdecken ohne zu üben und Übungen ohne zu entdecken, das ist wie eine falsch geprägte Münze, die versehentlich auf beiden Seiten dasselbe Bild zeigt.

Übung macht den Meister, nicht nur bei Handwerkern, auch beim Lesen, beim Schreiben, beim Rechnen, beim Sport, beim Musizieren, beim Denken, beim Lernen und Vergessen.

Kein Pardon für Hochbegabte! Kein Pardon für Tiefbegabte!

Entspannungsübungen sind für alle Menschen gut erlernbar, alle können diese einfachen Übungen verstehen und erlernen. Ganz gleich, ob du Oskar oder Rico[1] heißt, unmusikalisch oder ein Genie bist, im Mathematikleistungskurs oder bei Shakespeares Werken den Überblick hast oder nicht: **Resilienz und Ressourcen sind zwei Fremdworte, die du unbedingt kennen solltest.** Wenn du dir beim besten Willen nicht merken kannst, wie man diese beiden Worte schreibt, ist das auch nicht weiter tragisch. Dann behalte dir einfach die Worte **Selbstheilungskräfte und Heilquellen.**

Teilleistungsschwächen und Hochbegabung sind wie die zwei Seiten einer Münze. Viele Hochbegabte empfinden sich als schmerzhaft anders als andere, viele Kinder und Jugendliche mit Teilleistungsschwächen ebenso. Deshalb habe ich beim Schreiben dieses Buches besonders viel Zeit und Nachdenken investiert, um alle Leserinnen und Leser durch Worte, Fotos, Bilder, Melodien und Rätsel anzusprechen. Der besseren Lesbarkeit zuliebe schreibe ich aber nicht jedes Mal Schülerinnen und Schüler, Lehrerinnen und Lehrer, sondern nur jeweils eine Form und bitte darum, dass jede(r) sich angesprochen fühlen möge.

Dies Buch ist für Menschen mit Teilleistungsschwächen ebenso lesbar, weil es nicht nur das geschriebene Wort, sondern auch Melodien, Bilder, Zeichnungen und Stempel enthält.

---

[1] So heißen die ungleich begabten Freunde aus der gleichnamigen Trilogie von Andreas Steinhöfel.

Es ist aber auch für hochbegabte Kinder, Jugendliche und Erwachsene geschrieben. Wer Freude an Fremdsprachen hat, findet die ausdrucksstarken Worte und Bilder der Psalmen in den vier Sprachen Deutsch, Englisch, Französisch und Lateinisch abgedruckt.

Wenn dies Buch gemeinsam von Familienmitgliedern verschiedenen Alters gelesen wird, sollte es besonders spannend und emotional anrührend sein, mal lustig, gelegentlich traurig, doch immer geeignet, um Zuversicht zu wecken und Ängste zu zerstreuen.

Wenn man ängstlich ist, hat man besonders viele Fragen im Kopf.

Wenn man einen Termin beim Schulpsychologen hat, möchte man erfahren:

Haben/hatten schon andere Kinder und Jugendliche ähnliche Probleme?
Kann die Schulpsychologin mir helfen, weil sie selbst noch niemals Schulprobleme hatte oder gerade deshalb, weil auch sie mal manch Unerfreuliches erlebt und gut verarbeitet hat?

Ist es zulässig oder nicht, spezielle schulpsychologische Fallbeispiele zu erzählen?
Jedes Fallbeispiel ist eine sehr persönliche und sehr einmalige Begebenheit. Um die gebotene Schweigepflicht nicht zu verletzen, gibt es nur sehr wenige Beispiele aus meinem Berufsalltag. Bei diesen wenigen Nacherzählungen habe ich die Namen geändert und die inzwischen längst erwachsenen Schüler um ihre Zustimmung gefragt. Alle haben unabhängig voneinander zugestimmt, weil sie sagten, es ist schlimm, Schulängste zu haben; und es ist ein wunderbar befreiendes Gefühl, Schulangst mit etwas Hilfe und doch vor allem aus eigener Kraft loszuwerden.

Ist es korrekt oder nicht, Begebenheiten aus meiner eigenen Schulzeit (von 1966 bis 1979) zu erzählen? Ist es erlaubt, spezielle Fragen über Gott, Kirche und Beten zu beantworten?
Ich habe mir diese beiden Fragen über viele Jahre gestellt. Mir ist bewusst, in anderen Ländern oder an anderen Schulen müsste ich viele

Fragen grundsätzlich abblocken. Deshalb betrachte ich dieses Buch auch als Möglichkeit, diese immer wiederkehrenden Fragen persönlich, ehrlich, geradlinig zu beantworten.

Man betrachte meine Antworten als eine von unzähligen Antwortmöglichkeiten.
Es lässt sich aus meiner Perspektive kein Buch über Angst und Zuversicht schreiben, in dem das Wort GOTT nicht vorkommt.

Ob Juden, Christen, Muslime: wir sind alle *Menschen des Buches. Ahl-al-Kitab.*
Wir haben schriftliche Überlieferungen über unseren einen Gott. Der Hindu Mahatma Gandhi lebte bewusst auch nach der christlichen Bergpredigt. Wir sind alle unterwegs als Pilger, unser Leben und unser Verstand, alles räumlich und zeitlich begrenzt.

Jedes Elfchen, jeder Tierstempel, jede Melodie, jedes Rätsel: eine Annäherung, nicht mehr.
Aber jede Begegnung, jeder Dialog, jeder gemeinsame oder auch konträre Gedanke ist eine Chance, Angst in Zuversicht zu verwandeln. Denn nichts bleibt, aber bei Gott geht auch nichts verloren, sondern alles wird verwandelt. Das glaube ich.

Zusammenfassung des Prologes vom Co-Autor, einem Esel

Ich bin ein Esel.

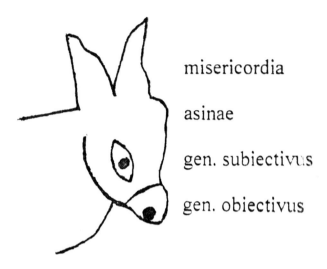

misericordia

asinae

gen. subiectivus

gen. obiectivus

Ich trage lebenslänglich schwere Lasten.
Ich diene allen: den Juden, Christen und Muslimen
und auch all denen, die nicht ohne Augenzwinkern sagen: „Thank
God, I'm an atheist!"
Ich habe starke Kreuzschmerzen.
Ein Kreuz ist etwas sehr Schlimmes, aber ein Kreuz ist niemals das
letzte.
Am Ende wird alles gut, denn das Kreuz ist ein Zeichen der Erlösung,
die kommen wird.
Deshalb sitzt auf fast allen Kirchtürmen ganz oben ein Kreuz.
Ganz oben? Nein, nicht ganz oben, denn auf dem Kreuz steht der
Kirchtumsgockel.
Also ist das Kreuz das vorletzte Zeichen zwischen Erde und Himmel.

Gibt es einen Body-Mass-Index für Kirchturmgockel?

Theoretisch kann man grundsätzlich alle Zahlen in Relation zu irgendwelchen anderen Zahlen setzen. Da jeder Gockel auf dem Kirchturm ein anderes Gewicht und eine andere Körperform hat als andere Kirchturmgockel, wäre es also auch möglich, das Gewicht des Gockels im Bezug zum Quadrat der Körpergröße desselben zu berechnen.

Aber einen Kirchturmgockel-BMI-Wert? Nein, den gibt es nicht und die Hähne auf Kirchtürmen grübeln nicht darüber nach, wie schwer oder leicht, wie klassisch oder modern sie sind oder scheinen. Form, Figur und Body-Mass-Index bekümmern sie nicht.
Da stehen sie einfach drüber.
Sie haben auch nicht die Fähigkeit, sich aktiv ihre Blickrichtung auszusuchen.

Also bleibt ihnen nur die Demut, Tag für Tag die Position zu akzeptieren, die Wind und Wetter vorgegeben haben. Und aus jedem Blickwinkel und aus jeder Position ihren einfachen Dienst zu tun.
So wie du und ich.

Der Wetterhahn auf dem Kirchturm stellt eine Frage

Domsgickel (2013)

Betrachtet euch den Wetterhahn und erinnert euch an die weisen Eselsworte!

Wenn ihr unterwegs seid, versucht mal ein Jahr lang zu notieren, wie es in eurer Umgebung aussieht. Das ist nämlich eine gute Achtsamkeitsübung!

Versucht mal, der Häufigkeit von Kirchenhähnen auf Turmkreuzen eine Bruchzahl zuzuordnen. Sind es mehr als die Hälfte, sind es zwei Drittel?

Die Schnecke auf dem Jakobsweg stellt auch eine Frage

Wieviele Farbtöne hat mein Schneckenhaus?

Wollt ihr die Frage des Wetterhahns beantworten, so müsst ihr **nach oben** schauen.

Wollt ihr zählen, wieviel Farbtöne mein Schneckenhaus hat, so müsst ihr aufmerksam **nach unten** gucken. Es gibt so viele unterschiedliche Schnecken, die euch auf dem Jakobsweg oder überall sonst in der Natur begegnen können.

Als Menschen, vor allem: als junge Menschen ermöglichen eure Halswirbelsäule, eure Muskeln, Sehnen, Gelenke so viele präzise Bewegungen. Freut euch darüber an jedem Tag!

Der Hund kennt die Richtung, wenn du dich verlaufen hast

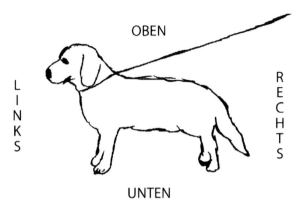

OBEN

LINKS

RECHTS

UNTEN

Fips beschützt alle Briefe und Briefträger

Manchmal hast du das fürchterliche Gefühl, alles gelernt und doch nichts behalten zu haben.

In deinem Kopf ist ein großes Durcheinander.

Dann sortiere mal ganz langsam, was du noch weißt.

Wo ist oben, wo ist unten? Das weißt du doch schon mal sicher!

Also, du merkst: du weißt nicht nichts!

Jetzt wird es schon schwieriger: wo ist links und rechts?

Schließe dir Augen, stell dir vor, dass du mit deinem Stift einen schwungvollen Satz übers Papier schreibst. Der Satz heißt zum Beispiel: *Die Schwalbe fliegt zum Nest.*

Völlig egal, ob du Rechtshänder oder Linkshänder bist:

Wenn deine Hand und dazu dein Blick übers Schreibpapier gleiten, wandern diese Bewungen von links nach rechts.

So, nun hast du schon vier Ortsangaben: oben, unten, links, rechts.

Und alles andere ist irgendwo dazwischen. Die vier Himmelsrichtungen: Nord und Süd kannst du dir sicher wieder leicht merken. Falls du Angst vor West-Ost-Verwechslung hast, merk dir die Eselsbrücke im Uhrzeigersinn: **N**ie **O**hne **S**ocken **W**andern.

Und wenn du dich wirklich einmal ganz und gar verlaufen und verirrt hast: Ruhig atmen, innehalten, nachdenken, weiterlaufen.

Kommentar eines Singvogels

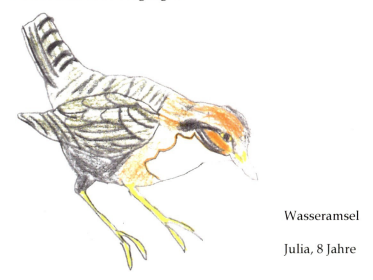

Wasseramsel

Julia, 8 Jahre

Menschen sind manchmal mürrische Mitgeschöpfe.
Sie haben weder einen richtigen Pelz wie andere Säugetiere, noch Federn wie wir.
Sie leben nicht wirklich im Einklang mit den Jahreszeiten.
Sie tragen nur wenig zum harmonischen Klangteppich der Welt bei.
Sie starren ständig auf kleine Metallkästchen, die sie sich auch ausdauernd ans Ohr pressen.
Sie nehmen diese kleinen blinkenden Dinger sogar mit in ihr Schlafnest.
Sie wundern sich dann, wenn sie nicht einschlafen können oder etwas Schlechtes träumen.

Solche Menschen, die sich täglich voller Achtsamkeit zu kleinen Tieren herabbeugen und
solche Menschen, die täglich achtsam zu den Wetterhähnen auf Kirchturmspitzen hinaufsehen, leben gesünder und zufriedener.

Die Menschen sind so unglaublich umständlich, wenn es um Gott und seine Schöpfung geht.
Die Menschen benötigen Morgen- und Abendgebete, um mit Gott zu sprechen.
Wir Tauben und Katzen sprechen mit Gott, indem wir einfach gurren und schnurren.
Die Menschen suchen heilige Orte auf, um Gott zu begegnen. Sie komponieren, musizieren und dirigieren für Gott. Wir Grillen und Zikaden musizieren ganz ohne Großhirn.
Wir Hunde und Esel begegnen Gott, indem wir anderen Mitgeschöpfen ohne Murren dienen.

Oh, ihr Menschen müsst so viele Meditationen und Achtsamkeitsübungen tun, bis ihr euch selbst und dem Schöpfer aller in allem begegnen könnt.

Wir helfen euch dabei, indem wir euch durch unser Gurren und Schnurren und in unzähligen anderen Ermutigungen eine Extraportion Zuversicht schenken.

Dankesbrief an gute Lehrer

Gute Lehrer sind Menschen, von denen man viel Gutes lernen kann. Sie sind nicht nur (aber auch) an Schulen und überall im Alltag zu finden.

Im Dezember 1999 war in vielen Tageszeitungen ein einmaliges Angebot zu lesen:

In Rottweil werde zum Millenniumswechsel eine riesige Postbox versenkt, in der man Tausende von Briefen aufbewahren könne. Zu Silvester 2099 solle die Postbox wieder ans Tageslicht geholt und geöffnet und die Briefe dann den Empfängern zugestellt werden.

Diese Idee erschien mir in vielerlei Weise faszinierend! Als Schülerin und Studentin hatte ich bei jedem Wetter in den Ferien bei der Bundespost Briefkästen geleert, unzählige Briefe sortiert und zugestellt. Meine wertvollsten eigenen Briefe und Postkarten stammen von meiner Urgroßmutter mütterlicherseits, die längst gestorben war, als meine Mutter noch nicht geboren war.

Von den knapp 4000 Briefen, die im Rottweiler Tresor auf Silvester 2099 warten, habe ich vier Briefe geschrieben, nämlich zwei persönliche an etwaige Urenkel und zwei Briefe an Schulen, mit deren Schulentwicklung ich mich beruflich und persönlich verbunden fühle.

Meine vier Briefe ins neue Jahrtausend habe ich unter relativem Zeitdruck geschrieben, einen Liedtext, Kinderzeichnungen unserer Kinder und Fotos von uns und der Familienkatze hinzugefügt und alles zusammen schnell abgeschickt, um den Einsendeschluss nicht zu verpassen.

Inzwischen sind unsere Kinder groß geworden, die übernächste Katze lebt bei uns, ich arbeite an zwei anderen Schulen, die mir inzwischen ebenfalls sehr am Herzen liegen. Die Schüler, die ich heutzutage als Schulpsychologin betreue, haben die gleichen und doch obendrein wieder andere Schulprobleme als zu meiner Berufsanfängerzeit.

Sollte ich in vier Sätzen ein Resümee meiner langjährigen Erfahrungen schreiben, so lauten diese:

1) Schule kann ein wundervoller Lebensraum sein, (ist es aber leider oft nicht).
2) Lernen geschieht lebenslänglich (und kann theoretisch jederzeit in jedem einzelnen Schulfach und in jedem Alter Begeisterungsstürme auslösen).
3) Man kann sich in der Schule täglich ganz viel ärgern, (aber man ist nicht dazu verpflichtet).
4) Von guten Lehrern (und von guten Mitschülern und von guten Kollegen) lernt man ganz viel Gutes, wofür man lebenslänglich dankbar sein sollte.

Dies Lesebuch für Schüler und Lehrer, Eltern und Großeltern ist mein langer Dankesbrief an alle Menschen, (auch an diejenigen ohne akademische Ausbildung), von denen ich unendlich viel gelernt habe. Die Kinderzeichnungen, entstanden im Rahmen eines Malwettbewerbes und sie sind ein besonderes Dankeschön für eine besondere Lehrerspezies, nämlich die Musiklehrer.

DANKESBRIEF
AN GUTE LEHRER

Letter of thanks to all good teachers

Good teachers are those, who can teach us good lessons. A good teacher is not necessarily a university graduate.

They can be found at schools but also everywhere else as well.

In December 1999, many local newspapers reported about a unique offer:

In Rottweil, an enormous post box was to be buried in which people would be able to store thousands of letters. On New Year's Eve in 2099, the box would be dug out again, opened and all the letters sent to the addresses. I found this idea fascinating in many different ways! As a pupil and later as a student I was used to spend my holidays working at a post office with tasks like sorting and sending out loads of letters or collecting mail from the letter boxes in all weathers. My most precious own letters and postcards come from my mother's grandmother, who died long before my mother was born.

I have written four of the roughly 4,000 letters waiting for New Year's Eve 2099 in the big box in Rottweil; two very personal ones to possible great-grandchildren and two letters to schools with which I feel connected both on a professional and private level. My four letters to be opened in 2099 were written under difficult conditions. In order not to miss the deadline I hurriedly compiled the lyrics of a song, some of my children's drawings and pictures of our family and our cat.

By now, our children have grown up, the next but one cat is living with us and I am working at two other schools both of which really concern me. The pupils coming to me for psychological assistance have both the same and different problems at school than the young people I met during my first years.

If I were supposed to summarise my long experience in the school system, it might look like this:

1) Schools can be wonderful places (unfortunately, often they are not).
2) People learn throughout their lives (and, theoretically speaking, learning can enthuse people at any time, any age and concerning any subject).

3) You can get mad about loads of things at school – every single day (but you are not obliged to do so).
4) Good teachers (as well as good fellow pupils and good colleagues) can teach you a lot of things for which you should be grateful all your life.

This reader for pupils and teachers, parents and grandparents is my extensive letter of thanks to all the people (including those without academic background) from whom I have learnt so incredibly much. The children's drawings stem from a drawing competition and shall serve as a special thank you to a very special group of teachers: the music teachers.

Rotstift oder Buntstift?

Alles, was man liest, erlebt, hört und sieht, das kann man mit einem Rotstift korrigieren.
Man ist allerdings nicht dazu verpflichtet. Nur, wenn man gerade Klassenarbeiten, Tests, Klausuren korrigiert, ist rote Tinte notwendig.

Für alle anderen Situationen ist vielleicht der Buntstift besser.

Was will ich mir merken und vielleicht gründlicher überdenken? Was lässt mich lachen oder weinen, zustimmen oder ablehnen, nachdenklich oder dankbar werden?

Dieses Buch darfst du gerne mit Rotstift lesen (besonders, wenn du kein Lehrer bist).

Wenn du es nicht nur mit Rotstift liest, sondern beim Lesen mit mehreren Buntstiften unterstreichst, hast du bestimmt mehr Freude und Lerngewinn.

Wer die heiligen Worte hütet,
wird von ihnen behütet.

Thomas von Aquin, 1225–1274

Der Mensch kann nicht
in einem Dorf leben, in dem es
keine Musiker gibt.

Afrikanisches Sprichwort

Morgenlieder machen Mut

Gedruckte und handgeschriebene Lieblingszeilen

Nichts ist so vergänglich wie ein Lied:
Eben wird es gesungen und schon ist unser Lied für immer verklungen.

Nichts ist so ewig wie ein Lied:
Vor über hundert Jahren wurde es von unseren Urgroßeltern gesungen und wir singen es heute und hier wieder ganz neu.

Nichts ist so ähnlich wie das geschriebene Wort.
In den vier in diesem Buch ausgewählten Sprachen benutzen wir fast dieselben Buchstaben, Gedanken und Bilder.

Nichts ist so verschieden wie die individuelle Handschrift:
Jeder Mensch hat seine persönliche Schreibschrift.

Danke all jenen jungen und alten Menschen, die eine Liedzeile oder Liedstrophe, ein Psalmenwort oder ein Gebet in ihrer Handschrift geschrieben haben!

Mit meiner Freundin Leonie spiele ich am liebsten Geige.

Johanna, 8 Jahre

Kein Tag ohne Linie. No day without a line.
Wer soll dies gesagt haben und was ist *deine tägliche* Pflichttätigkeit als
Schüler, als Mensch?

Küchentuch unserer Großeltern Eva und Anton Kamp
Wann immer man in die kleine Küche gekommen ist, hat man automatisch diese Worte gelesen, also als positiven Willkommensgruß
verinnerlicht.

Morgenlieder

1 O Atem erster Frühe
(T: Gustav Schüler 19. Jh.; M: Melchior Teschner 1615)
Michael Freund (Michael Freund an der Schlimbach-Orgel von St.
Gereon Nackenheim)

2 O Atem erster Frühe
(T: Gustav Schüler 19.Jh.; M: Melchior Teschner 1615)
Michael Freund (Orgel), Dagmar E. Reifenberger (Gesang)

3 Die güldene Sonne
(T: Paul Gerhardt, 1607-1676; M: Joh. Georg Ebeling 1666)
Michael Freund (Orgel) nGL 700

4 Die güldene Sonne
(T: Paul Gerhardt, 1607-1676; M: Joh. Georg Ebeling 1666)
Michael Freund (Orgel), Dagmar E. Reifenberger (Gesang)

5 Rise, Rise, Thou Merry Lark
(Elizabeth Grant, 1745-1814 Pastorial folk tune (Wales, orig.
Codiad Yr Hedydd)
Michael Freund (Orgel)

6 Rise, Rise, Thou Merry Lark
(Elizabeth Grant, 1745-1814 Pastorial folk tune (Wales, orig.
Codiad Yr Hedydd)
Michael Freund (Keyboard)

7 Morgenläuten
(Sechs-Uhr-Geläut St. Gereon zu Nackenheim)
St. Marienglocke, Bruder-Konrad-Glocke

8 Aus meines Herzens Grunde
(EG 443, GL 669, nGL 86) ;
T: Georg Niege um 1586; M: Eisleben vor 1598)
Dagmar. E Reifenberger (Blockflöte, Gesang)

9 Herr des Himmels, Herr der Welt
(Trad. Erntedanklied aus Nackenheim 19. Jh.)
Michael Freund (an der Schlimbach-Orgel von St. Gereon Nackenheim)

10 Fiel
(Bolivianisches Erntedanklied / traditionell)
Eco Latino (Gitarren, Flöten, Percussion), Aufnahme in Nackenheim 2013

11 Frère Jacques
(Französischer Kanon 17. Jh.)
Michael Freund (an der Schlimbach-Orgel von St. Gereon Nackenheim)

12 Zusammenläuten
(Glocken f – g – a)
3 Glocken von St. Gereon Nackenheim (St. Maria, St. Joseph, Bruder Konrad)

13 Der Tag der Auferstehung
(T: Dagmar E. Reifenberger 2006; M: Württemberger Gesangbuch 1784, Bearbeitung Jutta Schitter 2006) *** The day of resurrection
Dieter Rudolf (an der Schlimbach-Orgel von St. Gereon Nackenheim), Kirchenchor St. Gereon Nackenheim

14 Mein ganzes Herz erhebet Dich
(T: EGB 1972 nach Psalm 138; M: Lyon 1543)
Dr. Renate Lang (an der Schlimbach-Orgel von St. Gereon Nackenheim), Kirchenchor St. Gereon Nackenheim nGL 143

15 Dem Herrn sei Lob in seinen Höhen
(GL 916 (3) Ausgabe Bistum Mainz, 1974, Mainz 1865)
Elisa Groth (Orgel)

16 Sacris solemniis
(T: Thomas von Aquin 13. Jh.; M: trad.)
Dieter Rudolf (an der Schlimbach-Orgel von St. Gereon Nackenheim), Kirchenchor St. Gereon Nackenheim

17 Mit einem Stern führt Gottes Hand
(GL 819; M: Mainz 1850; T: Mainz 1865 nach „Crudelis Herodes"
nGL 783)
Dr. Renate Lang (an der Schlimbach-Orgel von St. Gereon Nackenheim), Gemeinde St. Gereon (Gesang)

18 Ihr sollt ein Segen sein (Sternsingerlied 2013)
(Ramona Rost, 2012) ***
Aaron Lang (Keyboard), Sternsinger und Messdiener St. Gereon
Nackenheim (Gesang)

19 Nun danket all und bringet Ehr'
(GL 267; T: Paul Gerhardt 1647; M: Johann Crüger 1653 nach Genf
1562, nGL 403)
Josef Schaffrath (an der Schlimbach-Orgel von St. Gereon Nackenheim), Gemeinde St. Gereon Nackenheim (Gesang)

20 Gaudeamus igitur
(Trad. Studentenlied)
Jakob Reifenberger (Ukulele, Pfeifen), Hans-Peter Reifenberger
(Sprecher)

21 Maudit sois-tu, carilloneur
(Französisches Kinderlied, 19. Jh.)
Michael Freund (Orgel)

22 Ein Mann fuhr ins Chinesenland
(T und M : Sigisbert Kraft, aus: 'der Eisbrecher', Mundorgel)
Michael Freund (Orgel), Dagmar E. Reifenberger (Metallophon,
Xylophon, Glockenspiel)

23 Schulglocke
(C´´ – G´ – E´ – C´, Liebfrauenschule, Bensheim; C´ – E´ – G´ – C´´,
Albertus-Magnus-Schule, Viernheim; Tonstudio Alfred Huff
„Sound 2012")

24 Ballade pour Josephine
(M: Michael Freund 2001)
Michael Freund (an der Schlimbach-Orgel von St. Gereon Nackenheim)

25 Ich suche Dich
(Traditionslied für Männerchor, 19. Jh.)
Michael Freund (Keyboard)

26 Uhrenschlag um 18 Uhr
(Kirche St. Aposteln, Viernheim)

27 Schläft ein Lied in allen Dingen / Lobe den Herren
(EG 316, GL 258, nGL 392;
T: Joachim Neander 1680; M: Stralsund 1665)
Veeh-Harfen-Ensemble Arpeggio (Ensemble aus Menschen mit
und ohne Down-Syndrom),
mit freundlicher Genehmigung von Johanna-Veeh-Krauß

Anmerkung:
Zu den mit *** gekennzeichneten Liedern sind die Noten im Buch
enthalten.
Die Lieder, die im EG oder nGL enthalten sind, kannst du selbst leicht
nachschlagen.
Sowohl in katholischen wie in evangelischen Kirchen liegen für Besucher Gesangbücher bereit.

Jeder Singvogel hat sein eigenes Morgenlied.

Noch ehe es draußen hell wird, kannst du es hören: Zwitschern, Pfeifen, Tirilieren.
Auch du hast einen neuen Morgen vor dir. Begrüße ihn mit Dankbarkeit und Demut und mit einem Morgenlied. Deine Klangspur, dein
Soundtrack trägt dich wie ein fliegender Teppich durch die Schule,
durch die Arbeit, durch schwierige und schöne Stunden.

Morgenlied Nr. 1

O Atem erster Frühe

1. O Atem erster Frühe, o Strom der Sonnenglut,
nun wache auf und glühe, nun brause, Lebensblut!
Die Wälder, traumverhangen, schau'n groß ins neue Licht;
die Felder stehn im Prangen, wie reich, sie wissen's nicht.

2. Mein Herz, auf, ihn zu grüßen! Ein neuer Tag bricht an;
leg ihm dein Werk zu Füßen, damit er's segnen kann,
dass er mit seiner Gnade, dass er mit Glanz und Tau
dich, meine Seele bade, wie dort die grüne Au.

3. Nun läuten Morgenglocken. Wie wogt ihr Klang zuhauf!
Und heimlich, süß erschrocken stehn auch die Blumen auf.
Mit tausend Vogelkehlen stimm ein, wer stimmen mag;
Du, Herr Gott, wir befehlen dir diesen neuen Tag.

Lissi
(52 Jahre)

43

O Atem erster Frühe

1. O Atem erster Frühe, o Strom der Sonnenglut,
nun wache auf und glühe, nun brause, Lebensblut!
Die Wälder, traumverhangen, schau'n groß ins neue Licht;
die Felder stehn im Prangen, wie reich, sie wissen's nicht.

2. Mein Herz, auf ihn zu grüßen! Ein neuer Tag bricht an;
leg ihm dein Werk zu Füßen, damit er's segnen kann,
dass er mit seiner Gnade, dass er mit Glanz und Tau
dich, meine Seele bade, wie dort die grüne Au.

3. Nun läuten Morgenglocken. Wie wogt ihr Klang zuhauf!
Und heimlich, süß erschrocken ohen auch die Blumen auf.
Mit tausend Vogelkehlen stimmern, wer stimmen mag:
Du, Herr Gott, wir befehlen dir diesen neuen Tag.

abgeschrieben am 3. März 2013   Ronald, 74 Jahre

Die Wälder, traumverhangen,

schau'n groß ins neue Licht;

die Felder stehn im Prangen,

wie reich, sie wissen's nicht.

(allegra, 14)

44

Mein ♥, auf, ihn zu grüßen!
Ein neuer Tag bricht an,
leg ihm dein Werk zu Füßen,
damit er's segnen kann,
dass er mit seiner Gnade,
dass er mit Glanz und Tau
dich, meine Seele bade,
wie dort die grüne Au.

Tanja, 37 Jahre

Morgenlied Nr. 2

siquidem avis invenit domum
et passer nidum sibi ubi ponat pullos suos

auch der Sperling findet ein Haus
und die Schwalbe ein Nest für ihre Jungen
(Psalm 84, 3)

Gute Melodien können ihre heilsame Wirkung nur dann entfalten, wenn sie ungekünstelt und echt und ehrlich daher kommen.
Dazu gehören auch immer Fehler und kleine Unstimmigkeiten.
Sie basieren auf der Einmaligkeit von Instrumenten, Glocken und Stimmen.
Selbst Glockenklänge klingen nicht immer gleich, sondern sind jeweils abhängig von Wind und Wetter und vielen anderen Gegebenheiten.
Deshalb wurden die vielen einzelnen Aufnahmen im Tonstudio zwar ausbalanciert, aber nicht korrigiert. Und auf diese Weise sind sie authentisch, doch niemals perfektionistisch entstanden.
Gerade dies lädt zum Mitsingen und Mitsummen und Mitpfeifen ohne Selbstkritik, doch mit therapeutischem Nutzen ein. So wie man vielleicht am schönsten tanzt, wenn einem niemand dabei zuschaut, so singt man nicht selten dann besonders schön und harmonisch und ungekünstelt, wenn niemand zuhört.
Wenn mehr als zwei Stimmen miteinander singen, dann gelingt dieses Miteinander oft nicht auf Anhieb. Der Beginn eines Liedes oder Kanons kann schwanken und das gilt ganz besonders im Gottesdienst bei Gemeindegesängen, trotz Orgelbegleitung.
Das Leben ist kein Wunschkonzert, es ist überhaupt kein Konzert.
Das Leben findet nur für wenige Menschen im Orchestergraben statt. Aber wenn du dich fühlst wie Häslein in der Grube, sammle Kraft, atme tief durch, pfeife deine Mut machende Melodie und springe aus der Grube heraus. Das Leben ist ein Unterwegssein, das mit einem Lied auf den Lippen besser gelingen kann und jede Harmonie und jegliches Gelingen ist das Ergebnis zweier Komponenten, von Arbeit und Gnade.

Die güldene Sonne

Die güldene Sonne bringt Leben und Wonne,
die Finsternis weicht.
Der Morgen sich zeiget, die Röte aufsteiget,
der Monde verbleichet.

Kommt lasset uns singen,
die Stimme erschwingen,
zu danken dem Herrn.
Ei bittet und flehet,
daß er uns beistehet
und weiche nicht fern.

Mathilde, 82 Jahre

Es sei ihm ergeben mein Leben und Schweben,
mein Gehen und Stehn.
Er gebe mir Gaben zu meinem Vorhaben,
laß richtig mich gehn.

(Rosemarie, 71 Jahre)

Ich spiele am liebsten auf meinem Glockenspiel, zusammen mit meiner großen Cousine Hannah. Wenn ich mal so alt wie Hannah bin, kann ich auf vielen, vielen Plättchen ganz viele verschiedene Töne spielen. Das dauert aber noch viele Wochen.

Marie Cara, 4 Jahre

Er gebe mir Gaben zu meinem Vorhaben,
lass richtig mich gehen.

(Maria, 52 Jahre)

Die güldene Sonne bringt Leben und Wonne,
die Finsternis weicht.
Der Morgen sich zeiget, die Röte aufsteiget,
der Monde verbleicht.

Martina, 46 Jahre

„Die güldene Sonne bringt Leben und Wonne,
die Finsternis weichet,
Der Morgen sich zeiget, die Röte aufsteiget,
der Monde verbleicht.

– – –

Er sei ihm ergeben mein Leben und Schweben,
mein Gehen und Stehen.
Er gebe mir Gaben zu meinem Vorhaben,
lass richtig mich gehen."
Marina, 44 Jahre

Es sei ihm ergeben mein Leben und Schweben,
mein Gehen und Stehn.
Er gebe mir Gaben zu meinem Vorkaben,
lass richtig mich gehen.

(Jasmin, 19 Jahre)

In meinem Studieren wird er mich wohl führen
und bleiben bei mir ......

Norbert – 50

Die güldene Sonne

5 In meinem Studieren wird er mich wohl
führen und bleiben bei mir,
wird schärfen die Sinnen zu meinem
Beginnen und öffnen die Tür.

Louise, 65

Ich spiele am liebsten mit meinem Papa vierhändig Klavier, denn er spielt ganz, ganz schnell und trotzdem richtig.

Felicia, 8 Jahre

Morgenlied Nr. 5

Rise, rise thou merry lark

Dagmar
Reifenberger

'Tis a stream of melody
 That stems the raptured soul away

                              Deborah
                               (54 y.)

' tis a stream of melody
 That steals the raptured soul away
                        (Irina, 46 Jahre)

Higher yet, still higher fly
Still soaring upward in the sky;
    As when, in Eden's fairest grove
Unto the new created pair
You first did tune, to music rare,
    A merry song of love!

(Jakob, 21 Jahre)

Morgenlied Nr. 8

Aus meines Herzens Grunde
sag ich dir Lob und Dank
in dieser Morgenstunde,
dazu mein Leben lang,
dir, Gott in deinem Thron,
zu Lob und Preis und Ehren
durch Christum, unsern Herren,
dein' eingebornen Sohn.

Dieter, 77 Jahre

1. Aus meines Herzens Grunde sag
ich dir Lob und Dank
in dieser Morgenstunde
und all mein Leben lang

Ursula, 44 Jahre

Ich musiziere am liebsten mit meiner Mama, denn es hört sich toll an,
wenn man ein großes und ein kleines Cello zusammen hört.

Florian, 10 Jahre

Aus meines Herzens Grunde
sag ich dir Lob und Dank
in dieser Morgenstunde
und all mein Leben lang.

Christel (62J.)

Aus meines Herzens Grunde sag ich dir Lob
und Dank.
In dieser Morgenstunde dann mein Leben
lang.

(Hildegard 65 Jahre)

Aus meines Herzens Grunde.

(Rita, 68 Jahre)

meine Liedzeile:

"Gott will ich lassen raten,
denn er all Ding vermag."
GL 669,3

Alfred, 80 Jahre

In meiner Schulklasse habe ich Geige für meine Mitschülerinnen ge-spielt und unsere Musiklehrerin, Frau Weis, hat mich am Piano be-gleitet. Zusammen spielen wir das Concerto von Rieding und davon den 1. Satz.

Josephine, 11 Jahre

Aus meines Herzens Grunde
sag ich dir Lob und Dank
in dieser Morgenstunde
und all mein Leben lang
dir, Gott, in deinem Thron,
zu Lob und Preis und Ehren
durch Christum, unsern Herren,
dein' eingebornen Sohn.

Gisela   85 Jahre

Anmerkung der Autorin:

Durch einen tragischen ärztlichen Kunstfehler
verlor Gisela, heute 86 Jahre, vor über 50 Jahren
FAST beide Hände.
Nach unzähligen Operationen, Transplantationen,
Krankenhausaufenthalten, Nachbehandlungen......
konnte sie schließlich beide Hände wieder –
mit Einschränkungen – gebrauchen.
Gerade wegen dieser Hände war sie uns
als Sport- und Biologie-Lehrerin ein Vorbild.
Das möchte ich all meinen Schülerinnen /Schülern
ans Herz legen, die oft vorschnell sagen:
SCHREIBEN kann ich gar nicht......

Morgenlied Nr. 9

ERNTE-DANKLIED

1. Herr des Himmels, Herr der Welt
   der was atmet mild erhält,
   auf dein mächtiges Gebot
   keimt das Korn u. wächst das Brot.

2. Unnütz blieb der Hände Fleiß,
   unnütz flöß des Landmanns Schweiß
   göß nicht deine Vaterhand
   Segen über Flur und Land.

3. Regen gibst du mild und Tau
   über Wiese Feld und Au'
   und der Feldfrucht zum Gedeih'n
   rechter Zeit den Sonnenschein.

4. Herr, du strömest Segen aus
   reichlich über Hof und Haus,
   uns bescherend Speis und Trank,
   Lob sei die und Prei und Dank.

5. Und mit frommen Kindersinn
   nehmen wir die Gaben hin,
   die zum Lohn für Fleiß und Müh'
   deine Güte und verlieh.

6. Wollen nicht in Obermut
   prassen mit dem Erntegut;
   auch dem Bruder, der in Not
   sei gegönnt ein Stücklein Brot.

7. Herr und wenn wir mit Vertrau'n,
   wieder unser Feld bebau'n,
   gib, daß unser Tun dabei
   fürder auch gesegnet sei.

8. Herr des Himmels, Herr der Welt
   segne ringsum Flur und Feld,
   segne unsern Bauernstand
   und das ganze Heimatland.

Herr des Himmels, Herr der Welt
der was atmet mild erhält,
auf dein mächtiges Gebet
keimt das Korn und wächst das Brot

Wally,
(632)

Lieblingslied -   Erntedanklied
                   Herr des Himmels, Herr der Welt

Das Lied spricht mich besonders an weil es
aus unserer Region kommt, und in mir
Kindheitserinnerungen wachruft.
Der Text des Erntedankliedes (reift das Korn
und wächst das Brot) erinnert mich immer
wieder an den Duft des frischgebackenen Brotes
in der elterlichen Bäckerei
Ich singe das Lied sehr gerne, weil ich nicht
nur den Text, sondern auch die Melodie
sehr schön finde.   Edith
                         (65J.)

Herr des Himmels, Herr der Welt
1. Strophe

                    Gerhard, 60

62

Ernte – Danklied

2. Unnütz blieb der Hände Fleiß,
   unnütz flöß des Landmanns Schweiß,
   göß nicht deine Vaterhand
   Segen über Flur und Land.

   Ottma, 81 Jahre

2) Unnütz blieb der Hände Fleiß
   Unnütz flöß des Landmanns Schweiß!
   göß nicht deine Vaterhand
   Segen über Flur u. Land,

3) Regen gibst du mild u. Tau
   über Wiesen Feld und Au
   und der Feldfrücht zum Gedeih'n
   rechter Zeit den Sonnenschein!

   Wolfgang, P2

Soweit wir uns erinnern können, hat unser Jakob niemals seine Hausaufgaben durch zusätzliche Fleißaufgaben angereichert. Mit dieser
einzigen Ausnahme. Die Hausaufgabe in der musikalischen Früherziehung lautete: *Male einen Frosch, der im Schilfrohr musiziert.*

Morgenlied Nr. 11

Hörst du nicht die Glocken?

Morning bells are ringing!

Sonnez les matines!

Dagmar, 54 Jahre

Morgenlied Nr. 12

ZUSAMMEN – LÄUTEN

Hl. Maria , Ton f

Hl. Bruder Konrad , Ton g

Hl. Joseph , Ton a

Morgenlied Nr. 13

Der Tag der AUFERSTEHUNG!

Osterei mit Liedzeile

Now let the heavens be joyful
and earth her song be-gin,
the round world keep high triumph
and all that is therein;
let all things seen and unseen
their notes of glad-ness blend,
for Christ the Lord is risen,
our joy that hath no end.

(3. Strophe, abweichend von 1./2. Strophe!!!)

Text: St. John of Damascus

(Passah / Passahfest / Passover of gladness / Passover of gladness auf die andere → Ende Seite bringen.)

Hildegard Rahm

Now let the heavens be joyful,
  let earth her song begin,
the round world keep high triumph,
  and all there is therein;
let all things seen and unseen
  their notes of gladness blend,
for Christ the Lord is risen,
  our joy that has no end.

Rosie, (52)

Let all things seen and unseen
their notes in gladness blend,
for Christ the Lord hath risen,
our joy that hath no end.

Bettina, 22 Jahre

68

Morgenlied Nr. 14

Mein ganzes Herz erhebet dich,
vor dir will ich mein Loblied singen
und will in deinem Heiligtum, Herr,
dir zum Ruhm mein Opfer bringen.

Dein Name strahlt an allem Ort,
und durch dein Wort wird hell das Leben.
Anbetung, Ehr und Herrlichkeit bin ich
bereit, dir, Gott, zu geben.

(Jutta, 47 Jahre)
GL 264

Dein Name strahlt an allem Ort,
und durch dein Wort wird hell das Leben.
Anbetung, Ehr und Feierlichkeit
bin ich bereit, dir, Gott, zu geben.

Ernst, 83 Jahre

„In Angst und Widerwärtigkeit wird mir
allzeit Dein Antlitz leuchten."
aus „Mein ganzes Herz erhebet Dich"

Claudia, 50 Jahre

Dein Name strahlt an allem Ort,
und durch dein Wort wird hell das
Leben.
Anbetung, Ehr und Feierlichkeit
bin ich bereit, dir, Gott zu geben

Willy
(63)

Dein Name strahlt an allem Ort,
und durch dein Wort wird hell das Leben.
Peter, 65 Jahre

Morgenlied Nr. 15

1. Dem Herrn sei Lob in seinen Höhen,
   und friede sei der ganzen Welt.

2. Wir haben Gottes Heil gesehen,
   das er in seinem Sohn bestellt.

Sr. Jyothi 44 Jahre

Wir sind nicht mehr verlassne Sünder;
erlöste Christen, freuet euch;
Wir in Christus Gottes Kinder und
haben teil am Himmelreich.

(Willi, 62 Jahre)

Anmerkung des Autorin

▶ Dieses Glorialied ist zwar offensichtlich im Bistum Mainz ziemlich gerne gesungen (und geschrieben) worden, hat aber leider nicht Eingang ins nGL gefunden.

Man beachte den Oktavsprung: mit Gottes Hilfe bleibst Du (Ton c!) DU SELBST (c') → eine Oktave verwandelt.

Mein Schola-Lieblingslied singe ich mit vielen Kindern für viele Leute. Sogar Schmetterlinge und Glückskäfer schwingen und schweben mit uns.

Lena, 8 Jahre

Dem Herrn sei Lob in seinen Höhen,
und Friede sei der ganzen Welt.

Andrea, 45 Jahre

[3] Gloria

Dem Herrn sei Lob in sei-nen Hö - hen, und
Frie - de sei der gan - zen Welt. Wir
ha - ben Got - tes Heil ge - se - hen, das
er in sei - nem Sohn be - stellt. Wir
sind nicht mehr ver - laß - ne Sün - der; er -
lö - ste Chri - sten, freu - et euch; wir
sind in Chri - stus Got - tes Kin - der und
ha - ben teil am Him - mel - reich.

T: Mainz 1865
M: Mainz 1865

⊛ OKTAV-
SPRUNG!!! von c' → c''

dieser Oktavsprung ist nicht zufällig,
sondern bedeutsam!

Wir sind nicht mehr verlassne Sünder;
erlöste Christen, freuet euch;
Wir sind in Christus Gottes Kinder
und haben teil am Himmelreich.

Allegra, 15 Jahre

Dem Herrn sei Lob in seinen Höhen,
und Friede sei der ganzen Welt.
Wir haben Gottes Heil gesehen,
das er in seinem Sohn bestellt.
Wir sind nicht mehr verlaßne Sünder,
erlöste Christen, freuet euch;
wir sind in Christus Gottes Kinder
und haben teil am Himmelreich.

Marianne, 63 Jahre

GL 916 Dem Herrn sei Lob in seinen Höhen

Dem Herrn sei Lob in seinen Höhen,
und Friede sei der ganzen Welt

Heinz, 68 Jahre

1. Wir sind nicht mehr verlassne Sünder,
erlöste Christen, freuet euch;

2. Wir sind in Christus Gottes Kinder
und haben teil am Himmelreich.

Sr. Jgultu 44 Jahre

Morgenlied Nr. 16

1. Sacris solemniis
   juncta sint gaudia,
   et ex praecordiis
   sonent praeconia;
   recedant vetera,
   nova sint omnia,
   corda, voces, et opera.

2. Noctis recolitur
   cena novissima,
   qua Christus creditur
   agnum et azyma
   dedisse fratribus,
   juxta legitima
   priscis indulta patribus,

7. Te, trina Deitas
   unaque, poscimus:
   sic nos tu visita,
   sicut te colimus;
   per tuas semitas
   duc nos quo tendimus,
   ad lucem quam inhabitas.

Annemarie, 73 Jahre

Thomas von Aquin und Anton Bruckner

sind einander zu Lebzeiten nie begegnet. Exakt 600 Jahre liegen zwischen ihren Geburtsjahrgängen. Thomas von Aquin wurde im Jahre 1224 geboren, Anton Bruckner im Jahre 1824.Und doch hat der Komponist das Gebet des Mystikers vertont, als wäre es ein gemeinsames Werk. Beide waren oft schwermütig, haben viel gegrübelt und waren zeitweise besonders wortkarg.

Thomas von Aquin (1224 bis 1274) war als Schüler vermutlich schüchtern und unsicher, im Klosterleben ebenso. Sein Spitzname war „der stumme Ochse". Er sprach wenig und war übergewichtig.
Am Ende seines Lebens befürchtete er, auch sein geschriebenes Wort sei nur leeres Stroh.

Der große Komponist Anton Bruckner (1824 bis 1896) litt zeitlebens unter wiederkehrenden depressiven Schüben. Er vertonte die Worte des Thomas von Aquin in vielfältigen Variationen. Obwohl sich diese beiden Menschen nie begegnet sein können, meint man zu hören, wie ein Gottesfunke von einem zum anderen in die Seele gesprungen sein muss.

Im Nackenheimer Kirchenchor singen wir pange lingua und auch vier solcher kleinen, aber ergreifenden Werke: vier verschiedene sakramentale Segenslieder in lateinischer Sprache. Der Hymnus wurde von Thomas von Aquin vor vielen Jahrhunderten geschrieben und von Anton Bruckner Jahrhunderte später in großartige Chorsätze verwandelt.

Es ist ein Segen, diese Segenslieder singen und hören zu dürfen, in unserer Pfarrkirche und bei der Fronleichnamsprozession an Straßen-Altären, auch noch im 21. Jahrhundert.

Sacris solemniis iuncta sint gaudia,
Et ex praecordiis sonent praeconia,
Recedant vetera, nova sint omnia,
Corda voces et opera.

Christoph, 43 Jahre

At this our solemn feast
let holy joys abound.
and from the inmost breast
let songs of praise resound;
let ancient rites depart,
and all be new around,
in every act, and voice, and
heart.

Nicoletta, 22

Übersetzung von "Sacris solemniis" von John David Chambers
(1805 – 1893)

Sacris solemniis juncta sint gaudia,
Et ex praecordis sonent praeconia,
Recedant vetera, nova sint omnia,
Corda voces et opera.

Ernst, 83 Jahre

Morgenlied Nr. 17

Das Staffelholz des Glaubens über Generationen weitergeben

GL 819 : mit einem Stern führt Gottes Hand:
So laßt uns preisen Gott, den Herrn,
der uns geführt durch seinen Stern,
der sich in Liebe zu uns neigt und uns
den Weg des Heiles zeigt.
Gott, geh mit uns durch diese Zeit und
führ uns hin zur Seligkeit

Alexandra, 42 Jahre

Drei Könige führt Gottes Hand
durch einen Stern aus Morgenland
zum Christkind durch Jerusalem
in einen Stall nach Bethlehem.
Gott, führ auch uns zu diesem Kind,
mach dass wir seine Diener sind!

Nicola, 69 Jahre

Lass keinen Wohlstand, keine Not
uns bringen ab von dir, o Gott.

(Irmgard, 57 Jahre)

Ich singe am liebsten das Lied von den kleinen und großen Fischlein in der Kinder- und Jugend-Schola, wo Frau Dr. Lang dirigiert. Sie kann Kinder heilen und mit und ohne Bühne dirigieren. Beides ist sehr wichtig im Leben. Wir sagen nur Rennie zu ihr, nicht Frau Doktor.

Jana, 8 Jahre

dass keiner Wohlstand, keine Not
uns bringen ab von dir, o Gott

Hauke 57 Jahre

Gold, Weihrauch, Myrrh'n sie
bringen dar dem Gott, der
Mensch geworden war;
So ehren sie den Herrn der Welt,
der sie zu seinem Dienst bestellt.
Gott, nimm von uns als Gaben
hin uns selbst uns was du
uns verliehn.

Hannah, 8

Dreikönigslied GL 815

Laß keinen Wohlstand, keine Not
uns bringen als von Dir, o Gott.

(Georg, 66)

So laßt uns preisen Gott, den Herrn,
der uns geführt durch seinen Stern,
der sich in Liebe zu uns neigt
und uns den Weg des Heiles zeigt.
Gott, geh mit uns durch diese Zeit
und führ uns hin zur Seligkeit.

Cäcilia, 52 Jahre

Morgenlied Nr. 18

Ihr sollt ein Segen sein

Text & Musik: Ramona Rost
Alle Rechte bei der Autorin

Refr.: Ihr sollt ein Se - gen sein, macht euch jetzt auf den Weg

und folgt dem hel - len Stern, der dort am Him - mel steht.

1. Als Wei - se aus dem Mor - gen - land zieh'n wir von Haus zu Haus

und tra - gen Got - tes Se - gen in die wei - te Welt hi - naus.

2. Ja, Friedensboten woll'n wir sein in einer schweren Zeit.
Helft ihr auch mit in Christi Namen für Gerechtigkeit.

Ihr sollt ein Segen sein

Ihr sollt ein Segen sein, macht euch jetzt auf dem
Weg und folgt dem hellen Stern, der dort am
Himmel steht.

1. Als Weise aus dem Morgenland zieh'n wir von Haus
   zu Haus und tragen Gottes Segen in die weite Welt
   hinaus.

2. Ja, Friedensboten woll'n wir sein in einer schweren
   Zeit. Helft ihr auch mit in Christi Namen für
   Gerechtigkeit.

                                        (Anna, 12 Jahre)

Ihr sollt en Segen sein,
macht euch jetzt auf den Weg
und folgt dem hellen Stern,
der dort am Himmel steht.
                Angelina, 12 Jahre

ich sollt ein Segen sein

Nachehemes Sternsinger,
Januar 2013

macht euch jetzt auf den Weg

wer soll ein SEGEN sein?

ich – du – er – sie – es –
    wir – ihr – sie – alle!

ein Verhörfehler (ich statt ihr)
VERWANDELT sich in einen
SEGENSSPRUCH –
    das können nur STERNSINGER!

Morgenlied Nr. 19

Nun danket all und bringet Ehr,
ihr Menschen in der Welt,
dem, dessen Lob der Engel Heer
im Himmel stets vermeldt.

Martin, 48

Ermuntert euch und singt mit Schall
Gott unserm höchsten Gut,
der seine Wunder überall
und große Dinge tut.

Gregor, 66

und werf' all Angst, Furcht,
Sorg' und Schmerz
in Meerestiefen hin...
(Klientin, 35 Jahre)

Sorgen als Steine.
Klientin, 35 Jahre

Wir haben zu zweit einen Kanon selbst gedichtet und gesungen, mit Klavier und Violine!

Leonie und Johanna, 8 Jahre

Morgenlied Nr. 20

Gaudeamus igitur
iuvenes dum sumus

Hanns-Georg, 58 Jahre

post iucundam inventutem,
post molestam senectutem,
nos habebit humus

Inge, 56 Jahre

Morgenlied Nr. 21

Maudit sois-tu, carillonneur
Fluch:
Maudit sois-tu, carillonneur,
que Dieu créa pour mon malheur!
Dès le point du jour à la cloche il s'accroche,
et le soir encore carillonne plus fort.
Quand sonnera-t-on la mort du sonneur ?

Segen:
Béni sois-tu, carillonneur,
que Dieu bénisse ton labeur.
Dès le point du jour à la cloche tu t'accroches,
et le soir encore te retrouves à ton poste.
Chantons tous en choeur: Vive le sonneur!

Ob die Zeit dir Fluch oder Segen bringt,
hat nichts mit dem Glöckner zu tun.
Nimm Glocken und Zeiten und Menschen
wie einen Segen entgegen.

Morgenlied Nr. 25

Forschen nach Gott

Ich suche dich, oh Unerforschlicher
der du im dunklen wohnest
u. über Geisterwelten thronest
unsichtbar streust du Segen aus
wo ist dein großes Vaterhaus
unendlicher wo find ich dich ???

Ich suche dich oh Unergründlicher
In unermeßlichen Fernen
da strahlt dein Thron von jenen Sternen
umwebst du mich im Frühlingshauch
und stiftest mir vom Blütenstrauch
du herrlichster Wo find ich Dich ???

Bist du ein Traum oh Unbegreiflicher ??
Woher die Sternenheere ??
Dies Blumenland die Früchte Meere ???
der Mensch dein Bild voll Geist Verstand ???
Es sind die Werke deiner Hand ???
Allschaffender du bist kein Traum !!!

Diese Frage stelle ich mir schon
seit 29 777 Tagen kannst Du mir
die Antwort sagen ??

Gruß der Alte
von nebenan
Opa Wolfgang

An den berufsbildenden Schulen habe ich immer wieder vor mündlichen Prüfungen mit den zu Prüfenden **Angstbewältigungstrainings** durchgeführt.

Das war auch für fast alle sehr wichtig, denn die Lerngruppen waren meist sehr gemischt. In einer einzigen Klasse von 20 Schülern war das Alter von 18 bis 48 Jahren, mehr als die Hälfte kamen aus Südeuropa oder der damaligen Sowjetunion, ein Fünftel aus Asien.

Dabei sind mir immer wieder junge Menschen begegnet, die unter Handicaps wie Stottern, Panikattacken, Erröten oder auch angeborenen körperlichen Beeinträchtigungen leiden. Sie kommen oft im praktischen Alltag mit viel Selbstdisziplin einigermaßen gut zurecht, aber unter Prüfungsstress kann schon mal ein – meist kurzfristiger – Zusammenbruch passieren.

Meine Prüfungsfächer waren „Psychologie in der Kinderkrankenpflege", „Psychologie in der Altenpflege", „Psychologie in der Sterbebegleitung". Aus Gesprächen vor und nach den Prüfungen habe ich als Prüferin viel von meinen Schülern, gerade von denen mit Handicap, gelernt. Alle meine Schülerinnen und Schüler haben immer alle Prüfungen bestanden. Vielleicht nicht immer mit den von ihnen erhofften Traumnoten, aber doch immerhin: bestanden, ja! Alle wussten prinzipiell immer die allererste Frage, die sie sich vorher selbst wünschen durften, warum auch nicht. Und die weiteren fünf Fragen waren schon spezieller und verlangten eine gute Verknüpfung aus Theorie und Praxis. Da differenzierten sich die Noten ohnehin.

An den Gymnasien, an denen ich derzeit arbeite, begegnen mir auch immer wieder Kinder und Jugendliche, die intelligent, mitunter sogar hochbegabt sind, aber körperliche Beeinträchtigungen haben. Sie müssen oft ein Vielfaches an Energie und Selbstdisziplin aufbringen, viel mehr Schmerzen aushalten, viel mehr Ablehnung ertragen als ihre Mitschüler.

Die Frage, die mich ein Leben lang begleitet hat, schon als kleines Kind im Zusammenleben mit meiner körperlich stark beeinträchtigten Tante, später beruflich: Warum sind fast alle Menschen meistens mehr oder weniger gesund, diese aber (fast) nie? Wenn ich eine Antwort darauf hätte, hier stünde sie. **Ich weiß nur eines, das aber ganz sicher: viele Menschen gemeinsam können das Leid, die Schmerzen ihrer Mitmenschen lindern, wenn sie gelegentlich, wenigstens für Augenblicke echtes Mitgefühl aufbringen.**

Ich werde oft von Kindern gefragt, warum ich gelegentlich freiwillig auf einer Behinderten-Harfe (Veeh-Harfe) spiele, obwohl ich nicht behindert sei. Meine Antwort ist immer die gleiche:
Alle Menschen sind zu irgendeinem Zeitpunkt in irgendeiner Weise behindert, sei es körperlich oder geistig. Und deshalb sollte man sich Tag für Tag seiner eigenen Fähigkeiten und Grenzen bewusst werden.

So, wie in allen Dingen
ein Lied schläft,
so wohnt ein göttlicher Funke
in jedem Lebewesen.

Die Veeh-Harfe ist ein spezielles Saiteninstrument, das man auf der Morgenlieder CD, Nr.27 = Schlusslied hören kann. So wie „ein Lied in allen Dingen schläft" (Joseph von Eichendorff), so möchte in jedem Menschen, sei er gesund oder beeinträchtigt, etwas zum Klingen gebracht werden. Diese vertonte Gedichtszeile ist Auftakt zu „Lobe den Herren", hier musiziert von einem Ensemble von Menschen, die miteinander Freude am Musizieren haben, seien sie rundum gesund oder durch ein Syndrom in vielem eingeschränkt.

„Lobe den Herren" ist das Lied, das insgesamt von den meisten von mir Befragten als Lieblingslied genannt und handschriftlich aufgeschrieben wurde.

Der Landwirt Hermann Veeh hat dieses spezielle Instrument über viele Jahre für seinen jüngsten Sohn, Andreas Veeh, entwickelt, der durch das Down-Syndrom beeinträchtigt ist und dennoch so gerne ein eigenes Instrument wie seine älteren Geschwister spielen wollte.

In Hemmersheim-Gülchsheim werden mehrmals jährlich Kurse angeboten, in denen man mit und ohne Vorkenntnisse das Spielen dieser Harfe erlernen kann und in Ensembles mit Harfen unterschiedlicher Größe und Saitenanzahl musiziert.

The „Veeh-harp" is a plucked string instrument, invented by Hermann Veeh, a farmer in Hemmersheim-Gülchsheim, Germany. For further information please visit www.veeh-harfe.de.

Le paysan Hermann Veeh eut cherché un instrument pour son fils Andreas qui fut né avec le syndrome Down (mongoloïde). L´amour pour la musique fut un don pour Andreas, mais apprendre à jouer un instrument de musique était hors de ses possibilitès. On s'est rappelé des vieux instruments à cordes avec poncis de notes et cela fut límpulsion decisive. On a développé les principes de base de ces instruments. Le père H. Veeh s´ était orienté aux capacités de son fils et fabriquait un instrument tout à fait nouveau, simple en employ, attirant en forme et charmant en son.

Pour Andreas et beaucoup d´ autres gens s'ouvrait un monde merveilleux.

In meiner Arbeit beim Schulpsychologischen Dienst setze ich gelegentlich die kleinere Veeh- Harfe (18 Saiten) für Schüler im Nachmittagsbereich bei Entspannungsübungen und auch gelegentlich in Einzelgesprächen für Kinder mit Angststörungen mit gutem und raschem Erfolg ein.

Ich singe um mein Leben,
ich singe, um nicht aufzugeben,
ich mach mir selber Mut: Ich sing'
wie als Kind, wenn ich in den dunklen Keller ging,
um die Angst nicht zuzugeben,
sing ich um mein Leben.

Reinhard Mey, * 1942

Morgenlied Nr. 27

Weil alle Menschen
in irgendeiner
Weise irgendwann
im Leben
„behindert"
sind.

Morgenlieder, Hörprobe:
Veeh-Harfen

Lobe den Herren, den mächtigen
König der Ehren;
lob ihn, o Seele, vereint
mit den himmlischen Chören.
kommet zu hauf,
Psalter und Harfe wacht auf,
lasset den Lobgesang hören.
Maria, 67 Jahre

Lobe den Herren, den mächtigen
König der Ehren;
lob ihn, o Seele, vereint mit den
himmlischen Chören.

(Willi, 62 Jahre)

Psalmie i harfo, się zbudź

Laura 11
(polnische Lieblingsliedzeile, "Psalter und Harfe,
                                   wacht auf!"

spielen "Der Berg ruft"
für unseren Papa im Urlaub.
Papa antwortet ihnen
mit dem "Schachtelhalm-Alm-Jodler".

Aber das ist Phantasie. DENN:
Die Fränzlis sind schon lange tot.
Sie leben nur auf CDs.
Papa lebt noch in echt!
    (aufgeschrieben in Mamas Tagebuch Nr. 8)

524; 1. Strophe

Lobe den Herren, den mächtigen König der Ehren,
lob ihn, o Seele, vereint mit den himmlischen Chören.
Kommet zuhauf, Psalter und Harfe wacht auf,
lasset den Lobgesang hören.

Alexander, 13

524; 2. Strophe

Lobe den Herren, der alles so herrlich
regieret, der wie auf Flügeln des Adlers
dich sicher geführet, der dich erhält,
wie es dir selber gfällt. Hast du nicht
dieses verspüret?

Birgit, 48

524; 3. Strophe

Lobe den Herren, der künstlich und fein dich bereitet,
der dir Gesundheit verliehen, dich freundlich
geleitet. In wieviel Not hat nicht der gnädige
Gott über dich Flügel gebreitet.

Hubert, 78

Alle Jahre wieder: Amseln lernen fliegen

Für zivilisierte Menschenkinder ist es nicht einfach, erwachsen und flügge zu werden.
Grenzen und Freiheiten müssen individuell ausgehandelt werden.

Für Amseln im Garten und Adler im Gebirge ist es aber auch eine Krisensituation, wenn sie groß werden. Beobachtet und hört mal hin, wenn ein Amselkind den ersten zaghaften Flug übt und erstarrt auf einem Hausdach festsitzt, während seine Amseleltern auf einem anderen Dach zwitschernd und flatternd zum Weiterfliegen motivieren wollen. Da prallen Lebenserfahrung und geballter passiver Widerstand aufeinander! Für menschliche Zuhörer schmerzhafte Frequenzen und Lautstärken!

Und auch die Adlereltern sind am Ende der Brutpflege nur noch ein Schatten der einst majestätischen Greifvögel. Erschöpft und ausgelaugt von Brüten, Jagen, Nestpflege und Füttern schubst die Adlermutter ihr juveniles Kind gewaltsam aus dem Nest. Der Adlervater segelt derweil mit ausgebreiteten Schwingen zwischen Felswand und Erdboden, um sein Vogelkind vor schroffem Gestein und jähem Aufprall zu schützen.

Daher das Gottesbild: *auf Adelers Fittichen sicher geführet.*

...auf Adelers Fittichen sicher geführet...

Annagabriela, 13 Jahre

In wieviel Not, hat nicht der gnädige
Gott, über die Flügel gebreitet

Guido, 52 Jahre

Für alle, die ich liebe, für Eltern und Großeltern, für Hasen und Hirsch, Eichhörnchen, Schmetterlinge und Vögel, spiele ich auf einem Baum.

Leonie, 9 Jahre

Lobe den Herren, der alles so herrlich
regieret,
der dich auf Adelers Fittichen sicher
geführet,
der dich erhält, wie es dir selber
gefällt.
Hast du nicht dieses verspüret?

Annette, 54 Jahre

Lobe den Herren, der alles so herrlich regieret, der dich auf Adlers Fittichen sicher geführet, der dich erhält, wie es dir selber gefällt. Hast du nicht dieses verspühret?
Willibald Wenzel   85 Jahre

Lobe den Herren, der Alles so herrlich regieret,
der dich auf Adler's Fittichen sicher geführet,
der dich erhält, wie es dir Selber gefällt.
Hast du nicht dieses verspürt?

Edith, 48 J

Lied „Lobe den Herren"

2. Strophe
Lobe den Herren der alles so herrlich
regieret, der dich auf Adelers Fittichen
sicher geführet, der dich erhält,
wie es dir selber gefällt, Hast du
nicht dieses verspüret.

3. Strophe
Lobe den Herren der künstlich und
fein dich bereitet, der dir Gesundheit verliehen, dich freundlich geleitet, In wieviel Not, hat nicht
der gnädige Gott, über dir Flügel
gebreitet

Alfred   61 Jahre

Lobe den Herren, der künstlich und fein dich bereitet,
der dir Gesundheit verliehen, dich freundlich geleitet.
In wieviel Not
hat nicht der gnädige Gott
über dir Flügel gebreitet.

Dorothee, 51

Lobe den Herren, der sichtbar dein Leben gesegnet,
der aus dem Himmel mit Strömen der Liebe geregnet.
Denke daran, was der Allmächtige kann,
der dir mit Liebe begegnet.

† Otto, 62

Lobe den Herren, der künstlich und fein

Lobe den Herren, der künstlich und fein
dich bereitet, der dir Gesundheit verliehen,
dich freundlich geleitet. In wieviel Not
hat nicht der gnädige Gott über dir
Flügel gebreitet!

Dorothea, 74 Jahre

...auf Adelers Fittichen sicher geführet..

Jasmin, 13 Jahre

Lobe den Herren, der alles so herrlich regieret,
der dich auf Adelers Fittichen sicher geführet,
der dich erhält,
wie es dir selber gefällt.

Susanne, 51 Jahre

Lobe den Herren, der künstlich und fein dich bereitet,
der dir Gesundheit verliehen, dich freundlich geleitet.
In wieviel Not hat nicht der gnädige Gott
über dir Flügel gebreitet?!

Tilda, 49

Kleines Vögelchen,
   muss bald fliegen

hat
ANGST
vorm
Fliegen.

SOPHIE

Für die Bewohnerinnen und Bewohner des Altersheimes in unserem Dorf habe ich Flöte gespielt. Sie haben Rollatoren, ich habe einen Roller. Sie haben viele Falten im Gesicht, ich nicht. Sie lieben schöne Melodien, ich auch!

Annika, 7 Jahre

Lobe den Herren, was in mir ist lobe den Namen
Lob ihn mit allen, die seine Verheißung bekamen
Er ist dein Licht, Seele vergiß es ja nicht
Lob ihn in Ewigkeit
                                    Amen
                                              Kathe 76. Jahre

GL 258 Lobe den Herren / EG 316

Lobe den Herren, was in mir ist, lobe den Namen.
Lobe ihn mit allen, die seine Verheißung bekamen.
Er ist Dein Licht, Seele vergiß es ja nicht / Lob
ihn in Ewigkeit. Amen.

                        Gabriele, 66 Jahre

Lobe den Herren, was in mir ist, lobe den Namen.
Lob ihn mit allen, die seine Verheißung bekamen.
Er ist dein Licht, Seele vergiß es ja nicht.
Lob ihn in Ewigkeit. Amen
                                    Doris, 56

▶ Lobe den Herren

    ist das Lied, das insgesamt am meisten
genannt, gewählt, geschrieben wurde.
Weil ALLE die Verheißung Gottes bekamen,
also auch die Gehbehinderten, die mit
Trisomie 21 Geborenen, die Gesunden und die
Kranken, wurde dies Lied mit Veeh-Harfen
gespielt und von Gesunden und Beeinträchtigen gesungen. ◀

110

Die Amsel hat schöne schwarzglänzende Federn und singt ein besonders schönes Morgenlied. Den ganzen Tag über passt sie auf alle anderen Vögel im ganzen Garten auf, damit die Katze sie nicht erwi-
schen kann.

Liah, 7 Jahre

Angst aus verschiedenen Perspektiven

Lektion 1:
Angst vergessen oder Angst erinnern?

Alte Ängste aus der Kindheit erschaffen neue Ängste. Stimmt das – oder gilt eher der Grundsatz:

Es ist nie zu spät für eine gute Kindheit!

Mein allererster, selbstaufgeschriebener und bis heute für mich gültiger Satz lautete:
„Waseglickdassdiekerchegloggevielefdersleidedunalswiediesirenbru mmedutweilwonnsumgekehrtwerwersgonzaafachfurchtbar. Imkrieschwardesonscheindgenausoferdiearmeleidimortdiearmenagge nummerdamolsallminonner."
Dasselbe in hochdeutscher Schriftsprache:
„Zum Glück kommt es häufiger vor, dass die Kirchenglocken läuten als dass eine Sirene brummt. Wären diese relative Häufigkeiten nämlich gerade umgekehrt, so wäre das furchtbar. Im Krieg war es aber gerade so, die Dorfbewohner von Nackenheim müssen es damals sehr schwer gehabt haben."

Wenn du Tagebuch schreibst, kannst du auch in fortgeschrittenem Alter nachlesen, welche Ängste und Hoffnungen dich vor vielen Jahren begleitet haben. Nachkriegskinder hatten viele Ängste, Kinder heute haben auch oft Angst. Es ist ein gutes Gefühl, die eigenen Ängste nicht verdrängt oder verleugnet, sondern verwandelt zu haben.

Der irische Schriftsteller Frank McCourt (1930 bis 2009) schreibt, schlimmer als die normale unglückliche Kindheit sei die unglückliche irische Kindheit und noch schlimmer sei die unglückliche irische katholische Kindheit.

Man sagt, für eine schöne Kindheit sei es nie zu spät im Leben. Als ehemaliges Nackenheimer Nachkriegskind mit einer katholischen Kindheit und als Schulpsychologin und Musiktherapeutin heutzutage kann ich diese Lebensweisheit nur bestätigen.

Das vierjährige Mädchen auf dem Cover dieses Buches ist inzwischen fünfzig Jahre älter als damals und kann aus beruflicher und persönlicher Erfahrung einiges über Glocken und Sirenen, Glück und Angst, Fluch und Segen sagen.

An dem Tag, als mein Vater seinem weinenden Kind (also mir) den Gartenschlauch in die Hand drückte und mich ermutigte, die beiden Sirenen auf dem Dach des Rathauses und auf dem Dach des alten Schulhauses gründlich nass zu spritzen, lernte ich die vielleicht wichtigste Lektion meines Lebens:

Angst wird man immer mal haben. Aber man kann sie alleine oder mit anderen gemeinsam besiegen, vielleicht mit einem großen Wasserschlauch, vielleicht mit einem mutigen Lied, vielleicht mit Glockenklängen, vielleicht mit mutigen Gedanken, vielleicht mit guten Erinnerungen an gute Stunden.

Ich war ein Nachkriegskind aus Nackenheim am Rhein. Unser Haus wurde 1710 erbaut und ist somit eines der aller ältesten Häuser des Dorfes.

In unserem Haus gab es erst ab 1964 eine Toilette im Haus, bis dato nur ein Plumpsklo im Hof. Die letzten, die bei uns im Krieg eingezogen waren, weil sie obdachlos geworden waren, zogen erst 1966 aus in ein eigenes und modernes Zuhause. Im Jahre 1974 bekamen wir unsere erste Zentralheizung, vorher heizten wir nur mit Kohle und Holz. Deshalb gibt es von mir leider keine Kinderzeichnungen und meine ersten Tagebuchaufzeichnungen wurden mit Kopfschütteln quittiert und im Feuerofen verbrannt.

Fünfjährige Kinder singen gerne „Alle meine Entchen".
Im Kindererholungsheim habe ich stattdessen „Alle meine Ängste"
gesungen.
Wollte ich provozieren? Ich glaube nicht. Ich sang auch immer: *„Gott, der Herr, hat sieben Zähne"* statt *„Gott der Herr hat sie gezählet"* in dem Lied *Weißt du, wieviel Sternlein stehen?"*. Es beeindruckte mich sehr, dass Gott, der schon immer da war, immer noch sieben Zähne hatte. Meine Oma war damals schon fast achtzig Jahre alt und hatte nur noch einen einzigen Zahn und kein Geld für ein Gebiss, wie so viele

ihrer Generation. Die Größe Gottes als uraltem Mann mit immer noch sieben Zähnen war also für mich ein wichtiger kindlicher Gottesbeweis!

Im Jahre 1964 war es noch nicht allgemein üblich, dass alle Kinder täglich in den Kindergarten gingen. Meistens war ich krank und durfte nicht hin. Also hatte ich bei meinen seltenen Kindergartenbesuchen die wichtigste Lektion leider noch nicht gelernt: Wenn alle Kinder „Alle meine Entchen" singen, dann sing *du selbst auch dasselbe und nicht „Alle meine Ängste"*!

Ich spiele auf meiner Posaune ein sehr bekanntes Lied für dich.

Aaron, 11 Jahre

Eigentlich war ich für sechs Wochen ins Kindererholungsheim geschickt worden, um meine immer kranken Bronchien zu kurieren und besser und mehr zu essen. Diese Rechnung ging aber nicht auf, denn das Essen im Nordseeheilbad war abscheulich fremd, am schlimmsten war der lilafarbene Rote-Bete-Heringssalat, den ich jeweils nur für wenige Minuten in meinem Magen behalten konnte. Die Strafe war immer gleich, nämlich: in der Ecke stehen mit dem Gesicht zur Wand, während die guten Kinder Nachtisch aßen und Lieder sangen. *Böse Kinder haben keine Lieder, so hieß diese Strafe.* „*Dann dürfen Sie aber auch nicht mitsingen!*" sagte ich zur Erzieherin, „*denn böse große Leute haben auch keine Lieder!*" Das hatte mir mein Papa erklärt, im Männergesangsverein singen nur gute Menschen! Und die ganz guten lernen sogar Orgel spielen, das waren Onkel Hildebert, Herr Lambert, Herr Gentil und Frau Struck.

Es ist nie zu spät für eine gute Kindheit, auch wenn man inzwischen die 50 Jahre längst überschritten hat! Während ich im Kindererholungsheim mit dem Gesicht zur Wand stand und nicht mitsingen durfte, entdeckte ich nebenbei, dass Lieder gegen Ängste helfen, selbst dann, wenn man MITSINGVERBOT und Nachtischverbot bekommt. Ich beschloss, Liederlisten gegen alle meine Ängste zu erstellen. Die Liederliste ist lang geworden, zu meinem 50. Geburtstag vor einigen Jahren habe ich mir selbst ein „Best of" – Wunschkonzert zusammengestellt. Marcel Reich-Ranicki sagte öfters in Fernsehinterviews, eine glückliche Kindheit sei vollkommen sinnlos für das spätere Leben. Ich widerspreche ihm einerseits, andererseits ist eine unglückliche Kindheit durchaus auch eine gute Basis für ein glückliches Erwachsenenleben. In diesem Sinne war meine Kindheit lehrreich und für meine Arbeit und für mein ganzes Leben rundum gut.

Ich verstehe diejenigen Kinder und Jugendlichen, die hochbegabt und deshalb irgendwie anders sind.
Ich verstehe diejenigen Kinder und Jugendlichen, die scheinbar selbstverständliche Dinge nicht kapieren, Menschen, die mit dem Gesicht zur Wand stehen, weil sie einfache Dinge nicht können, die alle anderen immer leicht können.

Manchmal habe ich dienstags frei, an dem Tag kommt in Nackenheim regelmäßig das Bremerhavener Frisch Fischauto. Ich kaufe Fisch für das Abendessen, jedem Familienmitglied seine Lieblingsfischsorte, Lachs, Barsch, Forelle, je nachdem. Und für mich zusätzlich 100 Gramm Heringssalat, lilafarbig, mit Roter Bete, fürs zweite Frühstück, mit einem leckeren Körner-Naggenummer-Weck vom Bäcker Danner in der Mainzerstraße Nr. 5. Dazu singe ich mit vollem Mund „Alle meine Ängste" und niemand haut mich und stellt mich in die Ecke. Unsere Katze schnurrt dazu im Takt, sie teilt meine Lebensfreude immer beim zweiten Frühstück an meinen arbeitsfreien Tagen. Das Leben kann so wundervoll sein, trotz mieser Erinnerung an Fischmahlzeiten im Kindererholungsheim.

Damit das jedem Leser, jeder Leserin klar ist: Kinder hauen und in die Ecke stellen ist absolut verboten!!! Zu Hause, in Kindererholungsheimen, in Schulen und überall!!!

Es ist aber dennoch möglich, trotz solcher haarsträubender Erlebnisse rückwirkend die guten Erinnerungen wieder lebendig werden zu lassen und als Erwachsene neu zu bewerten.

Grundwissen, Genetik

Wenn beide Eltern Enten sind,
ein ganz normaler Fall,
dann kriegen sie ein Entenkind
und keine Nachtigall.

Frantz Wittkamp

Der Hase Hansizi passt ab heute
Tag und Nacht auf Opa Anton auf (1964)

Schafsgedanken

Einem Schaf
Macht es kein Vergnügen,
zu sehen, dass
die Vögel fliegen.
Manche Schafe grübeln drum:
warum
fliegen die Vögel
herum?
Während
Ein Schaf
nur geht
oder liegt –
aber nie fliegt!
Offenbar gibt es
auf diesem Gebiet
einen betrüblichen
Unterschied.
Und natürlich
denkt es dann:
meine Eltern
sind schuld daran!

Max Kruse

Wie man an den Tiergedichten sieht: Eltern machen manchmal Kindern Probleme.
Wie man am folgenden Fallbeispiel sieht: Kinder heilen manchmal alte Wunden.

Schulangst im Jahre 1976

Sibylla ist 1965 geboren und wird 1971 eingeschult.

Mit fünf Jahren kann sie bereits lesen und sie kann es kaum erwarten, endlich ein Schulkind zu sein. Ihr älterer Bruder ist ein mittelmäßiger Schüler, Sibylla ist Klassenbeste.

Deshalb soll sie aufs Gymnasium nach Oppenheim. Sagen ihre Lehrer, ihre Eltern hätten sie lieber auf der Dorfschule gelassen. Leider wohnt sie irgendwo in Rheinhessen, Oppenheim ist nur mit Bus plus Bahn erreichbar.

Das bedeutet Tag für Tag neunzig Minuten früher aufstehen als die Oppenheimer Mitschüler. Und jeden Tag viel später nach Hause zu kommen als die anderen.

Aber das größte Problem ist ein ganz anderes: Sibyllas Dialekt, den sie zu vertuschen versucht. Meistens klappt das. Wenn sie aber laut vorlesen soll, verwandelt sie versehentlich die Wörter in ihre vertraute Sprache. Im Biologiebuch steht *Maulwurf*. Das Wort hat sie oft geschrieben, doch nie gesagt. In ihrer Muttersprache sagt sie *Mulwuruff* und genau das liest sie laut vor. Einige Klassenkameraden johlen. Je mehr sie sich zusammenreißt, desto wahrscheinlicher passieren immer neue Patzer.

Nach ein paar Wochen macht ihr die Schule keinen Spaß mehr. Allmählich macht ihr jeder Schultag Angst vor neuen Versprechern oder Fehlern.

Sobald sie den Realschulabschluss erreicht hat, verlässt sie das Gymnasium.

Die Angst kommt in der Berufsschule bald wieder.

Später spricht sie immer betont hochdeutsch. Inzwischen sind ihre Kinder beide Schüler auf einem Gymnasium. Auf Elternabenden überflutet sie manchmal Angst, versehentlich spontan Dialekt zu sprechen.

Manchmal bekommt sie auch Panikattacken, wenn sie über eine Wiese läuft. Sie hat keine Erklärung dafür. Zum Muttertag backen ihre beiden Kinder ihr einen Schokostreusel-Maulwurfskuchen mit einem kleinen Marzipanmaulwurf obendrauf.

Wie könnte diese Geschichte weitergehen?

Es ist nie zu spät für eine gute Maulwurfsgeschichte.

Es ist nie zu spät, auf seine Muttersprache stolz zu sein.

Es sind meine muslimischen und jüdischen Schüler und deren Eltern gewesen, die mich veranlasst haben, mein Gottesbild und meine christlichen Traditionen schonungslos zu überprüfen. Ihre drängenden Fragen verdienen ausführliche persönliche Antworten.

Es sind evangelische und anglikanische Brüder und Schwestern, denen ich seit Jahrzehnten viele gute Gesangbuchlieder verdanke.

Es sind die Kinder mit Lese- und Rechtschreibschwäche gewesen, denen zuliebe ich meine langen Texte immer wieder präzisiert, gekürzt und bebildert habe.

Es sind die Kinder und Jugendlichen mit den vielen schlimmen Ängsten, die irgendwann besonders mutig und lebensfreudig werden, sobald sie ihre Ängste überwunden haben.

Es sind die Menschen in meiner Praxis, die besonders schwere Lasten zu tragen hatten oder haben, für die ich stimmige Worte, Melodien und Bilder finden wollte.

Es sind die einsamen Stunden im Luftschutzkeller gewesen, in denen ich versucht habe, als Nachkriegskind die Ängste der Kriegsgenerationen zu verstehen.

Es sind die Begegnungen mit vielen Katzen, einem Hund, einer Schnecke und einer Brieftaube gewesen, die mir die Geheimnisse des Lebens wortlos vermittelt haben.

Es sind Morgen- und Abendlieder in deutscher, lateinischer, englischer und französischer Sprache und auch ein türkisches Wiegenlied, die mich täglich begleiten.

Es ist Singen und Pfeifen, Arbeiten und Entspannen, das alle meine Ängste in Zuversicht verwandelt.

Lektion 2:
Angst verspüren, Angst verwandeln

Angst pavor fear peur Angst pavor fear peur

Angst haben alle Lebewesen aller Zeiten immer wieder, also auch du!

Niemals sollst du deine Ängste als unüberwindbar einstufen!

Grübeln ist erlaubt – aber nicht in endlosen Grübelschleifen!

Singe dein eigenes Lied, deinen persönlichen Psalmvers, mit deinen eigenen Worten!

Täglich wird es morgens hell. Freu dich darüber mit allen anderen Lebewesen gemeinsam!

Zu alt ... blöd ... cholerisch ... dumm ... ehrlich ... feige ... gut...hässlich ... infantil ... jung ... krank ... laut ... müde ... normal ... offensiv ... primitiv ... quirlig ... redselig ... scheu ... teuer ... umständlich ... verbissen ... wankelmütig ... x-beliebig ... yellow-bellied ... zerzaust

> **ver** urteilen und abstempeln kann jeder an jedem Tag. Aber ein falsches Wort, ein böser Blick soll dich nicht allzu sehr verletzen. Wichtig ist, wie du selbst mit dir und deinen Mitmenschen redest. Wichtig ist, dass Gott zuerst JA zu dir gesagt hat.

> **sicht** bar ist niemals alles auf einmal.

Leben ist immer lebensgefährlich. Aber Leben ist vor allem lebendig und niemals sinnlos.

In meinem Studieren waren Denken und Lernen, Erinnern und Vergessen die Themen, die meine Arbeit bis heute am meisten beeinflussen.

Wie lernt man Vokabeln, Fremdwörter und Grammatikregeln, mathematische Formeln und Musiknoten? Wie kann man bereits Gelerntes dauerhaft im Gedächtnis behalten?

Wie lernt man Ängste, wie verlernt man sie wieder?

Wie entsteht ein Tinnitus, wie wird eine Magenschleimhautentzündung, eine Allergie chronisch, wie und warum kann ich bewirken, dass solche Leiden aus meinem Körper und aus meiner Lebensgeschichte wieder verschwinden?

Alles, was wir an Erfahrungen sammeln und speichern, sind Verknüpfungen von alten und neuen Informationen. Neue Sinneseindrücke werden mit vorherigen verglichen und bewertet. Das ist lebensnotwendig, denn wir können nicht bei jedem Lebewesen, das uns begegnet lange überlegen, ob diese Begegnung bereichernd oder lebensgefährlich ist.

Noch ehe wir geboren werden, haben wir mit dem Assoziieren und Verknüpfen begonnen. Stimmen und Stimmungen beeinflussen unser Wohlbefinden.

Sobald wir hören und greifen können, speichern wir Bilder ab, mit denen wir blitzschnell automatisch gut oder böse, angenehm oder gefährlich verknüpfen. Das ist notwendig, denn hätten unseren Vorfahren in der Steinzeit nicht blitzschnell einen gefährlich fauchenden Säbelzahntiger von einer leise gurrenden Taube unterscheiden können, dann wäre die Menschheit wohl längst ausgestorben.

Weil wir Menschen aber im Laufe der Geschichte von einer Generation zur nächsten auf immer neue Bedrohungen reagieren mussten, ist unser Warnsystem immer sensibler geworden und jede winzige Wahrnehmung beantworten wir mit Bewertungen.

Der Preis, den der moderne Mensch zahlen muss, ist eine stetige Gegenwart von verschiedensten Ängsten. Um dieses Durcheinander von Ängsten sinnvoll zu sortieren, haben wir gelernt, blitzschnell, aber häufig unklug und unangemessen zu reagieren.

Es sind fatale Verknüpfungen entstanden. Diese Verknüpfungen sind relativ stabil, aber doch nicht so unauflöslich, dass wir ihnen lebenslänglich unterworfen wären.

Man kann sich die eigenen bisherigen Lernerfahrungen als ein buntes Gewebe vorstellen. An einigen Stellen sind Webfehler entstanden, die das ganze Webmuster durcheinander bringen.
Solange genügend buntes Garn vorhanden ist, kann ich vorsichtig das ursprüngliche Muster wiederherstellen.

Ein Beispiel aus dem Schulalltag. Wer Schulangst hat, dem wird bereits morgens mulmig, sobald es draußen hell wird. Oder sobald es draußen noch dunkel ist, aber der Wecker klingelt. Der Tagesbeginn ist nun verknüpft mit: Aufstehen, Schulweg, Schulgebäude, Klassenzimmer, schlechte Noten, mieses Selbstwertgefühl.

Anderen fällt das Aufstehen nicht so schwer, dafür wird das Einschlafen abends zur Qual. In endlosem Grübeln kehrt die Frage nach unerledigten Aufgaben des vergangenen Tages wieder und auch da vielleicht in Begleitung heftiger Selbstvorwürfe.

Was sich hier wie eine aussichtslose Falle darstellt, ist im echten Leben eine Situation, die man zum Guten verwandeln kann. Ob wir glücklich sind oder nicht, hängt vor allem von unserem eigenen Bewertungssystem ab.

> **Wie sprichst du mit dir selbst, wie denkst du über deine Stärken und Schwächen?**
>
> **Sei barmherzig mit deinen eigenen Fehlern und Schwachpunkten, denn niemand kann alles und niemand kann nichts.**

Hier ein Beispiel

Angst vor Vokabeln und Fremdwörtern, Zuversicht beim Lernen mit Wortbildern und Eselsbrücken

Reaktion
Religion
Reminiszenz
Ressourcen
Resistenz
Resilienz
Respekt

Überlege zunächst: welche der Wörter kenn ich bereits und benutze sie im Alltag. Welche Bedeutung hat die Vorsilbe Re- , mit denen alle sieben Wörter beginnen. (zurück).
Dann stelle dir zu jedem Wort ein Bild her.

Reaktion: du ärgerst ein schlafende Katze, sie reagiert mit Fauchen, Kratzen, Beißen.

Religion: ergänze selbst, das solltest du wissen.
Herleitung: relegere gewissenhaft beobachten
                religari an Gott gebunden sein

Reminiszenz: Anklang, Erinnerung

Resilienz: Widerstandsfähigkeit trotz widriger Umstände, Aktivieren von Selbstheilungskräften
Herleitung: (lat. resilio) zurückspringen, wiedereinpendeln,
                zurückschwingen
Bildliche Vorstellung: der im Netz gefangene Fisch zappelt so, dass er ins Meer zurückspringt und gerettet ist. Die lange makedonische Lanze prallt ab, ein Wurfgeschoss bleibt im Boden stecken, schwingt noch nach, nichts ist passiert, Gefahr gebannt

Resistenz: Widerstand, Zählebigkeit z.B. von Krankheitserregern gegen Medikamente

Ressource (frz. la ressource die Quelle / lat. resurgere hervorquellen)

Respekt: (lat. respicio) zurückblicken, berücksichtigen

Reaktion, Religion, Respekt sind drei Begriffe, die du schon kennst. Stelle dir alle drei mit lebhaften Bildern und Assoziationen vor. Die übrigen sind wichtige Begriffe rund um Selbstheilung.

In der Psychologie beschäftigt man sich besonders mit Quellen, die in den Fähigkeiten, guten Charaktereigenschaften, einer positiven geistigen Haltung begründet sind und so auch in ungünstigen und traurigen Lebensabschnitten stark machen, also mit Ressourcen. Bewegung (Sport, Yoga) ist gut, weil man eher selten vor Angst erstarrt, wenn man sich viel und gerne bewegt.

Drei heilsame Hilfsmittel gegen Ängste

Handarbeit

Handschrift

Humor

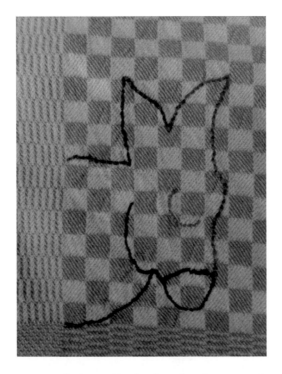

Ein graukariertes derbes Küchenhandtuch aus dem Engadin (Schweiz), bestickt mit dem Bild eines zufriedenen und friedlichen Esels aus zwei Dutzend kleinen Steppstichen.

Handarbeit

Wenn du etwas Sinnvolles mit deinen Händen tust, dann entsteht vor deinen Augen sichtbar und fühlbar etwas Neues und Kreatives.

Intelligenz entsteht immer aus Verknüpfungen, also auch aus Verknüpfungen von allem, was wir sehen, hören, fühlen und schaffen.

Handschrift

Wenn du schreibst, – nicht: tippst, sondern mit Bleistift, Füller oder anderen Stiften, dann sind nicht nur drei Finger einer Hand beteiligt, sondern viele Muskelgruppen und die damit verbundenen Gehirnareale. Es gibt kaum etwas Persönlicheres als die eigene Handschrift und die ist ebenso individuell wie universal. Schreiben ist eine Tätigkeit, die von der Gänsefeder bis zum feinsten Füllfederhalter eine große menschliche Tradition hat.
Handschrift verläuft in Wellen und diese Wellen sind unabhängig von Wetter und Zeit.

Humor

Wenn du mal gar nichts zu lachen hast, betrachte dich selbst.
Sicher fallen dir Momente oder Eigenschaften ein, die dich zum Lachen bringen.
Über sich selbst und über die eigenen Fehler lachen zu können, ist eine große Gnade.
Beim Lachen werden wiederum viele Muskeln in Bewegung versetzt.
Statt vor Angst zu erstarren, wirst du wieder handlungsfähig und die Angst nimmt ab.

STICH-Wort: Kreuzstich, Handarbeiten

Als Tagebuchschreiberin habe ich rückblickend jederzeit Zugriff auf die schönen und weniger schönen Schulfächer in den knapp dreizehn Schuljahren in Grundschule und Gymnasium. Handarbeit und Musik waren die Fächer, auf die ich mich Woche für Woche am meisten freute. Wenn man wissbegierig und fleißig war, konnte man im Handarbeitsunterricht Woche für Woche neue Dinge, individuell Gestaltetes,

herstellen und durfte die kleinen Stofflläppchen und ähnliche Kost-
barkeiten auch behalten. Im zweiten Schuljahr zehn verschiedene
Stickstiche, von denen ich bis heute Namen und Ausführung aufzäh-
len kann, sogar in der damaligen Lernreihenfolge. Im dritten Schuljahr häkeln, im 4. Schuljahr stricken. Die Handarbeitslehrerin war
immer nett, immer geduldig, selbst zu den ganz ungeschickten Kindern. Sie war unglaublich kreativ, wenn es darum ging, Schüler mit
Handicaps gleichzeitig mit den gesunden Kindern zu unterrichten. In
meiner Schulzeit gab es einige, die durch Contergan verursachte
Missbildungen hatten. Ein Mädchen hatte fast keine Arme und Hände
und selbst dieses Kind liebte bei dieser Lehrerin das Fach Handarbeit.
Kein Wunder, dass mein erklärter Berufswunsch lange Jahre Handarbeitslehrerin war. In mein Tagebuch schrieb ich: „Wenn ich groß bin,
will ich Handarbeitslehrerin werden und ich werde mir besonders
schöne Dinge ausdenken für arme Kinder ohne richtige Arme und
Finger. Im Grunde ist mein tatsächlicher Beruf, Schulpsychologin gar
nicht so weit entfernt von meinem allerersten Berufswunsch: Ich un-
terstütze Kinder, die (zum Glück meist nur vorübergehend) in irgendeiner Weise beim Lernen an ihre Grenzen stoßen.

Ich hatte eine kleine Statistik über die Sympathienoten in Abhängigkeit von Unterrichtsfächern und in meiner subjektiven Bewertung
waren die Handarbeitslehrerinnen immer auf Platz 1 und erzeugten
gute Laune, wann immer sie im Klassensaal oder im Handarbeitssaal
auftauchten.

Eine wahre Geschichte in der meine zahme Brieftaube Schwarzweißchen eine tragende Rolle spielt, verknüpft das Zusammenleben
mit Haustieren, frohe und traurige Lieder und den Kreuzstich mit den
wichtigsten Lebenserfahrungen, die ich meinen Schülerinnen und
Schülern von einer Generation zur nächsten weitergeben möchte.

Deshalb versuche ich, meine Erfahrungen aus vielen Schulen mit Kinderzeichnungen und Kreuzstichbildern zu veranschaulichen.
Auf dem Foto ist im Zentrum des Stickmustertuches ein kleines, wichtiges Wort zu lesen, gestickt aus Kreuzstichen nach einem uralten
Muster aus Graubünden. Dieses Wort heißt **JA** und ist wohl eins der
wichtigsten Worte im Leben. Das Wort **NEIN** bekommt allerdings

auch einen wichtigen Platz in diesem Buch, aber das musst du dir beim Lesen selbst erschließen.

Dem Fach „Handarbeit" im Schulalltag keinen Raum zu geben halte ich persönlich für einen großen Fehler im derzeitigen Lehrplan. Es ist aus meiner Sicht völlig verkehrt, dass die jetzige Generation erst dann alte Kulturtechniken kennenlernen wird, wenn sie nach Turboschulzeit und ersten Berufsjahren in der Kreativgruppe einer Burnout-Spezialklinik in der Beschäftigungstherapie Heilung sucht. Beim Handarbeiten, und zwar spätestens im Grundschulalter, lernt man Techniken, die Selbstbewusstsein, Kreativität und Disziplin auf fast wundersame Weise vermitteln. Auch in kognitiver Hinsicht fördert Sticken, Weben, Stricken das dreidimensionale Sehen und Fühlen.

Alles was man kann, das kann man umso besser und zuverlässiger, je länger man es kann, je öfter man es geübt hat. Das gilt für Musiker, das gilt auch für Chirurgen.
Meine Freundin Wiltrud ist heutzutage eine sehr begnadete Chirurgin. Als Medizinstudentin und als junge Mama hat sie für ihre Kinder und deren Freunde phantastische Spieltiere aus winzigen Stoffresten genäht und schon als kleines Mädchen im Handarbeitsunterricht mit äußerster Sorgfalt und Präzision gearbeitet. Heutzutage hätte sie bei unseren Lehrplänen in fast jedem Bundesland als Grundschülerin überhaupt keinen Handarbeitsunterricht mehr, um das in ihr schlummernde Talent frühzeitig zu entdecken und zu entfalten. Sollte man mal drüber nachdenken!

Ich bin ein anderer Esel.

Nicht gestempelt, sondern gestickt. Auf einem Küchenhandtuch, aus kleinen Steppstichen.
Wer beim Abtrocknen in der Küche einen Esel betrachtet, dem macht selbst einfachste Hausarbeit Spaß. Ob die Leute von der Augsburger Puppenkiste an solche Esel wie mich dachten, als sie das *Lied vom Gasthaus zum friedlichen Esel* in die Kindergeschichten aus dem Dreißigjährigen Krieg einfließen ließen? Wie gerne haben wir dieses Eselslied gesungen!

Wie viele Farben braucht man, um einen Esel wie mich zu zeichnen? Ein kleiner Bleistiftstummel genügt! Und wie viele Farbtöne oder wie viele Bleistifte in unterschiedlichen Härtegraden (HB, 2B, 4B, 2H) braucht ein Mensch, wenn er einen wirklich schönen Esel zeichnen möchte? Mindestens vier verschiedene. Und wie viele Buntstifte braucht ein Kind, wenn es einen Esel malen möchte? Viele, viele Grau- und Brauntöne. Jedes Lebewesen hat viele Farben und alle Farben sind schön. Es gibt nicht nur schwarz und weiß und mehr Farben als die des Regenbogens, denn alle Farben kann man untereinander mischen und daraus entsteht eine wunderbare Vielfalt.

Kein Eselsfell ist wie das andere, kein Eselsohr ist genau gleich wie das Ohr eines anderen Esels. Kein Esel wie der andere, kein Menschenkind wie das andere. Dazu ist die Schule da: ein guter Ort, um miteinander und voneinander etwas über *Biodiversität* zu lernen.

Manche Schultage verdienen die Schulnote *sehr gut.*

Alles was du hörst, siehst und schreibst,
das gelangt mühelos in deinen Kopf
und wird darin sicher und dauerhaft gespeichert.
Du bist rundum zufrieden mit dir selbst und mit deinem Leben.

An anderen Tagen ist **alles ganz anders.**
Es ist *mangelhaft!*
Du empfindest dich selbst, deine Familie, dein Leben
als verkehrt, verdreht, schmerzhaft.

Wenn Schulkinder akute oder chronische Schulprobleme haben, dann wollen sie nicht pausenlos über Vokabeln oder Formeln reden, sondern ihr überstrapaziertes Gehirn schreit nach Entspannung.

Wenn das überstrapazierte Gehirn Entspannung um jeden Preis sucht, ist der Weg zu Suchtverhalten scheinbar ein bequemer Weg, allerdings mit fatalen Folgen.

Das Allheilmittel – und ich meine wirklich: ALLHEILMITTEL für jeden Menschen gibt es nicht in der Apotheke und nicht im Internet, sondern es sind unsere Selbstheilungskräfte, die in uns gespeichert sind, in unserem Gehirn, in unseren Sinnen, in unserem Bewegungsapparat.

Und deshalb sollte man als Kind Bilder, Geschichten und Melodien speichern, die einen auf dem Lebensweg begleiten.
Gute Erinnerungen aus der Schulzeit sind eine wichtige Ressource für das ganze spätere Leben.

Wenn Schulkinder sehr frustriert oder traurig sind, helfen Ihnen Bilder, Geschichten und Melodien dabei, sich selbst wieder neu als liebenswertes Lebewesen zu betrachten.

Tiergeschichten, verknüpft mit Meditations- und Selbstinstruktionsübungen bahnen den Weg, die Welt und sich selbst mit neuen Augen zu sehen. Und schon können Vokabeln und Formeln mit neuer Energie gelernt werden.

Die beliebteste Tiergeschichte des vergangenen Jahres handelt von einem klugen Esel, laut der lateinischen Übersetzung: von einer klugen Eselin.
Manche Eltern sagen, die Geschichte sei eine wunderbare Warnung vor übertriebenem Perfektionismus. Manche Kinder sagen, die Geschichte macht mir Mut, denn der Esel ist gar nicht dumm.

Als Gedächtnisstütze für den Schulalltag habe ich Stempelbilder mit Eselsbrücken erdacht, die alte Kinderzeichnungen von mir mit alttestamentarischen Bildern und modernen Gedanken über Denken, Lernen und Vergessen verknüpfen.

Memory is like a dog that lies down where it pleases.

Das Gedächtnis ist ein Hund, der sich niederlegt, wo er will.

(Cees Nooteboom, „Rituale")

Wie man früher lernte – und warum manche Lernmethoden nie veraltet sind

Viele Schüler klagen darüber, noch *alles daheim richtig* gewusst zu haben und *heute in der Schule nichts mehr* zu wissen. Ist das ein böser Zauber?

Vergessen gehört zum Lernen wie der abnehmende Mond zum zunehmenden Mond. Würden wir alles behalten, was wir wahrnehmen, so wäre unser Gehirn in wenigen Tagen total überlastet.

Was wir wirklich behalten wollen, muss also gut und dauerhaft eingeprägt sein. Vom Vokabellernen am Tag vor der Arbeit bleiben oft diffuse unangenehme Gefühle im Gedächtnis, die Selbstmitleid statt Wissenszuwachs zurücklassen. Was ich behalten will, muss ich wiederholen. *To learn by heart,* heißt auswendig lernen. Das Gelernte muss man hin und her wenden können. Eine Herzensmelodie muss ich auch als Walzer, Tango oder Samba summen und pfeifen können. Einen Kanon kann ich nur dann wirklich, wenn ich notfalls alleine gegen mehrere andere gute Sänger singen kann. Vokabeln, die ich mit meiner individuellen Handschrift mehrmals geschrieben habe, durch Deklination und Konjugation in Satzzusammenhängen verknüpft habe, werde ich dauerhaft behalten. Was ich dagegen nur eintippe ist keine individuelle, durch meine Wahrnehmung und Bewegung erreichte Veränderung bei mir selbst. Und wenn der PC mir noch so schöne auditive oder visuelle positive Rückmeldungen sendet, das ist *nicht dasselbe* wie die Zufriedenheit mit meiner Arbeit und Leistung, die ich *selbständig alleine* erreiche.

Es macht Freude, in der Schulklasse gemeinsam mit anderen neues Wissen zu erwerben. Damit ich dieses Wissen aber dauerhaft jederzeit für mich selbst zur Verfügung habe, muss ich es für mich selbst verinnerlicht haben.

Gerade Kinder mit Teilleistungsschwächen haben endlich wieder Schulerfolge, auch beim Vokabellernen, wenn sie sich eine Weile auf Handarbeitstechniken konzentrieren. Beim Häkeln, Stricken oder Sticken kehrt das verschüttete Selbstbewusstsein allmählich zurück. Bis ein Kind Stricken oder Häkeln lernt, dauert es eine ganze Weile. Und wenn es dann klappt, ist die Freude groß. Ein Zwischenschritt auf dem Weg zum Erfolg sind *Eselsbrücken und Lernverse*. Hierbei erlernt nicht der Kopf allein, sondern es geschehen komplizierte Verknüpfungen zwischen unterschiedlichen Sinneseindrücken (was sehe ich, wie fühlt sich Stoffläppchen, Garn, Wolle, Nadeln an) und Bewegungen (Armmuskulatur, Fingerkoordination). Welche Lernverse spreche ich beim ersten Stricken?

Ein Vers, den früher alle Schweizer Schulkinder auswendig konnten, lautet:

Liebs Mami, bis so guet,
zeig mer, wie me lisme tuet.
Inestäche, umeschlaa, durezieh und abelaa.
Jupelihee, jetz weiss ich's guet, wie me richtig lisme tuet!

(Übersetzung ins Hochdeutsche:
Kind: Liebe Mami, sei so gut, zeig mir, wie man Stricken tut.
Mutter: Einstechen, umschlagen, durchziehen, ablegen.
Kind: Juhu, jetzt weiß ich gut, wie man richtig stricken tut!)

Dieser kleine Merksatz über das Stricken enthält alle Grundweisheiten über das Lernen:

1. Man lernt erstmal von einer Person, die man liebhat und die seit vielen Jahren das kann, was man jetzt selbst können möchte.
2. Man lernt, indem man den komplizierten Vorgang in Teilschritte zerlegt.
3. Man freut sich, wenn man das Stricken jetzt selbst richtig kann (Jupelihee!).

Diesen Vers habe ich vor etwa zwanzig Jahren in irgendeinem kleinen Lädchen beim Kauf von Strumpfwolle aufgeschnappt und in meinem Tagebuch notiert. Auch damals war ich schon Schulpsychologin, auch damals war ich fasziniert davon, wie wunderbar schulisches Lernen in Versen zusammengefast werden kann. Ich habe leider vergessen, ob diese Butia (kleiner Laden im Engadin) in Guarda, Lavin, Scuol oder Ardez war. Es war in Graubünden, da bin ich mir sicher.

In Chur in der Schweiz habe ich vor etwa zehn Jahren Elly Koch, die wundervolle alte Dame, Autorin und Kreuzstich-Künstlerin, durch eine Verknüpfung von Zufällen kennengelernt. Auf dem Kornplatz in Chur wollte ich ein paar Buntstifte und Bleistifte kaufen, weil ich mein Mäppchen beim Kofferpacken daheim vergessen hatte. *Pech!* Urlaub ohne Buntstifte, das wäre möglich, aber doch schade. Wenn man mit sich selbst barmherzig ist, darf man an dieser Stelle dem Zufall Raum geben! Also, wenn man dann *zufällig* in einem Schaufenster gute Stifte sieht, einzeln erhältlich…*so ein Glück!* Darum fragte ich beim Bezahlen, ob die Ladeninhaber von Papeterie Koch *zufällig* mit *der* Elly Koch verwandt seien. *Nicht zufällig, sondern tatsächlich!* „Gehen Sie die Treppe nach oben, Elly freut sich bestimmt!" *So ist das also manchmal mit Glück und Pech und Zufällen. In manchen Sprachen gibt es kein Wort für Zufall.* Die Freude dieser unverhofften Begegnung war echt und beidseitig: die Künstlerin freute sich, wie begeistert man seit vielen Jahren in Deutschland Schweizer Kreuzstichmuster nachgestickt und auch in Zipfelmützenstrickmuster *verwandelt* hatte. Ich freute mich, dass ich erstmals mein Buntstiftmäppchen beim Kofferpacken vergessen hatte und dass aus einem anfänglichen Fehler diese Begegnung erwachsen war.

Elly Koch ist inzwischen 98 Jahre alt, gebrechlich, aber geistig enorm munter. Vor wenigen Tagen habe ich mit ihr telefoniert. Auch sie bedauert, wie wenig heutzutage uraltes Traditionshandwerk, Stickmuster, über unzählige Generationen weitervererbt, gepflegt werden. Positiv ausgedrückt: zum Glück gibt es immer wieder einige wenige Graubündner Landfrauen, Kinder und Jugendliche, die sich für die alten Muster interessieren und sie auch sticken, verschenken und damit wiederum verbreiten und am Leben erhalten. So sind die Kreuzstichmuster nicht nur im Rätoromanischen Museum sondern auch mancherorts im Alltag präsent: geeignet für meditative Exerzitien, geeignet zum Nachsticken, eine wunderbare Erfahrung von zeitloser Zufriedenheit.

Ob Stickereien oder Vokabeln, Definitionen oder Merksätze, Gesang oder Instrumentalbegleitung: Lernen ist alles, was mit Begegnung, Kommunikation, Imitation, Geduld, Wiederholung, Beharrlichkeit und Zufriedenheit einhergeht.

Lektion 3:
Angst vor Entscheidungen,
Angst vor Enttäuschungen

In meinen Tagebüchern habe ich viele Tiergeschichten aus dem Alten Testament nacherzählt.

Nacherzählen bedeutet immer, auf einzelne Sätze oder Begebenheiten besonders zu achten. Deshalb empfehle ich Euch, diese Geschichten auch immer nochmals in der Schulbibel nachzulesen. Vielleicht gibt es einen Satz, ein Bild, das Euch besonders anspricht, bei meiner Nacherzählung aber nicht ausdrücklich erwähnt wurde. (Welches Wort, welche Begebenheit ist das?)
Bei den Schulkindern und Lehrern, die Entspannung oder Konzentration erlernen möchten, ist das beliebteste Tier der Esel des Propheten Bileam aus dem Buch Numeri.

Zu einer Weihnachtskrippe gehören nicht nur Menschen, sondern auch Schafe, Ochse und Esel. Am Festtag der Heiligen Drei Könige, der Weisen aus dem Morgenland, kommen noch Kamele zur Krippe dazu und manchmal ein weiterer Esel als Begleiter von Kaspar, Melchior und Balthasar.

Ein Esel, ein Engel, ein Prophet und seine Ängste
(Nacherzählt nach Num 22–24, also aus dem Alten Testament, Buch Numeri)

Jahrtausende vor unserer Zeit:
Die Israeliten haben Ägypten verlassen. Sie wussten, von welchem Land sie wegliefen, doch sie wussten nicht, wo sie ihre neue Heimat finden würden.
Balak, der König der Moabiter, erteilt dem Propheten Bileam den Befehl, die Israeliten zu verfluchen. Zweimal widersetzt sich Bileam den Drohungen und Bestechungsversuchen des Königs von Moab und will nicht den Israeliten entgegen gehen. Beim dritten und letzten Befehl gibt er nach, weil Jahwe dem Propheten im Traum erscheint und ihn zum Aufbruch drängt.

Bileam geht voller Angst und Widerwillen los. Seine einzige Begleitung ist seine Eselin, die ihn schon immer und überall in früheren Jahren auf all seinen Wegen begleitet hat.

Der Esel trottet langsam und widerwillig; schon nach kurzer Wegstrecke bleibt er stehen.
Bileam schlägt sein Lasttier und nur darum läuft der Esel tapfer weiter.
Schon kurze Zeit später wiederholt sich dies alles: der Esel weigert sich weiterzugehen, Bileam schlägt ihn, sie gehen weiter.

Bald darauf bleibt die Eselin stehen, diesmal knickt sie mit den Vorderbeinen ein und erstarrt.
Bileam schreit und tobt: „Hätte ich ein Schwert, ich würde Dich auf der Stelle töten!"
Der Esel spricht: „Bin ich nicht Dein Esel, der Dich begleitet hat auf all Deinen Wegen?" – und in diesem Augenblick sieht Bileam das Schwert, und zwar in der Hand des Engels, der vor ihnen steht.

Parfois, l' âne est plus sage que le prophète!

Der Engel fragt Bileam, warum er dreimal seinen treuen Esel geschlagen habe und erklärt ihm, dass der Esel ihn, den Engel, bereits dreimal gesehen habe.
Und erst dann findet der Prophet die Segensworte, die er Israel von Jahwe sagen sollte.
Denn er soll ja gar nicht verfluchen, sondern segnen.

So war das vor Jahrtausenden, so ist es noch heute:
Auch der böseste Fluch kann zum Segen verwandelt werden.

Du musst nur den Engel auf dem Weg wahrnehmen. Und wenn man ihn bei der ersten Begegnung nicht erkennt, dann kommt der Engel auch ein zweites und drittes Mal.

Und wenn Dein Verstand Dich betrügt oder anklagt, vertrau auf den Esel an Deiner Seite:
Dein Herz, Dein Unbewusstes kennt Dich besser als Dein Verstand Dich jemals erkennen wird.

Der Esel ist oft klüger als der Prophet, das gilt nicht nur für Bileams Esel.

Beim Propheten Jesaja steht geschrieben:

Ein Ochse kennt seinen Herrn und ein Esel die Krippe seines Herrn, aber Israel kennt's nicht und mein Volk versteht's nicht. (Jesaja 1,3).

Wenn du als Prophet(in) meinst,
dass du alles verlernt hast,
dann erinnere dich daran,
dass du als Esel(in)
die einfachen Dinge nie verlernen wirst.

Das Eselchen träumt so gerne
von guten Liedern auf seinen Wegen.

Das Eselchen läuft über Brücken,
der alte Esel erinnert sich zuverlässig.

The prophet and his donkey:
together they are a strong team!
Der Esel ist manchmal klüger als der Prophet!

If the prophet fails it won't be a lack of intelligence
but a lack of compassion and: self-compassion!
(Dagmar E. Reifenberger)

Die meisten Menschen denken, Hochbegabung sei ein großartiges Talent, eine Lizenz für eine bequeme Schulzeit mit Erfolgsgarantie, die Eintrittskarte für ein glanzvolles Leben.
Die wenigsten Hochbegabten, die mir begegnet sind, erleben dies so.

In seiner Antrittsrede als Staatspräsident Südafrikas, 1994, sagte Nelson Mandela:
Jeder Mensch ist dazu bestimmt zu leuchten!
Unsere größte Angst ist nicht die, nicht zu genügen, unsere größte Angst ist, so kraftvoll zu sein, dass wir uns dabei übertreffen. ....Wir sind geboren worden, um den Glanz Gottes, der in uns ist, zu manifestieren. ..Und wenn wir unser Licht scheinen lassen, geben wir anderen Menschen die Erlaubnis, dasselbe zu tun.

Angst macht uns bewusst: wir verlieren die Kontrolle über Situationen, über Zeit und Raum, über uns selbst. Jederzeit kann uns so ein Kontrollverlust heimsuchen, das Leben entzieht sich unserer Kontrolle und wir sind nicht mehr selbst die Schreiber unseres Lebenslaufes. Aus der Perspektive der Evolution gesehen, sind Angstreaktionen und Stressmechanismen eine sinnvolle Sache. Indem wir auf eine lebensgefährliche Situation mit Angriff oder Flucht oder Erstarrung reagieren, bedient sich unser Organismus eines einfachen und sinnvollen Programms. Beim Anblick des Säbelzahntigers ist es empfehlenswert, sehr schnell zu reagieren. Und wenn der Steinzeitmensch mehrfach Situationen überlebt hat, bei denen er den Säbelzahntiger ausgetrickst hat, dann reagiert er immer besser und schneller. Das Gehirn des Menschen speichert erfolgreiche Strategien. Wer schon bei leisen Anzeichen wachsam ist, reagiert besonders schnell. Viel besser als jedes Tier kann der Mensch in Gedanken alle möglichen Gefahren vorwegnehmen und sich mit den dazugehörigen psychosomatischen Reaktionsmustern erfolgreich schützen. Ehe eine Katastrophe eintritt, spielt der Körper das ganze Überlebensprogramm immer wieder durch. Dieser Preis ist für viele von uns Menschen teuer bezahlt, denn wer immer unwillkürlich die einfachen Programme Flucht oder Kampf oder Starre einschaltet, der schaltet automatisch die übrigen besser durchdachten Alternativen aus.

Vielleicht sind auch hier die Haustiere richtig gute Vorbilder. Es ist eben nicht so, dass eine verletzte Katze automatisch und ununterbrochen schreit oder klagt. Verblüffend: sie schnurrt! Das Sprichwort sagt, eine Katze habe sieben Leben. Es könnte damit zusammenhängen, dass sie Angst oder Schmerzen durch Selbsttäuschung möglichst rasch hinter sich lässt. Oder sie erzeugt durch unverzagtes Schnurren heilsame Erinnerungen an gute Erfahrungen, die Bilder erzeugen, die wiederum Selbstheilungskräfte mobilisieren.

Antonia und ihre Note in mündlicher Mitarbeit

Als Antonia vier Jahre alt ist, kann sie es kaum erwarten, bald ein Schulkind zu werden.
Sie stellt sich vor, ein Schulkind zu sein, das sei ungefähr so, wie von Montag bis Freitag jeden Tag viele Stunden lang ununterbrochen „Die Sendung mit der Maus" zu gucken.

Als Antonia in der Grundschule ist, gefällt es ihr tatsächlich viel besser als im Kindergarten. Und in den ersten beiden Jahren am Gymnasium ist alles noch viel spannender als zuvor.

Das ändert sich allmählich in der sechsten Klasse. Es kommt schon mal vor, dass im Zeugnis nicht nur die Noten „sehr gut" und „gut" stehen. Zuerst beklagen sich einzelne, nach und nach alle Lehrerinnen und Lehrer über Antonias nachlassende mündliche Mitarbeit. Und es ist fatal: je mehr sie sich theoretisch aktiv am Unterricht beteiligen möchte, desto weniger gelingt es ihr. Sie weiß selbst nicht, warum das so ist. In früheren Jahren hätte sie in einer ruhigen Minute ihre Eltern um Rat gebeten. Aber das geht nun gerade nicht, denn die Eltern werden allmählich schwierig und peinlich, was überhaupt gar nichts damit zu tun hat, dass Antonia allmählich pubertäre Stimmungsschwankungen hat.

Antonias Eltern waren elf Jahre lang ganz wunderbare Eltern; sie waren warmherzig und immer präsent, nie überbehütend, aber doch hilfsbereit, konnten alles, wussten alles, waren überaus geduldig und klug und allwissend, ganz normale Eltern in einem ganz normalen Vier-Sterne-Haushalt eben. Sie waren stark wie zwei Felsen in der

Brandung, aber gleichzeitig weich und kuschelig und wohltemperiert. Jetzt ist alles meistens ganz anders, die Eltern erzeugen Probleme, anstatt sie zu beseitigen. Die Schule, die Lehrer und manchmal auch manche Mitschüler sind die anderen Problemquellen. Allergrößter Lieferant hausinterner Probleme ist aber das eigene Gehirn. Es ist ein Hochleistungszentrum wie ein riesiger Hotelkomplex, der sich überall gleichzeitig im Umbau befindet, während ungeachtet dessen der ganze Hotelbetrieb möglichst reibungslos trotzdem ablaufen soll.

Dass alle in der Klasse gleichzeitig diese Probleme haben, manche der Lehrer eventuell durch kleine Kinder, pubertierende Jugendliche, pflegebedürftige Eltern, Wechseljahresbeschwerden oder sonstige Probleme beeinträchtigt sind, macht das nicht gerade einfacher.

Die Klassenlehrerin schlägt Antonia ein Gespräch vor. Antonia fragt zurück, ob sie allein kommen soll; die Lehrerin überlässt Antonia die Entscheidung.
Bis hierhin war dies eine alltägliche Geschichte, jetzt bediene ich mich der dichterischen Freiheit und verwandele das Fallbeispiel ins Märchenhafte. Klingt absurd, bringt aber durch phantasievolle Bilder die betroffenen Kinder und Jugendlichen zum Lachen und zum kreativen Umdenken.

Ein kreativer Hochbegabtenwitz:

Einem hochbegabten Kind ist schon einen Monat vor dem Zeugnistag ganz mulmig.

Nein, an dieser Stelle ist der Witz noch nicht zu Ende, höchstens für Lehrerinnen und Lehrer, die nichts von Hochbegabung verstehen. Die Klassenlehrerin möchte nach der Zeugnisausgabe noch mit dem Kind sprechen, weil sie nur sehr ungern die Noten schrieb, die sie schreiben musste. Alle möchten, dass sich etwas ändert, aber wie?

Das hochbegabte Kind bespricht alle seine Ängste mit den beiden Haustieren seiner Familie, das sind der Mischlingshund namens Asta und die Katze namens Jody. Es versteht sich von selbst, dass diese hochbegabten Haustiere fließend Deutsch, Englisch und Latein sprechen, außerdem die Sprachen und Dialekte sämtlicher Singvögel in heimischen Gärten und Wäldern. Das Kind ist in den Tiersprachen nicht ganz so begabt wie Katze und Hund, es versteht nur die Tauben, Rotkehlchen, Schwalben und Spatzen und von den Buntspechten und Grünspechten nur den Sprachrhythmus, nicht die Worte. Aber das ist auch gut so, denn das Kind spricht ja – was manche Lehrer bezweifeln würden,- insgesamt doch immerhin mehr mit Menschen, auch tief begabten und schief gewickelten Menschen, als mit Vögeln, Fischen, Reptilien und Säugetieren.

Hund und Katze bieten beide an, zum Gespräch mit der Lehrerin am kommenden Tag mit zur Schule zu gehen. Das Kind nimmt nach reiflicher Überlegung den Hund mit. Das Gespräch entwickelt sich nur mühsam. Die Lehrerin hofft, in Gegenwart des Hundes werde das Kind mutiger. Klappt nicht. Der Hund hofft dasselbe wie die Lehrerin. Klappt nicht. Das Kind hofft, Asta würde jeden Moment zu sprechen beginnen und damit alles ringsum verzaubern. Klappt auch nicht. Nach vielen ziemlich sprachlosen Minuten, die sich wie Stunden anfühlen, sagt die Lehrerin, sie müsse jetzt allmählich das Gespräch beenden, glaube aber, dass es aufschlussreich gewesen sei, Asta kennengelernt zu haben.

Als sie durch das Schultor gehen, fragt das Kind den Hund, warum er nichts gesagt habe. Asta sagt, er habe dauernd überlegt, was die Katze Jody an seiner Stelle sagen würde. Und ob die Lehrerin mit ihm lieber Deutsch oder Englisch oder Latein spräche.

Zu Hause erzählen die beiden alles der Katze Jody, wobei sie sich dauernd gegenseitig ins Wort fallen. Jody schweigt lange, dann schnurrt sie:

Was der bunte Vogel pfiff,
fühle und begreif ich:
Liebe ist der Inbegriff,
auf das andre pfeif ich.

Cantu hoc avicula
Dicit mi amore
Vinci posse omnia
Aere perenniore.   *(Wilhelm Busch, Die fromme Helene)*

144

Die Lehrerin schreibt abends in ihr Tagebuch: Jetzt, nachdem ich den Hund kennenlernte, bin ich fast sicher, im neuen Halbjahr wird alles sich zum Besseren wandeln!

Pontius Pilatus Prokurator und andere Aufsatzkatastrophen

Pontius Pilatus war von 27 bis 36 nach Christus Prokurator von Judäa. Pontius Pilatus war mir von Kindesbeinen an eine Gestalt im Neuen Testament, die mir sympathischer war als die meisten anderen.

Meine Sympathie für Pontius Pilatus bescherte mir in der Quarta eine sehr schlechte Note in einer Deutscharbeit. Die Frage hatte gelautet: Mit welcher Gestalt aus dem Neuen Testament kannst du dich vergleichen, wer ist dir am ähnlichsten, wer könnte dein Vorbild sein?
Heute ist mir natürlich klar, wie der Hase läuft. Wie der Hase hätte laufen sollen. Aber meine Hasen waren leider keine Osterhasen sondern Karfreitagsopfer. Bei Aufsätzen wie diesen, da schreibt man prinzipiell Jesus oder Maria oder Joseph. Man schreibt, warum man diese verehrenswert findet, sie zum Vorbild erkoren hat und warum man leider nie eine solche menschliche Größe erreichen wird wie eine biblische Gestalt. Den zweitschlechtesten Aufsatz schrieb eine Klassenkameradin, die sich für die Person der Maria Magdalena entschieden hatte. Es war ein ausgesprochen witziger Aufsatz. Mein Aufsatz wurde als schlechtester vor der ganzen Klasse besprochen. Thema verfehlt! Du solltest dich schämen! Wie konntest du dich mit einem Mann vergleichen, du bist doch ein Mädchen! (Ich habe mich immer gerne mit Männern verglichen, ich wäre gerne Steinmetz geworden oder wenigstens katholischer Pfarrer.) Maria Magdalena war also ziemlich daneben, aber Pilatus war offensichtlich die pure Provokation. Noch heute zucke ich zusammen, wenn in der Matthäuspassion „Barabbam!" erklingt. Wie mag sich Pontius Pilatus in dieser Sekunde gefühlt haben, denke ich dann immer. Vermutlich hatte er fest damit gerechnet, dass das aufgebrachte Volk „Jesum!" schreien wurde. Vermutlich hat er, als sprachlich gut geschulter Mensch damit gerechnet, dass sie „Jesus" brüllen, weil sie nicht deklinieren können wie die Römer. Da verfälschen Passionen in Latein die historische Wahrheit.

Pilatus hatte sich weder seinen Arbeitsplatz noch sein Temperament ausgesucht, wie wir alle. Keiner kann sein eigener Persönlichkeitsdesigner sein, manche Eigenschaften sind einfach da. Er war vermutlich hochbegabt, grüblerisch, vielleicht auch eher zwanghaft. Er ist wahrheitsliebend bis zur Taktlosigkeit. Kommt mir bekannt vor und bestimmt manchem Leser mit Hochbegabtenhintergrund ebenfalls. Über den weiteren Verlauf seines Lebens gibt es mehr Legenden als zeitgenössische Überlieferungen. Peter Calvocoressi schreibt: „In der Liturgie der griechisch-orthodoxen und der äthiopischen Kirche wird seiner als Märtyrer gedacht."

„Hast du noch etwas zu deiner Verteidigung zu sagen?" fragte die Lehrerin.

Heute, nach entsprechendem Lebenslauf im Alter von 54 Jahren, weiß ich, was sie hätte hören wollen. Reue. Einsicht. Bitte um Entschuldigung. Ich wollte es anders.

Am nächsten Tag gab ich einen Aufsatz ab, der für eine Zwölfjährige aus meiner Sicht eine reife Leistung war. (Die Deutschlehrerin sah das allerdings anders.) Ich schrieb:

1. Für Pontius Pilatus war hebräisch oder aramäisch vermutlich nicht die erste Fremdsprache. Trotzdem hat er sich große Mühe gegeben, diese fremden Menschen zu verstehen.

2. Pilatus hat die Wahrheit gesucht und wollte unschuldig bleiben. Das will ich auch und zwar beides gleichzeitig. Das ist schwer, darum bleibt er weiterhin mein Vorbild. (Amen!)

3. Pilatus hat in drei Sprachen, also seiner Muttersprache plus griechisch und hebräisch versucht, sich über Jesus klar zu werden. Trotzdem wurde er angegiftet, aber er blieb dabei, bei dem was er geschrieben hatte.

4. Ich verstehe, dass ich eine Fünf gekriegt hätte, wenn ich mir Barabbas, den Aufrührer und Mörder zum Vorbild erkoren hätte. Die Fünf für Pilatus als Vorbild ist ungerecht.
   Bitte korrigieren Sie also meine Note!!!

5. Maria Ward hätte mein Aufsatz gefallen, weil sie die Wahrheit liebte. Leider kommt sie im Neuen Testament nicht vor, aber als Vorbild ist sie mir sicher näher als Pontius Pilatus.

Hochachtungsvoll,
    Dagmar Kamp, 12 Jahre

P.S. von diesem Tag an beendete ich einige Wochen lang, stur wie ein Eselchen, jedes meiner Tagebucheintragungen mit „Quod scripsi scripsi" / what I have written I have written / Was ich geschrieben habe, habe ich geschrieben. / Ce que j'ai écrit, je l'ai écrit.

Manche Lehrer haben eine ausgeprägte Abneigung gegen Schüler und Schülerinnen, die Aufsatzthemen allzu ernst nehmen und auf ihren Gedanken beharren. Das dürfte heutzutage etwas liberaler sein, hoffe ich. Ein ganzes Schuljahr lang fand ich es einfach nur ätzend, dass meine Aufsätze immer nur mit bestenfalls befriedigend bewertet wurden. Zur Stärkung meines Schüleregos begann ich, für überforderte Mitschülerinnen Aufsätze zu verfassen, die diese morgens vor der Schule schnell abschrieben. Ich arbeitete als Ghostwriterin für je drei Schokoriegel pro Aufsatz. Die Mitschülerinnen bekamen stets Supernoten, weil die Lehrerin nicht wusste, aus welcher Feder diese Texte stammten. Keine schöne Erinnerung, obwohl sie auf den ersten Blick nach lustigem Schülerstreich klingt. Auf Dauer fühlte ich mich sehr unbehaglich dabei und das lag nicht am Genuss zu vieler Schokoriegel.

P.P.S. Das bedeutet nicht, dass ich die Wahrheit für mich gepachtet hätte. Das heißt nur, es bleibt dabei, dass ich an jenem Tag in jenem Jahr in meinem Kopf, mit meinem Herzen, dies gedacht, gefühlt, notiert habe. Und das darf jeder Mensch jeden Tag, man muss nur die Demut haben, dass die eigene Wahrheit **eine von vielen möglichen Deutungen** ist. Und Aufsätze sind gute Übungen, seine Gedanken und Gefühle zu sortieren. Das Wort hochachtungsvoll war übrigens keine Provokation.

Die Geschichte vom Zuckerwürfel und die Geschichte von Bileams Esel haben ein gemeinsames Thema. Finde das Thema!

Eine einfache Geschichte über einen einfachen Zuckerwürfel

Im November 1995 besuchte ich die Drittklässler der Grundschule in Mainz-Drais und erzählte ihnen im Rahmen des Heimatkundeunterrichtes einige Geschichten aus dem alten Drais.

Ganz offensichtlich war es die Geschichte vom Zuckerwürfel, die die Kinder am meisten beeindruckt hat. Gefragt, wer von ihnen sich lückenlos an alle Geschenke zum vorigen Geburtstag erinnern kann, stellten alle Kinder fest, dass sie dies erst mal nicht konnten. Dann ließ ich sie schätzen: „Was denkt ihr, bekamen Kinder einer ziemlich wohlhabenden Bauernfamilie vor hundert Jahren hier, in diesem Dorf?" Niemand erriet die tatsächliche Antwort, nämlich: null! Tatsächlich, in jener Zeit gab es keine Geburtstagsgeschenke, denn man feierte in katholischen Gegenden nur den Namenstag, nicht den Geburtstag. Allerdings gab es auch zum Namenstag nur ein sehr kleines Geschenk von den Eltern, alle Jahre wieder für jedes Kind und das war ein kleiner Zuckerwürfel. Am Namenstag lag er morgens auf dem Küchentisch, neben der großen Tasse des Kindes. Ein Zuckerwürfel war allerdings damals nichts Alltägliches, denn Würfelzucker und auch Zucker in Tüten, wie wir ihn heute kennen, war noch nicht handelsüblich. Man hatte Zuckerhüte, von 1 bis 10 Kilogramm Gewicht, eingewickelt in schönes blaues Papier, von denen man mit Hammer oder Zange ungleichmäßige Brocken abbrach. Seit etwa 1840 wurden erstmals ebenmäßige Würfelzucker hergestellt, die dementsprechend teuer und wertvoll waren, etwas ganz Besonderes eben. Namenstag, das bedeutete: heute, liebes Kind, ist dein Tag. Du bist ein einmaliger Mensch, jemand ganz Besonderes in unserer Familie. Jeder Mensch auf dieser Erde hat seinen eigenen Namen, jeden einzelnen unverwechselbaren Menschen kennt Gott bei seinem Namen. Und selbstverständlich haben sich Taufpate und Patenkind gegenseitig gratuliert und Glück gewünscht an diesem Tag, denn damals hatten die beiden in aller Regel einen gemeinsamen Vornamen.

Zurück zum Würfelzucker. Das Namenstagskind hatte also die Auswahl, den Zuckerwürfel entweder zu kauen, das war ein kurzer und intensiver Genuss; oder ihn im Malzkaffee aufgelöst Schluck für Schluck zu schlürfen. Meine Oma hat erzählt, dass sie und ihre Geschwister sich mal so, mal so entschieden haben. Aber immer haben sich alle schon monatelang vorher überlegt, meist schon an den Namenstagen der anderen: „Wie genieße ich an meinem nächsten Namenstag meinen Würfelzucker?"
Eine ganz einfache und wahre Geschichte ist das, die befremdlich wirkt in unserem Konsumrausch-Zeitalter. Von einfachen Menschen,

die es wunderbar verstanden haben, das Wesentliche zu feiern, die Vorfreude und den eigentlichen Genuss zu zelebrieren.

Zugegeben, auch ich stehe manchmal etwas ratlos vor der allzu üppigen Geschenkeflut an Geburtstagen. Aber als kleines Gegengewicht gibt es bei uns eben auch den sogenannten Draiser Zuckerwürfel zum Namenstag neben der Frühstückstasse und die obligatorische Gedenkminute an die bescheidenen und doch sinnenfrohen Vorfahren am Küchentisch in der Ober-Olmer-Straße im Jahre 1895.

Namenstag: 19. November

A plain story about a plain sugar cube

In November 1995 I visited the third-graders of the primary school in Mainz-Drais and attended their local history class to tell the children a few stories about Old Drais as it had been some 100 years ago.

Obviously, the most impressive story for the children was the one about the sugar cube. Nowadays, who can honestly remember his/her birthday presents from the last year, or even from the years before? Not even one of the children was able to do so at once. After that, I asked the children: "What do you think – how many presents did a child from a rather well-off family in Drais get for his/her birthday 100 years ago?" Nobody came up with the right answer: none. Yes, it is right! Not a single present for your birthday back in those times. People did not celebrate their birthdays but name days. However, even for name day, you only got a very small present from your parents; always the same present, for every child, year after year: a sugar cube. At name day in the morning, it would lie on the kitchen table, next to the child's huge mug. All the same, a sugar cube was not an everyday gift in those days. Granulated sugar, as we know it today, was not commonly used; usually, people bought sugar loaves: weighing between one and ten kilogramme and wrapped in beautiful blue paper, these sugar loaves were broken into uneven pieces with a hammer or tongs. It was not before the 1840s that people started producing regular sugar cubes, which were of course expensive and precious – something very special indeed.

Name day was like "today my dear child, is your day. You are a unique person, someone very special in our family. Every human being on earth has his/her own name and God knows every single distinctive person by his/her name." And of course, godfather and godchild congratulated and wished each other all the best on this day because in those times, they usually both had the same first name.

Namenstag: 25. Juli   Namenstag: 26. Juli

Back to the sugar cube. The child had the choice either to chew the sugar cube – a short, but intense delight – or to let it dissolve in malt coffee and enjoy it sip by sip. My grandma told me, she and her siblings – whichever way they decided – always thought about one thing for months, often asking themselves on the *others'* name days: "How am *I* going to enjoy the sugar cube on my next name day?"

This is a very simple and true story which might seem odd in our age of consumption binge. It is a story of common people who perfectly knew how to enjoy what really matters, a story of people who celebrated eager anticipation and true delight. To be honest, sometimes I am puzzled by the huge abundance of birthday presents, too. But as a tiny little counterbalance, we at home do have a "sugar cube from Drais" next to the breakfast mug on our name day as well as a minute's silence to remember the modest and joyful ancestors at the kitchen table in Ober-Olmer-Straße, roughly 100 years ago.

Ein Zuckerwürfel – eine kleine Achtsamkeitsübung in vier Sprachen

Vor mehr als 100 Jahren war es in Bauernfamilien eher unüblich, den Geburtstag zu feiern. Der wichtigste Tag im Kinderjahr war der Namenstag. An diesem Tag bekam man vom Patenonkel oder von der Patentante ein kleines Geschenk, denn beide hatten in aller Regel denselben Vornamen.

Von den Eltern bekam man jedes Jahr das gleiche Geschenk: einen Zuckerwürfel.

Morgens am Namenstag lag der Zuckerwürfel neben der großen Tasse des Namenstagkindes. Dies Geschenk hört sich für heutige Maßstäbe sehr gering an, doch ein Würfelzucker war eben keine alltägliche Gabe. Kristallzucker, wie wir ihn heute kennen, war noch nicht handelsüblich, sondern die gebräuchlichste Sorte war Hutzucker. Von einem Zuckerhut, ein bis zehn Kilogramm schwer, eingewickelt in leuchtendblaues Papier, wurden mit Hammer und Zange ungleichmäßige Brocken abgebrochen. Seit etwa 1840 wurden erstmals ebenmäßige Würfelzucker hergestellt, die dementsprechend teuer und wertvoll waren, etwas ganz Besonderes eben. Mit diesem Würfelzucker sagte man seinem Kind: *Du bist ein einmaliger, unverwechselbarer Mensch in unserer Familie, mit einem eigenen Namen, vielen guten Eigenschaften, einigen Fehlern und liebenswert auf deine Weise.*

Das Kind hatte dann die Wahl, den Zuckerwürfel entweder zu kauen, ein kurzer, aber sehr intensiver Genuss, oder ihn ihm Malzkaffee aufgelöst Schluck für Schluck zu schlürfen. Eine ganz besondere kleine Achtsamkeitsübung. Meditativer Zuckergenuss.

Si on regarde les morceaux de sucre, ils paraissent tous semblables.
Mais si on observe mieux, on peut remarquer quelques grains manquent.
Mais ce n'est pas très important.

omnes cubi sacchari videntur aeqales esse
sed omnibus cubis sacchari nonnulla grana deficiunt
omni cubo aliquod particulum deficit
omnes cubi reddunt theam dulcem
hoc solum aliquod momenti est

Alle Zuckerwürfel scheinen gleich zu sein.
Aber allen fehlen einige Körnchen.
Jedem Würfel fehlt ein Teilchen.
Alle Würfel lassen den Tee süß zurück.
Das allein ist wichtig.

Alle unsere Katzen...

Lektion 4:
Angst vor Konflikten und Feindschaften

Sag die Wahrheit! Wer ist schuld?

Ein Fallbeispiel, 1988. Anni und Betty auf dem Weg zum Weltfrieden

In meinem allerersten Berufsjahr an der Martinus-Schule in der Weißliliengasse in Mainz gab es einen heftigen, lautstarken Streit , der mit Fäusten und Fingernägeln zwischen Anni und Betty ausgetragen wurde. Die beiden Mädchennamen sind natürlich frei erfunden. Anni ist in Klasse 2 a, Betty in Klasse 2 b. Der Schaden ist in der Schule, aber nicht im Klassensaal 2 a oder 2 b entstanden.

Das Fallbeispiel zeigt, wie schwer es im Schulalltag sein kann, Recht und Wahrheit als Grundlage des Miteinanders einzuüben.

Der Streit:
Es ist ein vergleichsweise kleiner Sachschaden entstanden, den nun entweder Anni oder Betty bezahlen sollen. Im Klassensaal hat es Scherben gegeben. Beide Klassen, 2 a und 2 b, weigern sich kollektiv, den Betrag aus der Klassenkasse zu bezahlen. Der Schaden kann nur entweder von Anni oder von Betty verursacht worden sein. Es ist nicht möglich, diesen Betrag vom Taschengeld zu bezahlen, denn beide Schülerinnen bekommen von ihren Eltern niemals Taschengeld. Beide Mädchen leben in relativ ärmlichen kinderreichen Verhältnissen, beide kommen aus Südeuropa und wohnen noch nicht lange in Deutschland. Beide haben Sprach- und Rechtschreibprobleme, beide werden gelegentlich zu Hause von Eltern oder älteren Geschwistern geschlagen. Die Väter beider Mädchen arbeiten hart, fast rund um die Uhr, sind dementsprechend zu Hause sehr gereizt, wenn sie sich in ihrer knapp bemessenen Freizeit noch mit Schulproblemen ihrer Kinder beschäftigen sollen. Beide Mütter sprechen so schlecht Deutsch, dass sie zu mir sagen: „Lieber drei Tage in Mainzer Altersheim putzen

ohne Pause als eine halbe Stunde mit Mainzer Klassenlehrerin Schulprobleme besprechen!"

Und vor diesem Hintergrund ist nun eine Prügelei entstanden. Mit viel Körpereinsatz (zum Glück habe ich als Jugendliche auf der Basis von Jugendherberge/Zeltlagerfreizeiten Selbstverteidigung für Mädchen gelernt! ...) trenne ich die beiden Raufenden.
Alle Lehrer und Lehrerinnen, die nur Anni kennen, halten sie unbedingt für die Schuldige. Alle Lehrer und Lehrerinnen, die nur Betty kennen, halten sie unbedingt für die Schuldige.

Anni eröffnet die Schimpftirade: „Wegen Dir Lügenmaul muss ich bei Irrenärztin!"
Betty kontert: „Und die da merkt, dass Du lügst und holt Männer mit weiße Kittel, die sperren dann Dich in Irrenhaus!"
Ich denke, Briefträger in Nackenheim zu sein war oft stressfreier als Schulpsychologin in der Mainzer Altstadt. Zumindest war da viel frische Luft, Menschen, die freudig Briefe entgegen genommen haben. Hier, in meinem winzigen Beratungszimmer ist die Luft zum Schneiden dick.
Ich sage: „Der zweite Weltkrieg ist seit 43 Jahren vorbei, damit es niemals einen dritten Weltkrieg geben wird, müssen alle Kinder in allen Schulen an allen Tagen Frieden lernen, das üben wir jetzt und hier!"

Den Weltfrieden an sich finden beide Mädchen gut, weil beide einige Kriegstote zu beklagen haben. Plötzlich wird es totenstill im Zimmer, beide deuten mit dem Finger auf mich und sagen wie aus einem Mund: „Ihr dreggische Deutsche habt mit Krieg angefange!"

Ich sage: „Ja." Sonst nichts.
Anni schreit: „Ich hab nix kabutt gemacht, ich bin unschuldig, ich schwör bei Gott!"
Betty schreit zurück: „Ich hab auch nix kabutt gemacht, ich schwör bei die Lebe unn die Gesundheit von meine Oma!"

Dann ist es wieder totenstill im Zimmer. Und im nächsten Augenblick geschieht etwas, das ich für immer in Erinnerung behalten werde. Anni geht auf Betty zu und gibt ihr Hand. Beide Mädchen fangen an zu weinen. Anni sagt, sie sei ehrlich unschuldig an den Scherben, aber wenn dann die Oma von Betty krank werde und sterben müsste, dann wäre sie dran schuldig, denn, sie, Anni, habe ja gewusst, dass Betty lügt. Betty weint auch. Betty sagt, ihre Oma würde es ihr sogar sicher verzeihen, wenn sie wegen dem Schwur sterben müsste, weil alle Omas auf der ganzen Welt immer alles ihren Enkelkindern verzeihen.

„Aber wenn die Schulirrenärztin zugibt, dass ihr eigenes Volk den anderen Völkern den Krieg erklärt hat, kann ich auch zugeben, dass die Scherben von mir waren", sagte Betty!

Ich habe an diesem Tag viel dazu gelernt, deshalb habe ich den geringen Geldbetrag aus meinem Portemonnaie bezahlt. Anni und Betty haben gemeinsam bei Hertie das entsprechende Ersatzteil gekauft. Es blieben zehn Pfennige übrig. Davon haben sich Anni und Betty fünf Brausebonbons am Kiosk gekauft. Ein Brausebonbon haben sie mir geschenkt. Sie sagten nie wieder „Schul-Irrenärztin" zu mir.

Anni und Betty wurden nicht Freundinnen, aber sie prügelten sich auch nicht mehr.

P.S.: Dies ereignete sich im Jahre 1988. Damals beschimpfte und beleidigte man sich noch ohne Einsatz von Emails, ohne Facebook, ohne Internet.

Wie würde es Anni und Betty heutzutage miteinander ergehen?

Böse Beleidigungen können zwar Kinder und Jugendliche nicht auf die gleiche Weise verletzen wie Schläge oder Fausthiebe. Worte in Klassenräumen sind Worte in Klassenräumen. Punkt. Maschinengewehrsalven in Kriegsgebieten sind ungleich schlimmer. Erdbeben und Vulkanausbrüche sind von anderer Gefährlichkeit als Mobbingversuche.
Worte sind Worte, Naturkatastrophen sind Naturkatastrophen, Grenzverletzungen sind Grenzverletzungen.

Niemand möchte das Etikett angeheftet bekommen:
Du bist sooo langweilig!

Deine Klamotten, deine Frisur, deine Figur ist ätzend!

Früher begann das Grübeln über die eigene Außenwirkung in der Pubertät und endete in den Wechseljahren. Heute beginnen Selbst-zweifel schon im Kindergarten und enden selbst im Greisenalter nicht.

Also, überlegt es euch gründlich:
Wenn jemand dich einmal derbe beleidigt, dann weise die Beleidi-gung angemessen heftig zurück! Den Beleidiger kannst du nicht än-dern, nur eine Person kannst du ändern, nämlich dich selbst. Es kommt auf dich selbst an, wie du die Beleidigung multiplizierst: mit 1 oder 100? Oder sogar mit minus 1? Man kann nicht die ganze Welt mit Teppichplüsch auslegen, um immer barfuß gehen zu dürfen. Mit den richtigen Wanderschuhen ist fast keine Wegstrecke unbezwing-bar. Es gibt auch fast immer mehrere Umwege. Nur diese Lösungen sind bestimmt keine guten Alternativen: Erstarren, Weglaufen oder Mitläufer und Befehlsempfänger der Mobbinganführer werden.

Ein Fluch bleibt nicht unbedingt ein Fluch.
Selbst aus groben Beleidigungen kann Segen entstehen – und manchmal sogar ein Wappen für Stadt und Bistum

Mobbing, ein modernes Problem?

Ein Wort, das vor einigen Jahrzehnten noch völlig unbekannt war, beschreibt vermutlich ein Problem, das es in früherer Zeit so nicht gab. Ein einzelner Mensch oder eine kleine oder schwächere Gruppe von Menschen wird von anderen, überlegenen Mitmenschen ständig geärgert und zunehmend geschädigt. Diese Rollenverteilung, nach denen man zum Opfer oder Täter wird, lässt sich schnell und effektiv verfestigen, in Windeseile werden, finstere Pläne erdacht und durch Cybermobbing blitzschnell ausgetauscht. Man wird zum Opfer und hat keine Möglichkeit, aus dieser Rolle wieder auszusteigen.

Das klingt schlüssig, jedoch lassen sich Beispiele aufzeigen, wonach es wohl zu allen Zeiten Mobbingfälle gegeben hat, noch ehe dies Wort existierte.

Aus Siedlungen der Römer, beispielsweise zu sehen bei Ausgrabungen am Römischen Theater in Mainz, fanden Archäologen sogenannte Fluchtäfelchen. Namen von Menschen, die bei anderen Neid und Missgunst erregt hatten, wurden in Tontäfelchen geritzt und vergraben, womit man hoffte, die Strafe der Götter solle sie treffen. Auch Begründungen, wofür die Strafe erbeten wurde, wurden eingraviert. Das Opfer hatte kaum Möglichkeiten, den Fluch abzuwenden.

Betrachten wir einen historischen Fall, den die Chronik aus dem Jahre 975 berichtet.
Willigis war Bischof in Mainz geworden, ein beliebter Mann, doch von einfacher Herkunft.
Sein Vater war Wagner von Beruf, ein ehrbarer, doch einfacher Handwerker. Das Bischofsamt missgönnten ihm einige, die sich zusammentaten – ohne das Kommunikationsmittel Internet.

Man tuschelte, beleidigte, spottete, man malte mit weißer Kreide ein Wagenrad an die Pforte des Bischofspalastes. Armes Opfer Willigis! Was sollte er empfinden außer Mutlosigkeit und Verzweiflung?

Willigis tat exakt das, was die Feinde verstummen ließ: Er gab denen sogar recht, die skandierten: „Willigis, Willigis, denk, woher du kommen bist!"
Er sprach: „Ja, ihr habt recht. Ich werde mir meiner einfachen Herkunft immer bewusst sein, also werde ich ein Wagnerrad in meinem Bischofswappen führen!" So entstand das Mainzer Wappen, das bis heute aktuell ist: ein weißes Rad auf rotem Grund.
In einem Gedicht von August Kopisch, das vor hundert Jahren von jedem Mainzer Schulkind erlernt wurde, heißt es in der letzten Strophe:

... Man sagt, sie wischten selber weg, was sie gemalt.
Sie sahn, dergleichen tut
Bei weisen Männern nicht gut.
Und was dann für ein Bischof kam,
Ein jeder das Rad als Wappen nahm:
Also ward Willegis
Glorie das Ärgernis.

(zitiert aus: Wendelin Duda, Die Sagen des Mainzer Doms, der Bischöfe und Kurfürsten, der Kirchen und Klöster, der Stadtteile und Randgemeinden, Freiburg, 5. Auflage, 2011)

Fazit: Zu allen Zeiten wurde gemobbt, zu allen Zeiten galt und gilt es, sich bewusst zu machen, dass ein Mensch mehr als eine Handlungsmöglichkeit hat. Aufgeben und verzweifeln ist nicht angesagt, solange man nicht eine Laborratte im Labyrinth unter Elektroschock ist.

Ein Blick in den Spiegel zeigt mir deutlich, ob ich eine Ratte oder ein Mensch bin. Als Mensch bleiben mir Phantasie, Kreativität und Selbstkritik zur Verfügung. Dann kann ich sortieren, ob die anderen vielleicht mit ihrer Kritik eine verwundbare Stelle getroffen haben und ich kann mir Strategien ausdenken, andere in ihre Schranken zu verweisen.

Wenn ich ausreichend Humor und Selbstbewusstsein habe – und beides lässt sich trainieren – dann kann es mir gleichgültig sein, wenn andere meinen Namen in Tontäfelchen ritzen, Beleidigungen mit Kreide malen oder twittern.

Die Welt ist viel zu gefährlich,
um darin zu leben – nicht wegen
der Menschen, die Böses tun,
sondern wegen der Menschen,
die daneben stehen und sie
gewähren lassen.

Albert Einstein, 1879–1955

Hört her, ihr Ältesten, horcht alle auf, ihr Bewohner des Landes!
Ist so etwas jemals geschehen in euren Tagen oder in den Tagen eurer
Väter?
Erzählt euren Kindern davon und eure Kinder sollen es ihren Kindern
erzählen
und deren Kinder dem folgenden Geschlecht.
(Buch Joel 1, 2-3)

Hear this, ye old men, and give ear, all ye inhabitants of the land.
Hath this been in your days, or even in the days of your fathers?
Tell ye your children of it and let your children tell their children,
And their children another generation.

Écoutez ceci vieillards! Prêtez l'oreille, vous tous, habitants du pays!
Rien de pareil est il arrivé de votre temps ou du temps de vos pères?
Racontez-le à vos enfants, et que vos enfants le racontent à leurs
enfants,
Et leurs enfants à la generation qui suivra.

Lektion 5:
Angst vor bösen Menschen im Jahre 1942 und heute

Datenschutz ist heutzutage ein brandaktuelles Thema. Vor 80 Jahren gab es manches Beispiel, wie aus anfänglich kleinen Sünden allmählich unzählige Todsünden entstehen können.

Eine Fallgeschichte aus Mainz und Nackenheim

Hildegard Schneider, geboren in Nackenheim im Jahre 1924, verstorben 2011 und ihr Orthopäde Dr. Walter Nathan, Praxis in der Neubrunnenstraße in Mainz, ermordet in Piaski bei Lublin in Polen im Jahre 1942, könnten gemeinsam eine unendlich tragische Geschichte über Datenschutz und über die Grausamkeiten ihrer Mitmenschen erzählen.

Hildegard war meine Tante. Bevor sie 2011 im 87. Lebensjahr starb, nahm sie mir das Versprechen ab, nach ihrem Tode zu recherchieren, was aus Dr. Nathan geworden war. Sie hoffte inständig, er habe rechtzeitig in die USA emigrieren können. Sie befürchtete, einer wie er sei bis zuletzt geblieben und dann mit seinen Glaubensbrüdern deportiert und ermordet worden. Leider bestätigten meine Recherchen ihre schlimmsten Befürchtungen.

Wenn noch nicht einmal Nachbarn und Freunde meiner Familie genaue Informationen über die zahlreichen Operationen meiner Tante im Kindes- und Jugendalter hatten, woher konnten dann die Nackenheimer Nazigrößen wissen, dass hier, in der Langgasse 3 in Nackenheim, ein Mädchen wohnte, dem man eine Einladung für das Kindereuthanasieprogramm zustellen könne? Die Antwort ist eindeutig: Dr. Nathans Krankenakten waren beschlagnahmt worden, nachdem ihm, wie allen jüdischen Ärzten, 1938 die Approbation entzogen worden war. Allein schon das Thema seiner Promotion dürfte Ärzte magisch angezogen haben, die sich in jenen Jahren Karriereschübe mit Parteibuch erhofft hatten. Das Thema von Dr. Nathan war ausgerechnet der Gendefekt Chorea Huntington gewesen und die damit einhergehenden pathologischen Degenerationen in bestimmten Gehirnarealen. Dies gerade war ein Teilbereich, der in Zeiten von Euthanasiefällen in nie dagewesener Zahl erforscht werden konnte. Natürlich boten die sorgfältigen und selbstverständlich streng vertraulichen Krankenakten seiner Patienten unzählige Informationen über erbliche und nicht erbliche Behinderungen. Und Hildegard Schneider hatte von Geburt an eine lange und mühselige (und vermutlich sehr gut dokumentierte) Krankengeschichte, die ich hier verkürzt nacherzählen möchte.

Denn es ist eine lebenslange **Angstgeschichte**, die aber immerhin gelegentlich zur Schelmengeschichte wird. Eine Lebensgeschichte, von der ich mir zutiefst erhoffe, dass sie sich für Patientin und Arzt nach dem Ende des irdischen Lebens zum Guten verwandelt hat. Aber das ist allein Glaubenssache. Derjenige Arzt, der seine Karriere auf unzähligen Ermordungen von Kindern und Jugendlichen zu wissenschaftlichen Zwecken aufgebaut hat, wurde zwar zunächst 1946 im sogenannten Eichbergprozeß (benannt nach der Klinik auf dem Eichberg, oberhalb von Eltville) zum Tode verurteilt, ging in Revision, wurde zu lebenslänglicher Haftstrafe verurteilt, die in eine zehnjährige Haft gemindert wurde, aus der er bereits 1953 entlassen wurde. Meine Tante starb 2011 und wurde nie ganz aus ihren Angstattacken entlassen.

Hier mein Vortrag vom Januar 2013 im Ortsmuseum in Nackenheim, als Vorrede zum Vortrag von Raymond Wolff, Enkel der mit Dr. Nathan und 997 weiteren Deportierten Selma und Heinrich Wolff. (Es wurden von den Handlangern des 1000–jährigen Reiches prinzipiell planmäßig 1000 Menschen in einer Aktion deportiert.)

In Memoriam: **Dr. Walter Nathan (geboren: 1889, deportiert und ermordet: 1942)**
Hildegard Schneider (1924–2011)

Diesen Vortrag habe ich am Samstag, dem 26. Januar im Ortsmuseum Nackenheim gehalten. Die Zuhörer, ob jung oder alt, waren ergriffen und bestürzt zugleich.

Raymond Wolff aus Berlin, Enkel von Selma und Heinrich Wolff, berichtete über seine Großeltern, jahrzehntelang angesehene, wohlhabende Nackenheimer Mitbürger, sowie über deren Söhne Helmut und Herbert, die noch rechtzeitig in die USA emigriert waren.

Selma und Heinrich Wolff wurden gemeinsam mit Dr. Walther Nathan, einem jüdischen Facharzt für Orthopädie aus Mainz, sowie dessen Familie am 20. März 1942 nach Piaski deportiert und in Belzec oder Solibor ermordet. Dr. Nathan hatte durch zwei komplizierte erfolgreiche Operationen meiner Tante Hildegard Schneider, von Geburt an körperbehindert, das späte Laufen lernen ermöglicht. Hildegards frühe Kindheitserinnerungen stimmen mit Dokumenten aus dem Mainzer Stadtarchiv und Aufzeichnungen zeitgenössischer Medizinhistoriker absolut überein.

Als unsere Tante Hildegard Schneider in ihrem 87. Lebensjahr am 27. Januar 2011 verstorben ist, fielen den Zeitungslesern der Todesanzeige vermutlich zwei Dinge auf:
- es war eine relativ große und schöne Anzeige, gemessen daran, dass diese unscheinbare, alte Frau,- von Beruf ungelernte Fabrikarbeiterin – in ihrem Leben weder wohlhabend noch wichtig gewesen war und
- es gab die Zeichnung von Weinreben mit Trauben, was zu ihrer Herkunft und ihrer wichtigsten Tätigkeit außerhalb der Fabrik passte; aber, vielleicht in dieser Gemeinsamkeit verstörend für den Leser: je ein Zitat aus einem alten Pfingstlied und aus dem Talmud.

Nichts hätte, aus meiner Sicht, die ich unsere Anzeige so und nicht anders geschrieben habe, die lebenslange Zerrissenheit meiner Tante und zugleich ihre Hoffnung auf ein Ewiges Leben, frei von Angst und innerer Einsamkeit, zusammenfassen können.

„Seht, aus der Nacht Verheißung blüht, dass neue Hoffnung wie ein Lied aufjubelt: Halleluja!"   Katholisches Pfingstlied, ältere Version

„Achtet den Greis, der sein Wissen vergessen hat. Denn die zerbrochenen Tafeln haben ihren Platz im Schrein, an der Seite der Gesetzestafeln.
                                                                    Der Talmud

Inzwischen habe ich auch den Namen, das Geburts- und Todesdatum meiner Tante auf den Grabstein gravieren lassen, als fünfte und letzte Generation *Schneider* nach ihren Eltern, Großeltern, Ur- und Ururgroßeltern ruht sie nun im Familiengrab. Auf diese Weise haben meine Familie und ich ihr *nachrufen* wollen: Du warst ein unscheinbarer Mensch, vom ersten bis zum letzten Lebenstag von körperlichen und dadurch auch von seelischen Beeinträchtigungen geprägt, doch für uns warst Du liebenswert, auch wenn manche Dich in bösen Jahren als lebensunwerte Existenz bezeichnet und leider auch so behandelt haben.

Wie kam es, dass Hildegard Schneider so anders war als andere Kinder und leider auch später nie so ganz wie alle anderen dazugehörte? Dabei kannte sie eigentlich jeder im Dorf, wohnte sie doch 81 Jahre lang im selben Haus in der Langgasse 3, schräg gegenüber dem Ortsmuseum. Die letzten sechs Lebensjahre verlebte sie im Altenpflegeheim Maria Königin in Mainz-Drais und im Caritas-Pflegeheim in Bodenheim.

Meine Großeltern, Elise und Philipp Karl Schneider, waren vor dem 1. Weltkrieg verlobt und heirateten dann im Jahre 1919. In den beiden folgenden Jahren wurde zuerst ein gesunder Junge, Josef Martin, genannt Seppel, dann ein gesundes Mädchen, Anna Elisabeth, genannt Anneliese, geboren.
Herbst und Winter, so schreibt unsere Familienchronik anno 1923, sollen extrem nasskalt und ungesund gewesen sein und Elise war zum dritten Mal guter Hoffnung, als eine üble Grippe sie heimsuchte. Mit zwei kleinen Kindern, allerlei Vieh im Stall, in einem viel zu großen, kaum heizbaren Haus, bei hohem Fieber und Schüttelfrost, begleitet von unmenschlichen Kopfschmerzen, war sie zum ersten Mal im Leben ernsthaft krank. Während ihr Ehemann sie bereits aufgegeben hatte, holte ihre Schwiegermutter den Hausarzt Dr. Zimmermann aus Nierstein. Der war über ihren Gesundheitszustand erschüttert, hielt einen Transport ins Krankenhaus nach Mainz schon nicht mehr für realistisch und entschied sich zu einer ungewöhnlichen Notoperation. Um der Kälte im Haus zu trotzen und um seine eigene Angst niederzukämpfen, trank er selbst Portwein, flößte der Schwerkranken ebenfalls eine Tasse warmen Wein zur einzigen Schmerzbetäubung

ein und öffnete mit einem Meißel den Schädel, um die fortgeschrittene Mittelohrvereiterung in den Griff zu bekommen. Die arme schwangere Elise überlebte diese Prozedur, sie brachte sogar zehn Jahre später noch ein viertes gesundes Kind, nämlich meine Mutter Gisela zur Welt, doch dieses arme Mädchen, das damals am 3. Juni 1924 das Licht der Welt erblickte, wurde ziemlich krank geboren. Mitten in der sensibelsten Phase der Embryonalentwicklung war diese schwere Kopfgrippe bei ihrer Mutter aufgetreten und das gerade, als Augenlinse, Knochen, Muskeln, Sehnen und Gelenke sich differenzierten und ausbildeten. Meine Oma behielt von dieser Notoperation eine gut verheilte aber riesige Narbe zurück, in die ich als Kind zwei Finger nebeneinander legen konnte, wenn ich sie vorsichtig frisierte.

Das Neugeborene aber, meine spätere Tante, hatte zeitlebens erhebliche Sehstörungen, Gleichgewichtsstörungen und außerdem zwei unterschiedlich lange, unterschiedlich dicke Beine und Füße. Hildegard lernte erst mit etwa drei Jahren laufen und konnte auch dann niemals so laufen wie andere gleichaltrige Kinder. Nachlaufen, Tanzen, Sport, Schwimmen, nichts von alledem war in den ersten Jahren möglich. Am Tag ihrer Erstkommunion hatte sie noch nicht die Kraft, ihre Kommunionkerze selbst zu tragen und konnte auch nicht die vielen Kirchentreppen laufen. Anneliese trug die Kerze für ihre jüngere Schwester und Elise trug ihr Kind die Kirchentreppen hoch. Zum Glück war die damals dreifache Mutter zeitlebens sehr groß und von harter Feldarbeit auch sehr muskulös. Psychisch belastbar war sie sowieso immer gewesen und überlebte im Greisenalter ein Dutzend schwerer Schlaganfälle. Elise, Hildegards Mutter, starb fast 90jährig im Jahre 1978.

Zurück zum Schicksalsjahr 1924.
In den ersten Wochen dachte man, das Baby wäre vielleicht gar nicht lebensfähig und so riet mancher, das Kind gar nicht erst zu stillen, sondern einfach „einschlafen" zu lassen. Meine Oma Elise und meine Uroma, ihre Schwiegermutter Katharina, waren sich aber absolut einig, dass keine Anstrengung zu viel sei, diesem kleinen Mädchen alle nur erdenkliche Liebe und Pflege zu geben. „Mit Mutterliebe und mit Omaliebe und vor allem mit Gottes Segen wird schon alles gut!"

So war sie 1926, mit erst 2 Jahren, das Kind mit der kleinsten aber dicksten Brille von ganz Nackenheim und mancher munkelte, das sei wohl rausgeschmissenes Geld für so eine, die sicher nie, nie, nie zu irgendetwas nützlich sein würde.

Meine Oma stellte beide Ohren konsequent auf Durchzug, das gesunde und das kranke Ohr.

Und sie fragte nicht einmal ihren Ehemann, welchen Namen das Kind haben solle, sondern es kam nur **Hildegard** in Frage, jetzt Kirchenlehrerin, damals regional verehrte Selige, die so viele Heilmittel für so vielfältige Gebrechen wusste. Taufpatin wurde die Tochter ihrer Schwester und außer dieser hieß in jedem Zweig der Großfamilie mindestens ein Mädchen pro Generation Hildegard. Obwohl auch eine der Namensträgerinnen, nämlich ausgerechnet die Lieblingsschwester Hilda von Oma Elise, viel zu jung als Mutter von vier kleinen Kindern an einem Blinddarmdurchbruch gestorben war, erhoffte man sich gerade deshalb, durch diesen heilsamen Namen möge auch dies Sorgenkind so oder so, hier oder dort, im Himmel und auf Erden gesegnet sein.

Als Dr. Zimmermann sah, wie tapfer das kleine Mädchen war, empfahl er den Eltern, eine Operation in Mainz zu wagen, die vielleicht ein Gehen lernen möglich machen würde. Es kam weit und breit nur ein Arzt in Frage, **der jüdische Orthopäde und Chirurg Dr. med. Walter Nathan.**

Würde heutzutage eine solche Operation stattfinden, es gäbe Vorsorge und Nachsorge und bei der eigentlichen Operation ein eingespieltes Team, bestehend aus Anästhesisten, Orthopäden, Chirurgen, Kindertherapeuten, Krankengymnasten und vermutlich auch später eine Familientherapie. Gerade dies wäre für alle Beteiligten wichtig gewesen, denn es gab eine Mutter, die rund um die Uhr alles für alle tat und sich darüber selbst vergaß, einen Vater, der bereits vor dem Krieg manisch-depressiv gewesen war und im ersten Weltkrieg obendrein zusätzlich traumatisiert wurde, es gab zwei ältere Geschwister, die inzwischen Schulkinder waren und die nicht immer die nötige Geduld für ihre Sorgenkind - Schwester hatten. Dazu gab es ein viel zu großes Haus, einen viel zu großen Bauernhof mit viel zu vielen

Äckern und Weinbergen und eine Schwiegermutter, die zwar mit anpackte, so gut sie nur konnte, doch längst in ihren letzten Lebensjahren angelangt war und oft selbst zusätzlich Pflege benötigte statt mithelfen zu können.

Meine Oma Elise nahm also ihre kleine Tochter Hildegard huckepack auf den Rücken, denn laufen konnte die mit drei Jahren noch gar nicht und in einen Kinderwagen passte sie schon lange nicht mehr. Mit dem Zug zum Hauptbahnhof, dann wieder huckepack bis in die Neubrunnenstraße in die Praxis des Dr. Walter Nathan.

Dieser Dr. Nathan, Facharzt für Orthopädie, hatte einen deutschen und keinen typisch jüdischen Vornamen. Er hatte ebenso wie mein Großvater im Ersten Weltkrieg gedient, er war sogar Träger des Eisernen Kreuzes II. Klasse. Er fühlte sich nicht anders als andere Deutsche und Judentum und Christentum waren für ihn kein Widerspruch. Das zu sagen ist nicht Spekulation, sondern lässt sich nachvollziehen aus seinen Worten, seinem Verhalten und leider auch aus seinem großen Urvertrauen, das ihm später zum Verhängnis werden sollte. Möglicherweise gab es noch einen weiteren persönlichen Grund, seine Heimatstadt Mainz nicht zu verlassen, weil Paul Kurt, das ältere der beiden Kinder, im Alter von 9 Jahren gestorben war und seine Frau, die kleine Tochter Emma Lotte und er häufig zum Friedhof gingen. Dieser Sohn war 1925 geboren und starb 1935.

Dr. Nathan hatte eine schöne Baritonstimme. Auf dem Weg von seiner Wohnung in der Kaiserstraße, so erzählte er und das lässt sich aus alten Telefonbüchern verifizieren – auf dem Weg also von zu Hause in seine Praxis in der Neubrunnenstraße, ging er täglich viermal an der Christuskirche vorbei, deren Glocken und Orgel er liebte, ebenso wie die Domglocken und Orgeln im Dom. Er war begeisterter Zuhörer, wenn sein Glaubensbruder Rosenthal die Orgel spielte, der im Juli 1933 nach 36 Dienstjahren als Organist und Chorleiter plötzlich von Kirchenvorsteher und Landesamt entlassen wurde. Dr. Nathan und Familie waren gern gesehene Gäste, wenn Gastorganisten auf der Durchreise auf der Orgel der Christuskirche spielten. Als einer der ersten hatte übrigens Albert Schweitzer ein kleines Orgelkonzert an der damals neuen Orgel der Christuskirche in Mainz gegeben. Diese

Orgel aus dem Jahre 1903 ging in der Nacht vom 1. Zum 2. Februar 1945 in Flammen auf. Das jüdische Kol Nidre, so empfand Nathan es, könne ebenso die Melodie eines Kyrie sein. Ihn faszinierte die katholische Liturgie ebenso wie das evangelische Gesangbuchlied. Ein gemeinsamer Gedanke von Juden und Christen sei doch auch dies: helfen und vergeben wir nur einander auf Erden, so wird uns Gott dereinst vergeben.

Dr. Nathan liebte und betonte Gemeinsamkeiten beider Religionen und nicht das Trennende. Manchmal denke ich an Dr. Nathan, wenn ich Musik höre mit Titeln wie *Church meets Synagoge*. Aber in den letzten Lebensjahren des Dr. Nathan und seiner unzähligen unglücklichen Glaubensbrüder und Glaubensschwestern hieß das Lebensprogramm vieler Menschen eben nicht *gemeinsam musizieren* sondern *wer verfolgt wen*.

Als meine Tante 1927 von ihm operiert wurde, war sie gerade alt genug, um sich ein Leben lang zu erinnern, wie dies gewesen war, als sie aus der Narkose erwachte. Sie hörte, noch etwas verschwommen, die Glocken der Christuskirche, die ganz anders klangen, als die Glocken daheim. Die kleine Hildegard war also zunächst etwas verwirrt, weil sie nicht einordnen konnte, ob sie im Himmel oder auf der Erde war. Denn ihre letzte Erinnerung vor der Narkose war, dass sie zu viert gebetet hatten: Das Kind und seine Mama, eine Krankenschwester und Dr. Nathan. Der hatte ein Segensgebet gesprochen zum Gott Abrahams, Isaaks und Jakobs, dem Gott der Juden und Christen. Und nun, beim allmählichen Aufwachen: Glockengeläute als Erinnerung an die Gegenwart des einen Gottes, hier in Mainz aus einer evangelischen Kirche, heute Morgen in Nackenheim hatte es aus dem Kirchturm von St. Gereon geläutet. Bevor Mutter und Kind einige Stunden nach der geglückten Operation mit dem Taxi, man sagte damals: mit einer Droschke, nach Hause fahren konnten, wurde nochmals zum Gott Abrahams, Isaaks und Jakobs gebetet und ein Danklied gesungen, „Lobe den Herren". Der Jude Dr. Nathan sang die evangelische Version und Hildegard und Elise die katholische. Das ist meiner Tante deshalb so ausdrücklich im Gedächtnis geblieben, weil sie es so lustig fand, dass man ein Kirchenlied nicht unbedingt überall gleich sang. Und sie hätte das so gerne allen Menschen erzählt, aber das musste ihr und Omas Geheimnis bleiben. Noch als meine Oma fast 90 und schwer dement war, hatte sie furchtbare Angst, ihr jähzorniger

Ehemann könne es jetzt noch erfahren, dass sie, die strenggläubige Katholikin, mit einem jüdischen Arzt im Duett die evangelische Liedversion gesungen hatte. Sie hatte diese Angst noch, da war der Opa schon dreißig Jahre zuvor verstorben.

Jetzt, vierzig Jahre, nachdem meine Oma mir das gefühlte hundertmal erzählt hatte, glaube ich, dass von diesem Erlebnis meine außergewöhnliche Zuneigung auch zu allen europäischen Gesangbuchliedern stammt. In einem anglikanischen Gottesdienst in Wengen / Schweiz sang ich 1989 einmal die englische Liedversion von „Lobe den Herren" mit und war sehr ergriffen davon und wusste im ersten Moment nicht, warum. In so vielen Sprachen und Versionen dasselbe Danklied zur fast gleichen Melodie!

Für mich, die ich meine Diplomarbeit in Gedächtnispsychologie geschrieben habe, besonders beeindruckend: hätte der Opa keine so übertriebene Abneigung vor evangelischem Liedgut gehabt (er war Juden gegenüber stets aufgeschlossen, doch Protestanten waren ihm äußerst suspekt), wäre diese Angst meiner Oma nicht so ausgeprägt gewesen, hätte ich wohl nie von Dr. Nathans Danklied erfahren. Denn man überliefert der nachfolgenden Generation nicht selten gerade das Unbewältigte, das mit großer Angst Besetzte, das Tabuisierte.

Zurück zu Hildegards Zeit in der Nackenheimer Volksschule, hier in diesem Gebäude, das heute das Nackenheimer Ortsmuseum beherbergt.

An manchen Tagen hinkte Hildegard nur wenig, an anderen musste sie zur Schule getragen werden und konnte in den Pausen nicht raus mit den Mitschülern. Schlimm war, wenn der Lehrer bissig darauf aufmerksam machte: "Hildegard fehlt am meisten und kann trotzdem am besten von der ganzen Klasse rechnen…. Nur schade, mit den Beinen wird sie wohl keiner heiraten wollen." Und, noch perfider: „Hildegard, hink doch mal zur Tafel vor und rechne vor, wie viele gesunde deutsche Kinder können für so viel Geld heranwachsen wie ein Kind mit einer Behinderung wie du sie hast?"… Nur zur Info: ob Brille, Schiene oder Operationen: das zahlte damals weder eine Krankenkasse noch der Staat, sondern nur die Eltern und niemand sonst …

Trotz alledem: das Kind lernte mit seiner Beinschiene immer besser gehen, erst mit neun Jahren gab es eine zweite Operation und mit zehn Jahren war fast alles verheilt. Die Narben allerdings blieben für immer und weil man für Mädchen leider damals keine Hosen kannte, war es für jeden sichtbar, dass dies Kind mit diesen Brillengläsern, dick wie Flaschenböden, ein wenig anders war als andere. Doch, immerhin, das Kind konnte nun laufen und rennen und Fahrrad fahren. Alles immer sehr verspätet, alles immer sehr mühselig. Kein Tag wirklich ganz schmerzfrei und der größte Schmerz vermutlich der, nie dazuzugehören.

Es hätte eigentlich auch eine dritte Operation geben müssen, die sicherlich noch manches korrigiert hätte, denn dies war geplant, sobald das Kind ausgewachsen war, also etwa mit 17 Jahren. Doch dazu kam es nicht mehr. Am 30. September 1938 gipfelte die „Ausschaltung" jüdischer Ärzte in einem Approbationsverbot. Bereits seit 1936 waren einige jüdische Ärzte ausgewandert, und zwar in die Schweiz, nach England, Holland, Frankreich, USA, Kanada und Australien. Dr. Nathan blieb in Mainz und das wurde ihm, seiner Frau Elisabetha Nathan geborene August und der 1932 geborenen Tochter Emma Lotte zum Verhängnis.
Alle Aufzeichnungen über Operationen, Befunde, Nachuntersuchungen in der Praxis des Dr. Nathan wurden von den Naziterrorbefehlsempfängern beschlagnahmt. So gelangten alle vertraulichen Informationen über die Beeinträchtigung von Hildegard Schneider in die bösen Hände böser Menschen und ihr Name auf die gefürchtete Liste „Kindereuthanasie in Rheinhessen". Statt dass es also einen Termin zu einer dritten und letzten Operation gegeben hätte, gab es eines Tages einen folgenschweren Brief. Ein Nackenheimer in brauner Uniform brachte ein Schreiben. Für Hildegard Schneider gäbe es in großartigen Zeiten wie diesen eine ganz besonders individuelle Einladung. Im Klartext: sie hatte einen Platz auf der schwarzen Liste für das Euthanasieprogramm. „Heil Hitler, die Kreisleitung!" der Braune schlug die Hacken zusammen mit deutschem Gruß. Meine Oma Elise, sehr viel größer und stärker als der kleine braune Befehlsempfängerundweitersager, richtete sich zu voller Größe vor dem beschämend kleineren Formularüberbringer auf und sagte:

„Meine drei Brüder haben im Ersten Weltkrieg gedient, zwei davon sind in Frankreich gefallen. Mein Mann hat ebenso gedient, unser

Sohn ist momentan in Frankreich an der Front. Unser viertes Kind, unsere jüngste Tochter, habe ich im 45. Lebensjahr geboren und auch sie hat blaue Augen und ist blond und gesund."

(Und sie dachte bei sich, sagte es aber nicht: *Zuerst sagen sie, sie wollen die Vereinsfahnen vom Männergesangsverein fotografieren und in Wirklichkeit verbrennen sie alle Fahnen aller Ortsvereine auf Nimmerwiedersehen in einem Garten nahe beim Kirchberg. Und ich hab ihnen auch noch vertrauensvoll die Fahne herausgegeben! Dann holen sie die Glocken vom Kirchturm und behaupten, mit dem Metall der Glocken wird Deutschland den Krieg gewinnen. Also, was soll ich glauben, wenn sie jetzt behaupten, unsere kranke Tochter bekommt eine gute Operation bei besonderen Ärzten und danach eine besondere Ausbildung. Es gibt inzwischen Menschen in Nackenheim, die so lügen können, dass noch nicht einmal das Gegenteil stimmt von dem, was sie behaupten. Die so nach allen Seiten lügen, dass sie sich sogar zum Geburtstag von der Hitlerjugend in der Abenddämmerung bei Fackellicht und Fahnen ein Ständchen vor dem Haus singen lassen und doch gleichzeitig behaupten, sie gehören nicht zu den Braunen. …*)

„Und ich war früher blond und blauäugig, heut bin ich **STOHR**". Meine Uroma, die in Nackenheim respektvoll „die Deiwels - Katherine" genannt wurde, weil sie einen durchdringenden Blick, eine gute Stimme und eine wohlüberlegte Wortwahl hatte, war meiner Oma jahrelang eine gute Lehrmeisterin gewesen. Das zahlte sich an diesem finsteren Tag in jenen gefährlichen Jahren aus.

Bei „STOHR" statt „stur" zuckte der Braune. Denn der Mainzer Bischof Albert Stohr hatte, ebenso wie sein Amtsbruder aus Münster, Graf von Galen, im überfüllten Dom zu Mainz am 26. Oktober 1941 eine eindeutige Predigt über den Begriff „lebenswertes und lebensunwertes Leben" gehalten. Die damaligen Predigten kann man nachlesen in: „Dominus Fortitudo" Bischof Albert Stohr (1890–1961). **Nach der Lektüre dieses Buches hat man das gute Gefühl, dass es zu allen Zeiten Oberhirten gibt und hoffentlich weiterhin geben wird, denen das Wohl aller ihnen anvertrauten Schafe eine Herzensangelegenheit war, deren Predigtstimme auch laut und deutlich blieb, wenn sie selbst Angst haben mussten.** Doch manche gutgläubigen Eltern, viel zu viele, schickten beeinträchtigte Kinder in solche Heil- und Pflegeanstalten und erhofften sich eine versprochene Förderung. Manche sahen ihr Kind nie wieder und wurden erst lange nach der Beerdigung in einem gefühllosen Schreiben informiert. Trat man im richtigen Moment entschieden auf und füllte man den Meldebogen an irgendeine Behörde in Berlin gar nicht erst aus, so entkam man eventuell der todbringenden Bürokratie. Meine Tante hat mir den niemals nach Berlin abgeschickten Bogen 1996 wortlos gezeigt und dann zornig zerknüllt und im Ofen verbrannt.

An diesem Tag hatte ich meiner Tante eine Liste von Menschen gezeigt, mit denen ich gut befreundet bin und die alle gemeinsam hatten, als drittes Kind ihrer Familie geboren zu sein. Wir erwarteten damals unser drittes Kind und um mir selbst für die Schwangerschaft Mut zu machen, erstellte ich eine Liste Drittgeborener, ohne die die Welt viel ärmer wäre. Da stand sie auf Platz 3 meiner elf Lieblingsdrittgeborenen, gleich nach Lissi aus Oppenheim und Alfred aus Drais. Ein guter Listenplatz! Und da sagte sie: „Ich hun schunn uff gonz annern Liste gestanne, bei dene Braune Dreckdeiwel, do, guck!" ... Und zeigte mir das Formular des Schreckens.

Im Februar 1941 lebten in Mainz nur noch sieben jüdische Ärzte. Es lässt sich nur spekulieren, warum sie nicht auswandern wollten oder konnten. Waren sie zu arm, zu ängstlich vor einem ungewissen Neuanfang in der Fremde, zu pflichtbewusst gegenüber ihren verbliebenen jüdischen Patienten, die sie ja behandeln mussten? Zu sorglos oder eher zu erschöpft, um zu emigrieren?

Am 18. und 19. März 1942 kamen Gestapobeamte, befahlen in „bürokratisch-schikanösem" Deutsch, wann und mit welchem Gepäck sie sich in der Turnhalle der Feldbergschule treffen sollten. Von dort wurden die Mainzer Juden, darunter auch Dr. Nathan, seine Ehefrau, das Kind der beiden und ihr Neffe mit Polizeilastwagen zum Güterbahnhof in der Mombacher Straße, mit dem Zug nach Darmstadt, von Darmstadt aus in Güterwaggons eingepfercht, insgesamt 1000 Menschen. Das Ziel war Piaski bei Lublin in Ostpolen. Die Mainzer Juden, die nicht bereits auf dem Transport starben, wurden in Belzec und in Solibor umgebracht.

Am 27. September 1942 gab es noch einen weiteren Transport von Darmstadt in ein sogenanntes Altersgetto, das war Theresienstadt. Allein aus Mainz starben dort 453 Mainzer Juden. Vielleicht hatte Dr.

Nathan gerade wegen dieser Menschen so lange in Mainz ausgehalten, um sie nicht ohne medizinische Versorgung zurückzulassen. **Vielleicht hatte er sich einfach nicht vorstellen können, dass selbst das Eiserne Kreuz II. Klasse und die jahrzehntelange Praxis, all sein Wissen, all sein Können, seine Weltoffenheit und Heimatliebe nicht ausreichten gegen eine derart kranke Ideologie.**

Zurück zu meiner Tante. Sie wusste bis zuletzt nicht, ob Dr. Nathan und seiner Familie rechtzeitig die Flucht ins Ausland geglückt war. Sie wünschte sich, ich solle es nach ihrem Tod recherchieren und für Elisa, Jakob und Allegra dokumentieren.
Unsere Tante wollte unbedingt, dass unsere Kinder dachten, sie habe Altersbeschwerden, nichts weiter. Aber nach ihrem Tod sollten sie alles erfahren als Lektion fürs Leben.

Also bin ich einige Wochen nach ihrem Tod ins Mainzer Stadtarchiv gegangen, um die Dokumente zusammenzusuchen. **Ich fand exakt das, was sie selbst insgeheim befürchtet hatte: der Arzt, der ihr das Gehen ermöglicht und damit ihr Leben lebenswert gemacht hatte, hatte einen unglaublichen Todesmarsch gehen müssen: entkräftet, entmenschlicht, entwürdigt!**

Als der II. Weltkrieg vorbei war, keine Regierung mehr da war, die lebenswertes von lebensunwertem Leben unterschied, war der Spuk für Hildegard Schneider noch lange nicht vorbei. Man muss es ganz ehrlich sagen, in Nackenheim und auch in vielen anderen Orten fand keine ausreichende „Entnazifizierung" statt, zumindest einige blieben ohne Reue. Unfähig zu Buße und Reue. Schämten sich nicht. Beharrten offen oder versteckt auf jener Propaganda.
In vielen unbelehrbaren Köpfen lebte die böse Ideologie fort. Manche, deren Namen man durchaus nennen könnte, bekannten sich teils offen, teils anonym dazu. Manche piesackten meine Tante mit Sätzen wie:

Warum warst du eigentlich im Krieg nicht im Arbeitsdienst wie deine Alterskameradinnen?
Warum bist du für viele Arbeit nicht brauchbar?
Warum wollte Dich eigentlich keiner heiraten?

Warum hat dieser jüdische Arzt deine Beine nicht besser operiert, dass du auch mal tanzen könntest?
Meinst du nicht, ein guter deutscher Arzt hätte dich so operiert, dass deine beiden Beine gleich lang und gleich dick wären?

Solche Fragen kamen auch noch bis 2010 in anonymen Briefen bei uns an, nicht handschriftlich, nicht mit Schreibmaschine oder PC geschrieben, sondern aus Zeitungsschnipseln zusammengeklebt.

Seit 1990 litt Hildegard an der Parkinsonkrankheit, war zitterig, litt bald nach Ausbruch der Krankheit unter Inkontinenz, brauchte bei Tag und Nacht Windeln, einen Rollator, bekam zusätzlich an der Schläfe Hautkrebs, nach der Narkose ein Durchgangssyndrom, brach sich die rechte Hand, **das ganze brutale Seniorenprogramm, aber zusätzlich verschärft durch Angst, Panik, alte Traumata aus Kindheit und Jugend.** Die Hand brach sie sich nämlich, als sie in dementen Tagen auf den Küchenschrank kletterte, um dort vergeblich Nähzeug zu suchen, weil sie sich ein Haarnetz im Wert von 85 Pfennigen flicken wollte, eben weil sie sich als unwert empfand, ein neues Haarnetz zu kaufen. Alleine der Heilungsprozess der gebrochenen Hand kostete mich ein Vierteljahr lang unzählige Nachtruhen. Gerne hätte ich mal einen anonymen Brief zurückgeschrieben an die Person, für die selbst Hildegards Gipshand Anlass zum Hämebriefschreiben war. Bloß, wohin adressiert man einen solchen Brief? Es würde mich außerordentlich freuen, wenn mein Vortrag im Ortsmuseum dem beziehungsweise den betreffenden feigen Briefschreibern wenigstens ein richtig schlechtes Gewissen verursacht hätte!

Im August 2009 erlitt meine Tante einen Schlaganfall. Trotz Patientenverfügung - sie wollte keinesfalls nochmals ins Krankenhaus - kam ein Notarzt per Hubschrauber, holte sie aus dem Heim ab und nun begann das, was sie nicht mehr gewollt hätte und wovor die Patientenverfügung sie eigentlich hätte schützen sollen. Zum Glück nahm sich eine junge Ärztin die Zeit, sich von mir die über 60 Jahre zurückliegenden Ängste vor den Nazis erklären zu lassen. Unsere arme Tante dachte, sie sei per Luftwaffe! Zur Strafe! Von der Wehrmacht!... in ein „Euthanasiekrankenhaus" geraten, wo böse Ärzte erst die guten Ärzte töteten oder außer Landes scheuchten, um dann Alte und Sterbenskranke als Versuchskaninchen gewaltsam am Leben zu halten an Apparaten und Schläuchen. Ich muss das jetzt mal so ausführlich beschreiben, denn es war so bitter für sie und auch für mich, dass sie nun auch noch für einige Wochen das Vertrauen in mich, die ich ja nach dem Tod meiner Mutter eigentlich ihre wichtigste Bezugsperson gewesen war, verloren hatte. Sie argwöhnte, ich kollaboriere mit bösen Ärzten. Sie konnte erst zwei Jahre später in Ruhe einschlafen, als eine neue Patientenverfügung alles regelte und auch dann erst, als die Frauen vom ambulanten Hospiz zwischen Sterbender und Pflegedienstleitung vermittelten.

Was anonyme Briefe betrifft: wie kann es irgendwo dann einen oder mehrere Mitbürger geben, von welcher Art muss man sein, um so eine alte Frau noch obendrein fertigzumachen?

Darauf gibt es wohl nur eine Antwort:
Nur ein Mensch ohne Selbstwertgefühl und zugleich ohne Mitgefühl kann andere so behandeln. So absurd es auch ist: zu allen Zeiten der Menschheitsgeschichte gibt es Mobbing, wir wissen es von Fluchtäfelchen aus der Römerzeit, gefunden bei Ausgrabungen am Römischen Theater, wir nennen es heute Cybermobbing, wenn sich Teenager gegenseitig in der Schule oder im Internet fertigmachen.

Im Tierreich gibt es keine vergleichbaren sinnlosen Brutalitäten.
Nur bei dem Wesen, das sich selbst vielleicht allzu voreilig als „homo sapiens" bezeichnet hat, geht die Humanität allzu oft im Alltag verloren.

Hildegard selbst war und blieb bis in ihre letzten Lebensjahre das Opfer anonymer Briefschreiber, für die es wohl keine Entnazifizierung gegeben hatte. Auch ich habe solche Briefe bekommen. In einem Brief stand beispielsweise: „Nackenheim minus Hildegard Schneider ist gleich „*Lebenswertes Nackenheim!*" Damals, als dieser Brief kam, war die Bezeichnung *Lebenswertes Nackenheim* eine Bezeichnung für eine neu gegründete Partei auf der Basis ökologischer Werte. Es ist ziemlich schwer, solche Briefe zu lesen und sich dann doch zu sagen, dass einem die Gedanken solcher Mitmenschen, **zwar traurig, aber nicht mutlos** machen dürfen.

Ich schreibe dies alles so detailliert, weil ich immer wieder an Schulen mit Mobbingopfern zu tun habe, deren Fall wohl durchaus einzigartig, aber eben doch eine endlose Wiederholung wiederkehrender Gemeinheiten und Feindseligkeiten ist, die man nur mit Mut und Tapferkeit in Selbstbewusstsein verwandeln kann. Vor Angst erstarren, weggucken, weglaufen dient den Tätern!

Ich will erzählen, warum ich trotzdem denke, dass am Ende doch alles gut wird und warum das Gute stärker ist als das Böse und warum Segen stärker ist als ein Fluch und Liebe und Zuneigung stärker als Verzweiflung und Wut.

Denn wäre ich davon nicht überzeugt, dann hätte die vierzehneinhalb Jahre als pflegende Angehörige zu Hause und die sechs Jahre als Betreuerin in der Pflegeheimzeit nicht durchstehen können, vor allem, weil es für mich ja gleichzeitig, davor und danach noch mehrere andere Familienmitglieder mit langer Pflegebedürftigkeit gab.

Es gab keine abschließbare Tür zwischen der Wohnung meiner Tante und der Wohnung unserer Familie. Wenn ein Mensch dement wird, verschwinden manchmal die Grenzen zwischen Erlaubtem und Verbotenem, Mein und Dein. Und so entfiel auch das Bewusstsein von Briefgeheimnis und Respekt vor Tagebüchern. Für mich war das Problem einfacher zu lösen: ich schrieb abwechselnd lateinische und englische Sätze. Jakob bemerkte einmal als Siebenjähriger, dass jemand fettige Fingerabdrücke auf seinen Schreibblättern hinterlassen hatte. Eltern, Großeltern oder große Schwester konnten als Spione ausgeschlossen werden. Aber Tante Hildegard gab fröhlich zu, Woche für Woche Jakobs Notizen gelesen zu haben. Zuerst war der Bub sehr wütend auf seine Großtante. Als ich ihm erklärte, dass Demente ihre Neugierde kaum unterdrücken können und vor allem, als er begriff, dass Tante Hildegard uns und unsere Katze einfach sehr liebhatte, ließ er sie freiwillig seine Aufsätze lesen. Ich musste nur versprechen, alles in der Drogerie Sans zu kopieren, damit die Tante sein Original nicht mit Käse-, Leberwurst- und Ölsardinenfingern „verzierte".
Und ich glaube beinahe, ohne die Raubzüge unserer armen dementen Tante hätte das Tagebuchschreiben in unserem Haus nicht den Stellenwert gehabt, den es durch die Dauerbedrohung durch Fettspuren

bekommen hatte. Shakespeare würde sagen: Fair is foul and foul is fair. Wer weiß schon immer so genau, was gut oder böse, schwarz oder weiß, gefährlich oder heilsam ist.

> Als ich 5 war haben ich und unser Kater Julius immer zusammen gefrühstückt. Da war ich noch ein Kindergartenkind. Der Julius hat in der Küche von der Tante Hildegard auf einem Stuhl geschlafen. Wenn er unten gehört hat, dass oben meine Schlafzimmertür aufgeht, ist er oft von selbst die Treppe hochgekommen. Oder wir mußten ihn rufen. Ich habe mich immer gefragt, wenn ich erst seine Ohren, dann seine Augen und dann den ganzen Kopf auf der Treppe erspäht habe. Wir haben uns begrüßt und hingesetzt: ich auf meinen Stuhl und der Julius genau unter meine Füße. Ich habe Schokozwieback gegessen und der Julius hat Trockenfutter gefressen. Beide haben wir Milch getrunken. Und der Julius hat laut geschnurrt, wenn ich ihn mit nackigen Füßen gekrault habe. Mittags nach dem Kindergarten habe ich dem Julius oft Bücher vorgelesen auf dem Sofa. Da hat er auch geschnurrt.
>
> (Jakob, 7 Jahre)

Soweit meine Berichterstattung in Moll-Tonarten.
Und nun die Fortsetzung in einigen Dur-Akkorden. Nicht Verstummen, nicht Erstarren, nicht flüchten, sondern: VERWANDELN!

Hier eine Extraportion Resilienz, Widerstandskraft trotz aller Widrigkeiten.

Es ist eine überwiegend fröhliche Anekdote, die zeigt, dass auch einem chronisch kranken, innerlich vereinsamten Menschen Glücksmomente beschert werden können, die manches aufwiegen und böse Mitmenschen für eine Weile verstummen lassen. Dass sich Armseligkeit in Mühseligkeit und darüber hinaus Mühseligkeit sogar in Glückseligkeit verwandeln kann.

Es war nach dem Krieg, vielleicht 1948. Die Dorfchronik schwieg auffällig lange darüber, wem im Dorf zu „verdanken" gewesen war, dass die Kirchenglocken zu Kanonen gegossen worden waren. Erst vor zwei Jahren erfuhr man genauere Infos.
Wie auch immer, die Glocken waren verloren und um neue zu bezahlen, gab es eine Benefizveranstaltung im Saalbau zum Schiff. Es kostete Eintritt, die drei Nackenheimer Männerchöre sangen im Wettstreit gegeneinander und es gab allerlei andere Geschicklichkeitsspiele. Eins davon, es waren ja ganz arme Zeiten: wer kann am besten Kartoffelschälen. So ähnlich, wie man Intelligenzquotienten ermittelt, gab es einen **Kartoffelschälquotienten**: wer schält in wenigen Minuten die meisten Kartoffeln und hat dabei die geringste Menge an Kartoffelschalen?!

Jemand sagte zu meiner Tante gehässig: „Das ist doch mal was für dich, Hildegard! Da brauchst du keine Beine, nur Hände. Und du musst doch schließlich zusehen, dass du viel Ertrag hast, weil du verdienst ja das Brot nicht, das du frisst!" Das war gemein, denn meine Tante war tagein, tagaus sehr fleißig in den Weinbergen, beim Putzen und jeglicher Hausarbeit, Gartenarbeit, Feldarbeit, Grabpflege.

Kleine Eimer für kleine Hände, große Eimer für die großen, starken, schnellen Hände: das ist ein ungeschriebenes Gesetz in landwirtschaftlichen Familien. Das weiß man in jedem kleinsten Winzerhaushalt.
Jede(r) hilft mit, so gut sie oder er kann. Niemand kann die ganze Arbeit alleine tun. Niemand kann nichts tun.

Von Montag bis Samstag ist niemals Faulenzen erlaubt. Kleine Menschen arbeiten mit kleinen Eimern, Mama und Tante mit großen Eimern. Als kleine Erntehelferin habe ich große Angst, als Erwachsene nicht ganz so schnell wie die Großen ernten zu können. Auch diese Angst war unbegründet: man wächst mit seinen Anforderungen. Wer viel kann, muss halt viel tun.

Hildegard Schneider gewann für die Mannschaft des MGV 1857 den Nackenheimer Kartoffelschälwettbewerb mit Abstand. **Klangvoller Dur-Akkord**!

Wenn in der Osternacht die Glocken läuteten, wenn an Festtagen die Glocken läuteten, besonders, als die Tante schon ziemlich dement war, freute sie sich, wenn man zu ihr sagte: „Wer hat eigentlich für unsere Nackenheimer Glocken in den Nachkriegsjahren die meisten Kartoffeln geschält?" Da strahlte die Tante übers ganze Gesicht, bis die Ohren Besuch kriegten, so sagte man früher bei uns.

In der Altenpflege nennt man dies Validation. Wertschätzung. In diesem Falle: Wertschätzung eines alten Menschen durch gute Erinnerungen an längst vergangene Zeiten.

Vor zwei Jahren haben die drei Nackenheimer Glocken also zum letzten Mal für Hildegard Schneider feierlich geläutet. „Mortuos plango (Ich beklage die Toten)".
„Festa decoro (Ich verherrliche die Feste)". „Vivos voco (Ich rufe die Lebenden)".
Wir alle, die wir ein Leben lang ihre vielen Gebrechen und ihre spärlichen Freuden mit ihr geteilt haben, haben gleichzeitig gelacht und geweint und haben doch geglaubt, sie ist nicht bei den Toten, sondern zu den Lebenden gerufen worden.

Portio mea, Domine, sit in terra viventium.

Mein Anteil, Herr, sei im Lande der Lebenden.

Dr. Walter Nathan, 1889 in Koblenz geboren, promovierte 1912 in Bonn mit einer Dissertation über die psychischen Störungen bei der Huntingtonschen Chorea zum Dr. med., nahm als Arzt am Ersten Weltkrieg teil, spendete auch wie viele Mainzer Mitbürger, für die Kriegskinderfürsorge. Das Ergebnis dieser Spendenaktion ist bis heute als sieben Meter hohe „Nagelsäule" auf dem Liebfrauenplatz vor dem Mainzer Dom. Kreuz und Lutherrose und sechszackiger Davidsstern, alles nebeneinander, miteinander. Liebe, nicht Krieg. Nach dem Ersten Weltkrieg heiratete er, arbeitete unermüdlich in seiner Facharztpraxis in der Neubrunnenstraße in Mainz.

Für Dr. Walter Nathan, der Glocken und Orgelmusik so sehr liebte, hat nach seinem verdienstvollen Leben zu seinem Sterben noch nicht einmal ein kleines Glöckchen geläutet. Dr. Nathan war Jude und hat die vielen Glocken der christlichen Kirchen in Mainz mit offenen Ohren, mit lauterem Herzen gehört, besonders die Glocken der Christuskirche, die sein Wirken als Arzt Tag für Tag begleitet haben wie ein Lied der Zuversicht. Verneigen wir uns vor diesem Mann, verneigen wir uns vor seiner kleinen Patientin und hoffen wir auf den Gott Abrahams, Isaaks und Jakobs, bei dem diese beiden und all die unzähligen Opfer des Nazi-Terrorregimes und zweier Weltkriege für immer geborgen sein mögen.

Quellenmaterial: Stadtarchiv Mainz, Telefonbücher, Sterberegister, Geburtsregister

Moguntia medica
Das medizinische Mainz – Vom Mittelalter bis ins 20. Jahrhundert
Wylicil-Wiesbaden 2002, darin Beiträge von

Franz Dumont
Unter dem Hakenkreuz
Mainzer Medizin im Nationalsozialismus

Werner Friedrich Kümmel
Die Ausschaltung der jüdischen Ärzte in Mainz durch die National-
sozialisten

Georg Lilienthal
Patienten aus Mainz als Opfer der NS-„Euthanasie"

Christina Vanja, Steffen Haas, Gabriela Deutschle, Wolfgang Ei-
rund, Peter Sandner (Hrsg.) (o. J.) Wissen und Irren. Psychiatriege-
schichte aus zwei Jahrhunderten-Eberbach und Eichberg. Historische Schriftenreihe des Landeswohlfahrtsverbandes Hessen, Quellen und Studien Band 6.

Aufgeschrieben von Dagmar E. Reifenberger, Januar 2013

qui parvus error in principio
magnus est in fine

Thomas von Aquin in "de ente et essentia"

... weil ein kleiner Irrtum am Anfang
einen großen am Ende bedeutet.

Übersetzung von Edith Stein

Lektion 6:
Angst vor Abwertung und „Abgestempeltwerden"

Ein Mensch ist keine Briefmarke

Wer oder was bist du?

Bist du ein Stein, ein Brief, eine Briefmarke, eine Pflanze, ein Tier, ein Mensch?

Einen Stein oder einen Brief können Wind oder Wasser, Fahrzeuge oder Menschen transportieren. Steine oder Briefe bestimmen nicht selbst, wohin sie gelangen und bleiben.

Eine Pflanze sucht sich ihren Standort nicht aus.
Je nachdem, ob du ein Schneeglöckchen irgendwo in einem Garten in Europa oder eine Teepflanze in Darjeeling oder in Nepal bist, blühst du im März, wirst vielleicht von einem Kind gepflückt. Als Schneeglöckchen kommst du vielleicht in eine kleine Blumenvase, verwelkst nach einigen Tagen und im nächsten Frühling wächst ein anderes Schneeglöckchen wie du an deiner Stelle aus dem kalten Erdboden.

Als Teepflanze im Himalaya werden deine obersten jungen Triebe, nämlich die Blattknospe und die beiden sie umgebenden hellgrünen Blätter von Teepflückerinnen gepflückt und in Säcken auf Eselsrücken oder in Kisten auf Lastwagen zur Teefabrik transportiert. Wenn du also die Blüte eines Teestrauches bist, so wirst du gepflückt, fermentiert und verwandelst dich zu einem Schwarztee. Nicht ausgeschlossen, dass ein Teil von dir in einer Teetasse in Mainz oder in Nackenheim am Rhein landet und ein anderer Teil von dir als Teestrauch im Himalaya bleibt.

Wenn du ein Baum bist, bleibst du viele Jahre, Jahrzehnte, vielleicht sogar Jahrhunderte an einem bestimmten Ort stehen. Vielleicht nisten

Vögel in deinen Zweigen, vielleicht ritzen Menschen Buchstaben oder Worte in deine Rinde.

Wenn du ein Brief bist, dann musst du dir gefallen lassen, dass dir oben rechts eine Briefmarke aufgeklebt wird, dass du irgendwo abgestempelt und zu einem Bestimmungsort verschickt wirst. Vielleicht wirst du nur flüchtig gelesen, vielleicht wirst du über hundert Jahre sorgfältig aufbewahrt.

Wenn du ein Fisch bist, ein Singvogel oder ein Haustier, dann hast du zumindest teilweise die Möglichkeit über dein Dasein selbst zu bestimmen. Zeit und Raum beschränken deine Freiheit, aber immerhin gibt es Tag für Tag verschiedene Möglichkeiten was du tust, wie du es tust.

Wenn du ein Mensch bist, dann ist zuallererst wichtig, dass du dich wie ein Mensch benimmst; am besten: wie ein guter Mensch. Du wirst ein Leben lang zwischen Allmacht und Ohnmacht, zwischen Angst und Zuversicht hin und her schwanken. So geht es allen Menschen. So ging es allen Menschen in früheren Jahrhunderten, so war es immer, so wird es wohl immer bleiben.

Alle Tierstempel in diesem Buch habe ich ersonnen, um das Indianerwort zu veranschaulichen, dass unsere Haustiere unsere älteren Schwester und Brüder seien.

Stempel sind Vereinfachungen. Sie übermitteln eine einfache Botschaft, meist mit kleinen Bildern, Buchstaben, Zahlen. Stempel gibt es schon seit rund 600 Jahren, ehe Gutenberg bewegliche Lettern erfand. Das waren kleine Bleiklötzchen, mit einem spiegelverkehrten Relief des zu druckenden Buchstabens auf der Oberfläche.

Ich habe einige Jahre bei der Deutschen Bundespost gejobbt, meist als Briefträgerin und auch das Abstempeln von täglich mehreren hundert Briefen war dabei mein Aufgabenbereich. Auf dem Stempel stand *1200 Jahre Nackenheim am Rhein,* sowie das aktuelle Tagesdatum plus Uhrzeit. Damals, als ich Schülerin und Studentin war, konnte man am Poststempel präzise ablesen, wann und wo ein Brief in den Briefkasten gewandert war, heute nicht mehr, es gibt wenige riesige Briefzentren.

Es leuchtet ein: die Deutsche Bundespost hätte keine Studenten beschäftigt, die täglich von Hand Datum und Ort auf unzählige Briefmarken geschrieben hätten. Das wäre extrem unwirtschaftlich gewesen, denn Zeit kostet bekanntlich Geld. Also: Stempel sparen viel Zeit. Stempeln war die einfachste aller Aufgaben im Postamt, ansonsten wurde viel handschriftlich notiert, addiert, summiert, alles ohne Taschenrechner, der Kopf allein arbeitete schneller! Täglich habe ich in Windeseile sämtliche Zahlenkolonnen addiert, die Zahlkarten und Zahlkartenüberweisungsgebühren auflisteten. Das hatte tagsüber der Schalterbeamte aufgeschrieben und berechnet, dessen Angaben aber nach Dienstschluss nachgerechnet werden mussten. Die verschiedenen Schalterbeamten hatten in aller Regel eine Fehlerquote von maximal zwei Prozent, aber eben diese zwei Prozent mussten korrigiert werden. Nach dem Kopfrechnen war das Stempeln pure Entspannung. Meine Lieblingsaufgabe, in täglich neuen Rhythmen, begleitet von Pfeifen, falls ich alleine im Postamt war, von lautem Singen. Vermutlich verdanke ich dieses fröhliche Musizieren bei Routinetätigkeiten bis heute der schönen Tradition, schon als kleines Kind im Weinberg, auf den Äckern gerne gesungen zu haben. Und mein guter alter Freund, Onkel Hildebert, hatte ja auch vom Montag bis zum Freitag auf der damals noch sehr lauten Schreibmaschine im Rathaus in immer neuen Rhythmen geschrieben. Sonntags die Orgel, werktags die Schreibmaschine.
Schläft ein Lied in allen Dingen, also auch in Poststempeln und Schreibmaschinen!

Heutzutage senden Kinder und Jugendliche sich manchmal schauderhafte Botschaften oder Bilder, um sich gegenseitig fertigzumachen. „Du MOF!" Ein MOF ist die Abkürzung für Mensch ohne Freund.

Niemand hat jemals das Recht, andere Menschen abzustempeln! Niemand ist dazu verurteilt, sich wie ein Brief, eine Briefmarke, eine Drucksache behandeln zu lassen!

Du bist keine Sache, du bist ein Lebewesen! Du bist keine Laborratte, deren Verhalten durch Elektroschocks oder Chemische Keulen determiniert wird!

Du bist zur Freiheit berufen, du darfst dein eigenes Lied singen und pfeifen und deinen eigenen Rhythmus finden und leben. Auch und gerade in deiner Schulzeit!

Worte, die geflucht werden und Beleidigungen, die Menschen abstempeln

hat es immer gegeben und wird es immer geben.
MOF (Mensch ohne Freunde) oder *Opfa (Opfer)* und viele andere böse Worte mehr.
Diese Ausdrücke wechseln über Jahrzehnte, die Kernaussage bleibt: „Ätsch, du gehörst nicht dazu, dich grenzen wir aus!" Denen, die solche Flüche verbreiten, ist in aller Regel gemeinsam, dass sie ihr Opfer entweder in irgendeiner Weise beneiden oder selbst eine ausgeprägte Angst haben, das Opfer anderer zu werden, also selbst ausgegrenzt zu werden und als Mensch ohne Freunde da zu stehen. Es ist in jedem Fall im Leben und erst recht in einer Schule prinzipiell **falsch, die Opferrolle oder die Täterrolle oder die Rolle des Mittäters unüberlegt anzunehmen.** Wer andere vorschnell mit dem Fluch „Du bist ja wohl behindert!" belegt, hat Angst, selbst als „behindert" angesehen zu werden.
Früher sagte man eher: „Du bist ein Idiot!" oder, etwas milder: „Du hast einen Vogel!"
Ob jemand einen Vogel im Kopf hat oder vernünftig ist, so spekulierte man in früheren Jahrhunderten abergläubisch, könne man an einer abweichenden Kopfform erkennen. Wer einen Vogel im Gehirn sitzen hat, benimmt sich vielleicht ziemlich komisch. Vielleicht bewirkt ein Vögelchen im Kopf, dass man unfreiwillig verrückte Dinge sagt und tut? Weil es menschlich ist, alles was komisch ist, auszugrenzen, sucht man nach Erklärungen, die einen selbst auf die sichere Seite bringen. Menschen, die sich immer abweichend von gängigen Normen verhielten, hatten möglicherweise von Geburt an einen zu kleinen Kopf, vielleicht ausgelöst durch eine Rötelninfektion der Mutter in der Schwangerschaft oder durch Chromosomenaberrationen. Aber auch das Ge-

genteil, ein auffällig großer Kopf, Makrozephalus genannt, kann mit kognitiven Beeinträchtigungen einhergehen. Wer Angst hat, selbst gelegentlich seltsam zu sein oder auffällig anders zu wirken, muss also vor allem den eigenen Kopf und das eigene Verhalten zur absoluten Norm erklären und dauernd andere in einem Schwebezustand der Angst fixieren. (Man denke nur an Hitler, Goebbels und ihre unzähligen Mittäter, die allesamt irgendetwas zu verbergen hatten, was sie auf andere projizierten!).

Alle Menschen überall zu allen Zeiten benehmen sich manchmal vernünftig und manchmal seltsam. Alle verhalten sich gelegentlich so, als hätten sie einen Vogel, als wären sie ein Esel.

Deshalb drei wichtige Hinweise, die immer wiederkehren:
- alle Lebewesen mit ihren Fähigkeiten und Unfähigkeiten sind wie alle anderen Lebewesen und doch einmalig!
- Klugheit und Dummheit, Ja und Nein, Erfolg und Scheitern, Esel oder Vogel gehören zusammen!
- Segensworte sind stärker und nachhaltiger als Flüche!

Im Zoo kann man in Volieren Vögel aller Kontinente bestaunen. Es gibt, gerade bei den Vögeln, eine unfassbare Artenvielfalt. Einige Kinder aus Europa und aus Afrika haben für dieses Buch ganz unterschiedliche Vögel gemalt, die in aller Welt beheimatet sind. Diese ganz unterschiedlichen Vogelarten in ihrer ganz eigenen Schönheit zu betrachten ist eine gute Entspannungsübung, passend zu den Fokus – Meditationen in Lektion 8.

Wie würde die Natur aussehen, wenn es nur eine überall gleiche Vogelart weltweit gäbe?

Wie würde die Menschheit dastehen, gäbe es nur einen normierten, konsumorientierten, durchschnittlich intelligenten Menschen überall und allezeit?

Abgestempelt vor 75 Jahren

Unser guter Großvater Anton Kamp war ein fleißiger Wingertsmann (lat.: vinoper, nicht ganz vergleichbar mit der modernen Berufsbezeichnung Winzer). Obwohl von früh bis spät in Keller und Weinbergen mit seiner Arbeit ausgelastet, konnte er doch nie seine vierköpfige Familie alleine ernähren. Deshalb musste unsere Oma Eva zeitlebens durch Kochen und Putzen mitverdienen, wofür sie von einigen Wohlhabenden verspottet wurde.

Schon mit vierzehn Jahren musste sie weg von ihrer Familie, um als ungelerntes Dienstmädchen ihren Lebensunterhalt zu verdienen. Weil sie keine Ausbildung als Köchin hatte, bezeichnete man ihr Kochen als *Bratschen*. Die Bratsche ist bei weitem nicht die Violine. Wer in der Küche, und sei es bei Hochzeitsgesellschaften mit hundert Gästen, als Bratsche arbeitete, mochte noch so fleißig und umsichtig sein. Wer bratschte, war küchentechnisch gesehen als Dummerchen am Herd abgestempelt. Tatsächlich sind die Bratschenspieler diejenigen Instrumentalisten, über die es die übelsten und meisten Musikerwitze gibt.

Dieser Spott kränkte unsere Oma so sehr, dass sie niemals, wirklich niemals für uns kochen oder backen wollte, aus Angst, nicht gut genug bewertet zu werden. Das ist wirklich schade, doch immerhin schrieb sie mir nach vielem Drängen und Bitten im letzten Lebensjahr ein einziges, nämlich das Rezept des Hefenapfkuchens auf, den sie früher in Unmengen für alle Feste gebacken hatte. Und dieser Kuchen ist nun seit dreißig Jahren in unserem Freundeskreis einer der beliebtesten Kuchen überhaupt. Wieviel Dank und Sympathie wäre ihr zu Lebzeiten entgegengeströmt, hätte sie nur ihre Angst vor Kritik überwunden!

Wer als Vater seine vierköpfige Familie nicht alleine ernähren konnte, war auch abgestempelt und half als Wiedergutmachung gelegentlich seiner Ehefrau bei niederen Küchendiensten. So hatte unser Opa im Dorf den Spitznamen *armer Kartoffelschäler*, einer seiner Freunde war der *Muckefuck-Surrogat-Kaffeekocher*.

Meine Großeltern ärgerten sich zwar innerlich über die Spötter, doch nach außen hin und mir gegenüber sangen sie: *Froh zu sein, bedarf es wenig und wer froh ist, ist ein König.*

Als ich bei der Pfarrgemeinderatswahl anno 1980 so überaus viele Stimmen bekommen hatte, freuten sich zwar viele mit mir. Aber es gab auch einzelne, die raunten, das sei zu viel der Ehre für eine, deren Großeltern väterlicherseits nur Bratsche und Kartoffelschalenheld gewesen seien. Demokratieverständnis 35 Jahre nach Kriegsende noch nicht wirklich in allen Köpfen verinnerlicht und Abstempeln über mehrere Generationen keine Seltenheit.

Positiv ausgedrückt: man erwirbt ein dickes Fell und das kann man immer mal brauchen!

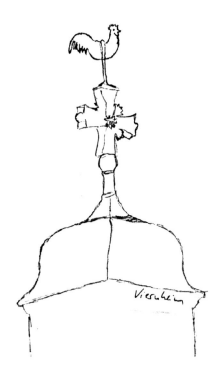

Lektion 7:
Angst vor Labyrinthen und unlösbaren Rätseln

Im Labyrinth lebt der Minotaurus. Im Irrgarten versteckt sich die Angst.

Der Minotaurus ist ein Fabelwesen aus der griechischen Mythologie. Der Minotaurus ist ein Ungeheuer. Er hat einen Menschenleib, aber den Kopf eines Stieres. König Minos füttert den Minotaurus mit Menschenopfern. Der Minotaurus verschlingt unzählige Jungfrauen und Jünglinge.
Ariadne, die Tochter des Königs Minos, eine Naturgöttin auf Kreta und den ägäischen Inseln, gibt Theseus ein Garnknäuel und einen guten Plan. Mit List und Stärke und mit dem Faden der Ariadne besiegt Theseus das Monster.

Dein Lebenslauf ist manchmal wie ein Irrgarten, ein Labyrinth, ein unlösbares Rätsel.
Du musst loslaufen, weißt aber eigentlich nicht, wohin und kennst die Wegstrecke nicht.
Eine schwer verständliche Aufgabe erscheint wie ein Buch mit sieben Siegeln. Hast du mühsam die erste von sieben Teilaufgaben gelöst, dann bleiben noch sechs weitere, eins jeweils schwerer als das andere.

Das Buch mit sieben Siegeln ist ein Bild in der Offenbarung des Johannes.
In katholischen Kirchen wird manchmal ein Lamm dargestellt, das auf einem Buch mit sieben Siegeln ruht.

eine Buchrolle, innen und auf der Rückseite beschrieben, versiegelt mit sieben Siegeln
(*Offenbarung des Johannes 5,1*)

librum scriptum intus et foris signatum sigillis septem
(*Apocalypsis Iohannis 5,1*)

a book written within and on the backside, sealed with seven seals
(Revelation of Saint John the Divine 5, 1)

un livre écrit en dedans et en dehors, scellé de sept sceaux
(Apocalypse 5,1)

Als im 19. Jahrhundert in Paris die Kathedrale Notre-Dame (1163-1313 erbaut) restauriert wurde, fügte der Architekt dem Sakralbau Dachreiter und Wasserspeier hinzu, die die Aufmerksamkeit des Besuchers unwillkürlich fesseln.

Unsere Alltagsängste sind manchmal wie Dämonen.
Dämonen flüstern oder fauchen uns zu: Du hast Angst! Du traust dich nicht! Du erstarrst!

Aber Dämonen sind nur Phantasiegebilde.

Jeder hat seine eigenen Dämonen.

Dämonen verlieren ihre Macht, wenn man alleine oder mit anderen singt, pfeift und lacht.

Labyrinthe sind Irrgärten oder Gebäude, mit Gängen und Wegstrecken, die sich vielfach kreuzen. Man kennt sie bereits aus der griechischen Sagenwelt. In der Vasenmalerei aus dem 6. Jahrhundert vor Christus werden Labyrinthe dargestellt.
Dädalus baute für den Minotaurus ein Labyrinth.
Manchmal bekommen Menschen in Maislabyrinthen Panikattacken.
Wenn man Wege geht, fühlt man sich wohl, wenn man die Wegstrecke kennt und überblicken kann. Aber nur wenige Wege sind bequem und überschaubar.

Auch das haben wir mit allen anderen Menschen aller Zeiten gemeinsam: niemand kann morgens wissen, wie sich der Tageslauf bis abends entwickelt.

Im Mittelalter wurden auf Fußböden von Kirchen und Kathedralen Labyrinthe dargestellt.

Bekannt sind besonders die Kathedralen in Chartres und Amiens und St. Severin in Köln. Weil dreidimensionale Labyrinthe sehr kompliziert zu bauen sind, gibt es die zweidimensionale Variante. Auf Kirchenfußböden sind häufig sternförmige Muster zu sehen, die meist bei näherem Hinsehen Kreuze als Elemente enthalten. Solche Muster sind gut zum Meditieren geeignet.

In Südindien gibt es geometrische Muster, genannt Kolam, in Nordindien bezeichnet man sie als Alpana. In ländlichen Gegenden werden solche Muster oder Mandalas von Hindus und Christen frühmorgens täglich neu vor der Türschwelle angeordnet. Als Material dienen nicht etwa farbige Steinchen, sondern Reispulver oder kleine Körner. Im Laufe des Tages werden die kleinen Kunstwerke von Vögeln oder Ameisen verspeist. Muster, wie diese, die in Indien, wie gesagt von Christen ebenso wie von Hindus als ein Morgenritual gestaltet werden, sehen ganz ähnlich aus, wie die Fliesenmuster im Eingangsbereich alter Bauernhäuser. Auch Kirchenfußböden alter Kirchen zeigen zweifarbige oder vielfarbige Muster, die zum Meditieren einladen, gerade wenn das Beten nicht gelingen will.

Auch dieses Buch enthält einige Labyrinthe, denn Kinder (und auch Erwachsene) mit Angststörungen empfinden es manchmal als heilsam, mit Papier und Buntstift verschlungene Wege zu zeichnen und dann ein Ziel zu erreichen.

Ich habe mir einige einfache Labyrinthe ausgedacht, die schon kleine Kinder mit einem oder mehreren Buntstiften ganz alleine durchlaufen können.
Ältere Kinder und Erwachsene können diese Labyrinthe als Vorlage benutzen, um sich Angstszenen mit Happyend oder Zielen auszudenken.

Katzen sind Einzelgänger.
Kater Moritz verscheucht <u>fast</u> alle Katzen
aus seinem Garten.
Welche Katze begrüßt er freundlich?

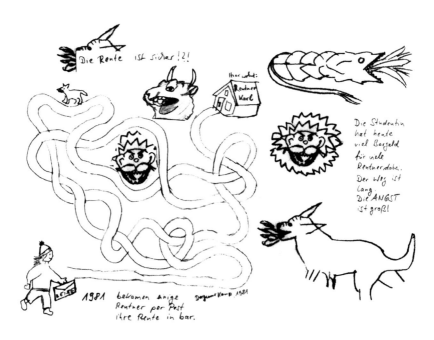

Die Rente ist sicher!?!

Ihre Rente: Rentner Karl

Die Studentin hat heute viel Bargeld für viele Rentner dabei. Der Weg ist lang. Die ANGST ist groß!

1981 bekommen einige Rentner per Post ihre Rente in bar.

Dogumentkamp 1981

Mein eigenes kleines Angstlabyrinth aus der Studentenzeit ist mein Briefträgerweg, eine Erfahrung im Frühling 1981. An zwei Tagen im Monat wurde damals via Postzahlungsanweisung einigen Rentnern ihre Rente ausgezahlt. Das hatte der Briefträger an jenen Tagen als große Bargeldsumme dabei. Der Briefträger Werner Mahnke hatte Tag für Tag seinen treuen Hund Fips auf dem Arbeitsweg dabei. Damals gab es zwei Briefträger und zwei Zustellbezirke in Nackenheim. Werner Mahnke war zuständig für den älteren Ortsteil, Edgar Best für das sogenannte Neubaugebiet. Ich war einige Jahre als Studentin in den Semesterferien Urlaubsvertretung für beide. Wir hatten es aber so organisiert, dass ich immer das Neubaugebiet übernahm, egal, wer von den beiden Briefträgern in Urlaub war. Das Neubaugebiet war übersichtlicher, jedes Haus hatte einen oder mehrere Briefkästen, nur wenige Rentner bekamen ihre Rente via Post. Im Jahre 1980 oder 1981 wurde Herr Mahnke plötzlich für viele Monate krank. Sein altes Kriegsleiden mit hohem Fieber und Infektionen meldete sich nach fast vierzig Jahren zurück und ich pausierte ein ganzes Semester, um ihn zu vertreten. Das bedeutete enorm viel Geld für einen Studentenhaushalt. Das bedeutete aber auch zweimal monatlich heftige Angstgefühle, wenn ich mit vielen Tausenden von DM zusätzlich zu den normalen Briefen und Zeitschriften unterwegs war. Natürlich kannte praktisch jeder im Dorf diese Zahltage, an denen die Renten per Post zugestellt wurden. Natürlich machte manch einer seine Witze, auch wenn es keine ernsthaften Bedrohungen waren. Aber tatsächlich, die latente Angst ausgeraubt zu werden, war einfach da. Aus meiner Zeit als Gruppenleiterin bei Zeltlagern beherrschte ich ein wenig Selbstverteidigung für Mädchen. Weil das nicht so ganz zur Angstbewältigung reichte, griff ich zum mentalen Trick:

Ich stellte mir vor, rechts von mir läuft der Briefträgerhund Fips (der im wirklichen Leben nicht vom Krankenbett seines Herrchens wich!), links von mir stellte ich mir vor, unser früherer Familienhund Asta laufe neben mir, an meiner Herzseite.
Zwei Phantasiehunde normalisierten die Atmung und wenn sich die Atmung normalisiert, wird die Angst heruntergefahren! Ähnlich wie die schnurrende Katze, die trotz ihrer Schmerzen schnurrt.

Ja, damals war die Rente dann doch noch sicher. Und die Geldbriefträgerin mit ihren zwei imaginären Hunden ebenso!

If the cat is ill or sad it will be purring nevertheless.

If the prophet does not see the angel, the donkey will call his attention.

If the dog is at the postman's side, the postman will never be afraid.

Zuversicht aus Scherben und Fehlern

Im Jahre 1904 hat man in unserer Pfarrkirche St. Gereon in der Orgel eine besondere Nachricht gefunden. Die Orgel war von einem Blitzeinschlag in den Turm teilweise zerstört. Dadurch kam eine Friedensbotschaft aus dem Jahre 1739 ans Tageslicht. Damals war Europa in die sogenannten Türkenkriege verstrickt, eine Aufeinanderfolge von sieben Kriegen. Deshalb schrieb der Kiedricher Orgelbauer Johannes Kohlhaas der Ältere einen Friedenswunsch an spätere Generationen. Also auch an uns hier und heute.

Als der Pergamentstreifen 1904 in die Pfarrchronik eingeklebt wurde, befanden wir uns zehn Jahre vom Weltkrieg entfernt. Wir nennen ihn heute den Ersten Weltkrieg, weil bald darauf der 2. Weltkrieg folgen sollte. Seit 1945 haben wir hier – Gottlob – Friedenszeiten gehabt. Der Orgelbauer Johannes Kohlhaas würde sich darüber mit uns freuen.

In England, und zwar in Winchester, gibt es heutzutage ein großes Westfenster aus mittelalterlichem Glas. Das ursprüngliche Fenster wurde von Oliver Cromwells Truppen absichtlich zerstört. Die Einwohner von Winchester sammelten die Scherben und Glassplitter und als um 1660 fast zehn Jahre nach der Zerstörung wieder Frieden einkehrte, setzten sie aus den Scherben und Splittern mühsam ein neues Fenster zusammen, zufällig aneinandergefügt. Kaputtmachen geht schnell, Wiederaufbauen ist mühselig.

Das neue Fenster wurde nie wieder so schön wie das vorige, ist aber doch eine friedvolle und zuversichtliche Antwort. Ein kleiner Sieg der Zuversicht über den Krieg.

Wir Menschen haben uns selbst etwas voreilig den lateinischen Artennamen homo sapiens sapiens gegeben. Dabei gibt es keine Tierart, die sich gegenseitig derart sinnlos bekämpfen würde.

Tiere sind klug und leben nachhaltig. Jeder Singvogel lernt von seinen Eltern zu singen, im ersten Jahr kann er erst wenige Sequenzen, er lernt dazu, seine Lieder sind am schönsten, wenn er alt ist. Wir singen manchmal Lieder, die es schon gab, als wir alle noch nicht geboren waren. Vielleicht werden sie noch ebenso lange von unseren nachfolgenden Generationen gesungen.

Wer Tagebuch schreibt, kann in späteren Jahren seine Denkfehler aus früheren Jahren belächeln. Und sich eingestehen, dass Denkfehler zum Menschsein gehören.

Irrtümer haben ihren Wert,
jedoch nur hier und da.
Nicht jeder, der nach Indien fährt,
entdeckt Amerika.
(Erich Kästner)

Der nützlichste und tröstlichste Denkfehler in meiner Grundschulzeit bestand darin, dass ich dachte, römische Zahlen kämen aus der römisch-katholischen Kirche und wären somit eine Art Einmaleins des Heiligen Geistes zur rechnerischen Überprüfung von Gottes Willen.

Ich misstraute dem Geistlichen Rat, dass er immer allezeit ganz für sich in Anspruch nahm, den Willen Gottes in puncto katholisch und evangelisch deuten zu können.
Ich dachte, Gottes Segen, zum Beispiel der Wettersegen, ist von Gott Vater oder Jesus oder vom Heiligen Geist selbst formuliert und lässt sich in Zahlenwerte verwandeln.
Ich dachte, Flüche von Menschen muss man mit Gottes Zahlen verrechnen, dann kann man nachweisen, ob Gottes Stellvertreter oder Politische Besserwisser alles wissen können, wenn sie so tun als ob.

Hier zwei Beispiele:

LANGES FÄDCHEN – FAULES MÄDCHEN!
(Diesen Satz, der laut meinem Tagebuch häufig gegen stickende fleißige Mädchen gerichtet wurde, kennen sicher fast alle, die mindestens in meinem Alter oder älter sind. Für diesen Satz habe ich den Zahlenwert 2202 errechnet.)

Aber noch wesentlich bedrohlicher der Lieblingssatz des Geistlichen Rates Adam Winkler, den er theatralisch fast jede Woche als Bedrohung unseres kindlichen Seelenheils aussprach. Wir waren Kinder und Kinder können nicht eine Stunde in der Kirche stillsitzen und ernst lauschen und ehrfürchtig dreinschauen.

IN DER KIRCHE SCHWÄTZEN, LACHEN,
DAS GEFÄLLT DEM HÖLLENDRACHEN!
(Der Zahlenwert durch Addition der darin vorkommenden römischen
Ziffern beträgt 3652.)

Da die römischen Zahlen im Segen bei Addition 6469 ergaben, eine
wesentlich höhere Zahl also als 3652 oder 2202, nahm ich mir vor,
mich durch bedrohliche wiederkehrende Merksätze nicht ängstigen
zu lassen.

Ein Sprichwort sagt, dass Gott selbst auf krummen Linien gerade
schreibt. Das passt zu diesen kindlichen Rechenpurzelbäumen.

BENE**DICT**IO **DE**I

O**MNI**POTENTIS

PAT**R**IS ET **FILII**

ET SP**IRI**TUS SAN**CT**I

DESCEN**D**AT

SUPER **V**OS ET SUPER

HAB**I**TAT**I**ONES NOSTRAS ET

SUPER FRU**C**TUS TERRAE ET

MANEAT SE**M**PER. A**M**EN.

Die römischen Zahlen im Segen

M 4x   4000

D 4x   2000

C 4x   400

L 1x   50

X

V 1x   5

I 14x 14

_____

6469

Bestimmt hast du in der Grundschule

ROEMISCHE ZIFFERN kennen gelernt.

Zur Erinnerung

I	1
V	5
X	10
L	50
C	100
D	500
M	1000

Rätsel bei der Statue des Johannes von Nepomuk, Bensheim, Mittelbrücke

MIChaeLstag
thät Vns VVohL
VVeIssen
Den so grossen Vnter
gang

Nach der Größe geordnet und addiert ergibt sich aus den Buchstaben das Datum einer Flutkatastrophe, nämlich

Am Michaelistag (29. September, gemäß dem katholischen Heiligenkalender)
im Jahre M   D   C   LL   VVVVV   II   = 1732

Der nächste Vers der Inschrift verrät, in welchem Jahr dem Sankt Johann von Nepomuk eine Inschrift mit der Bitte um Hilfe vor weiteren Unwettern gewidmet wurde.

DrVM Iohann
VVIr aLLe preIsen
aCh steh beI
In VVassers zVVang.

Fotografiert in Bensheim, Bergstraße

206

Glockentöne als Achtsamkeitsübungen, Glocken-Sudokus zum Knobeln

Wie in Lektion 8 zu lesen, sind Glockentöne sehr geeignet, um Gehör, Konzentration und Achtsamkeit zu schulen. Glockeninschriften sind starke Ermutigungen. Es gibt einige wenige Glocken, die zwei Weltkriege überstanden haben, die nach Sprengbomben und Bränden in die Trümmer herabgestürzt und dennoch nicht ganz zerborsten oder geschmolzen sind. In der Mainzer Peterskirche blieb eine einzige Glocke von 1757 verschont, die bis auf den heutigen Tag ihren Dienst tut. Im Hohen Dom zu Mainz sind es vier von neun Glocken, die seit 1801 bis heute erhalten und funktionstüchtig sind.

Nur wenige Menschen hören oder wissen, welchen Glockenton sie hören, welches Gewicht eine Glocke hat, auf welchen Namen sie gegossen wurde, welche Botschaft sie mit ihrem Klang Gott und uns Menschen mitteilen möchte. Gläubige Christen sagen, Glockeninschriften sind ein Zwiegespräch zwischen Gott und Mensch.
Glocken katholischer Kirchen tragen oft die Namen Heiliger, die als Mittler zwischen Gott und Menschen angerufen werden.
Heiliger Joseph, bitte für uns.
Glocken protestantischer Kirchen tragen als Inschriften häufig Psalmenverse oder Bibelworte.

Unsere Vorfahren, die ja nicht selten ein Leben lang am selben Wohnort lebten, wenn sie Bauern waren, tagaus, tagein dieselben Glocken hörten, wussten noch genau, welche Glocke welche Botschaft verkündete.

Es liegt in der Natur von Rätseln, dass du sie nicht blitzschnell ohne Nachdenken beantworten kannst, sondern Zeit und Aufmerksamkeit investieren solltest.

Falls du ein Klavier, ein E-Piano, eine Gitarre oder ein sonstiges Instrument in deiner Nähe hast, versuche mal die Frage zu beantworten:

Wenn eine katholische Kirche vier Glocken hat, warum wählte man dann gerne die Tonfolge b°   d1   f1   g1?

Diese Töne hatte die Kirche St. Aposteln in Viernheim bis zum März 1942, als die Glocken vom Turm genommen und nach Hamburg zum Einschmelzen gebracht wurden.
Vier Glocken mit denselben Klanghöhen wurden 1948 wieder von neuem im Kirchturm installiert, denn es ist eine ganz besondere Tonfolge.
Dieselbe Tonfolge hat man im Kloster auf dem Jakobsberg, wobei leider eine davon selten oder nie zu hören ist, so dass das Ensemble nicht mehr wahrnehmbar ist.

Falls du die Frage zu diesen vier Tönen nicht beantworten kannst, spiel sie deinen Großeltern oder älteren Nachbarn vor. Und wenn du nur eine Blockflöte hast, dann transponiere die Töne um einen Ton höher, also: c1 e1 g1 a1.
Vielleicht kannst du ein Lächeln herbeizaubern und bekommst eine Antwort, eine Erinnerungsgeschichte von früher.

Die kürzeste Verbindung zwischen zwei Menschen ist noch immer ein Lächeln, kein Twittern. Lächeln und einander Verstehen funktioniert auch bei Stromausfall und ohne Internet-Zugang. Falls niemand deiner Zuhörer die Antwort findet, spiele den vorletzten Ton nochmals nach dem letzten, also c-e-g-a-g (oder b-d-f-g-f).

Es ist der Liedanfang einer sehr bekannten Melodie gregorianischen Ursprungs, Hinweis auf das bekannteste Mariengebet. Wenn nicht weihnachtliche Zeit, Fastenzeit oder österliche Zeit ist, wenn also weder *Alma Redemptoris Mater*, nicht *Ave Regina caelorum* oder *Regina caeli* gesungen wird, dann singt man außerhalb der festgelegten Zeiten: *Salve, Regina, Mater misericordiae*. Misericordia heißt Barmherzigkeit.

Und diese vier oder fünf Anfangstöne sind wie ein Aufruf zur Barmherzigkeit. Wer die Mutter der Barmherzigkeit anruft, will ja auch selber barmherzig sein. Zu anderen und zu sich selbst! Da sind wir also wieder beim barmherzigen Esel, der als Eselstempel und JA-(IA)-Sager durchs Leben trabt und Lasten trägt.

Glocken in St. Georg, Bensheim

Kein Kirchturmgockel ist exakt wie der andere.

Kein Glockenton klingt genauso wie der Ton einer anderen Glocke.

Kein Singvogel singt genauso wie alle anderen Vögel.

Kein Lebenslauf eines Lebewesens gleicht genau dem Lebenslauf irgendeines anderen Lebewesens.

Keine menschliche Stimme, kein Lachen, keine Handschrift gleicht im Detail denen der anderen Menschen.

Kein Kreuz auf dem Kirchturm einer Stadt, eines Dorfes, eines Stadtteils hat exakt dieselbe Größe oder Form wie ein anderes Kreuz auf einem anderen Kirchturm in einem anderen Stadtteil.

Kein Kreuz im Leben eines Menschen ist ganz und gar so wie deines oder meines.

Alle Jahre wieder am 25. April in Nackenheim: Mama und Tochter mit den Gesangbüchern auf dem Weg zur Markusprozession. An diesem Tag gibt es alljährlich neue feste Halbschuhe für die Kinder.

Alle Frauen und Kinder und alten Leute sind gemeinsam unterwegs durch die Dorfstraßen mit Dankgebeten für alles Gute, mit Bittgebeten für alle Sorgen und Nöte, füreinander und für die ganze heilige katholische Kirche. Ich bete immer heimlich auch für die evangelischen Menschen mit und befürchte, dafür später lange ins Fegefeuer zu müssen. Gut, dass diese Konfessionsangst sich später in Zuversicht verwandelt hat!

Der Fisch ist im Fischernetz gefangen worden.
Das ist nichts Neues,
das passiert vielen Fischen.
Es liegt in der Natur des Fisches,
im Meer zu schwimmen.
Aber da ist auch immer die Gefahr,
im Netz zu landen.

Es ist ein wesentliches Merkmal für einen Fisch,
dass er sich blitzschnell bewegen kann
und darum ist schon so mancher Fisch
doch noch dem Fischernetz entkommen
und zurück ins Meer gelangt.

Das ist Resilienz:
Mit den wesentlichen Eigenschaften,
mit den eigenen Ressourcen und
Selbstheilungskräften
findet das gefangene Lebewesen
zurück in sein ureigenes Element.

Das Kreuz ist überall.
Zwei Linien, eigentlich zwei Strecken,
vier rechte Winkel.
Je nach Blickwinkel
erscheinen uns auch spitze
oder stumpfe Winkel.

Aus vielen kleinen Kreuzchen entstehen
analoge Bilder, wie beim Rätsel Nr. 2.

Alleine das Wort JA auf dem Stickmustertuch habe ich aus 178 einzelnen Kreuzstichen, also aus 356 Schrägstichen gestickt, denn ein Kreuzstich besteht aus zwei sich kreuzenden Schrägstichen und das ganze Tuch wird von insgesamt von Tausenden Einzelstichen bedeckt.

Vor fast 2000 Jahren hat uns Jesus Christus gezeigt:
Das Kreuz ist bitter, aber das Kreuz ist nicht der Endpunkt.
Und jeder Kirchturmgockel auf jedem Kirchturmkreuz kräht uns zu:
Höher als das Kirchenschiff: der Kirchturm,
höher als der Kirchturm: das Kreuz,
höher als das Kreuz: der Hahn.
Über dem Hahn nur noch der Himmel.

Domsgickel auf dem Kreuz des Westturms
Hoher Dom zu Mainz

Das weiß doch jeder Esel, sagt der Hahn.
Esel und Hahn begegnen sich im Märchen,
Esel, Hund, Katze und Hahn.
Esel und Prophet begegneten sich im Heiligen
Land.
Aber auch überall sonst,
denn Bileams Esel und Bileams Engel begegnen
uns überall.

Du klagst darüber, dass du gestern zu Hause den ganzen Schulstoff verstanden hast und heute in der Klassenarbeit alles weg war.

Hand aufs Herz: Did you learn by heart? Konntest du es auswendig?

Die Erinnerung ist eine
mysteriöse Macht und bildet den Menschen um:
Wer das, was gut vergisst, wird böse;
Wer das, was schlecht war, vergisst,
wird dumm.

(Erich Kästner)

Die Indianer
nennen ihre Haustiere
„unsere älteren Brüder und Schwestern"

Alle Tiere, die uns in Haus und Garten begegnen, haben ihren eigenen Lebensrhythmus und ihren eigenen Platz in der Schöpfung. Voneinander kann man lernen, sich im Einklang miteinander zu entfalten.

Ob man Fische im Aquarium beobachtet oder Hund, Katze, Kaninchen, Hamster, Meerschweinchen beim Schlafen: die innere Ruhe eines Tieres überträgt sich auf uns.

Die kleine Schnecke auf dem Jakobsweg kriecht in ihrem eigenen Tempo auf ihrem Lebensweg und verdient unseren Respekt.

Der Buntspecht an unserem Nussbaum ist der Jazzmusiker in unserem Garten. Sein kleiner Schnabel ist wie unsere Finger auf der Trommel oder auf den Kongas oder auf dem Cajon. Die anderen Singvögel und die Hasen und sogar die Grashalme folgen dem Soundtrack des Buntspechtes. Wenn Mama Walnuss-Muffins mit Nüssen von unserem Nussbaum gebacken hat, fangen wir beim Kauen an, einen Rhythmus auf den Tisch und die Teller zu schlagen. Wir lieben unseren Buntspecht sehr. Er gehört zur Familie. Wir haben einen Vogel.

Allegra, 9 Jahre

Lektion 8:
Angst besiegen durch Entspannung

Entspannung überwindet Ängste

ENTSPANNUNGSÜBUNGEN

Durch Anspannung und Entspannung, eingeübt durch eine Reise von den Zehenspitzen bis zu den Haarspitzen, lernt man dies zu unterscheiden und durch das Unterscheiden findet man im Alltag das richtige Maß. Einatmen und Ausatmen funktioniert auch ohne Bewusstsein, aber regelmäßige Atemübungen helfen uns, ruhig anwesend zu sein. Atmen und gegenwärtig sein, präsent sein, ist das Gegenteil von flüchten.

Jeder Morgen und jeder Abend, jeder Tag und jede Nacht erinnern uns daran, dass alles Gegensätzliche wichtig ist. Es gibt Helligkeit und Dunkelheit, Reden und Schweigen, Lärm und Stille, Lachen und Weinen, Leistung und Ruhe, Schule und Ferien, Nähe und Distanz.

Man kann nicht immerzu arbeiten, man kann aber auch nicht immerzu relaxen.

Jede Münze hat eine Seite mit einem Bild (Harfe, Adler, Kopf, Bauten, Pflanzen, Symbole) und eine Seite mit einer Zahl.

Im Alltag müssen wir lernen, dass niemals beides zugleich möglich ist, sondern nur entweder das Eine oder das Andere. Wir müssen auch hören und schweigen, nicht immer nur selbst reden und angespannt sein.
Nur so funktioniert lebendiges und rücksichtsvolles Miteinander in der Schule und überall.

Wenn ich wach und ausgeschlafen und offen bin für alles Schöne, dann begegnet mir viel Gutes. Auch wenn auf meinen Wegen viele Stolpersteine und Hindernisse sind, gibt es auch jeden Tag Gründe dafür, dankbar zu sein. Es wird jeden Morgen nach dunkler Nacht wieder hell, ohne dass ich etwas dafür tun muss. Jeder Tagesrückblick am Abend lässt mich für irgendetwas dankbar werden, das mir auf meiner Tagstrecke begegnet ist wie ein Geschenk.

Schläft ein Lied in allen Dingen, die da träumen fort und fort
Und die Welt hebt an zu singen, triffst du nur das Zauberwort.
(Joseph von Eichendorff)

Übung 1: Schreibe mal eine Woche lang jeden Abend auf, wofür Du heute dankbar sein kannst

Viele Fotos in diesem Buch zeigen Momente, die mich persönlich froh und dankbar gemacht haben.

Übung 2: Wie sehen Deine persönlichen Glücksmomente -Fotos aus?

Entspannungsübungen mit einem Fokus
Eine Melodie, ein Klang ein Wort, ein Satz oder ein Symbol

Hier kommt eine spezielle Auswahl einfacher Entspannungsübungen für Kinder, Jugendliche und Erwachsene.

Atmen und Zählen
Die einfachste aller Entspannungsübungen besteht darin, sich auf die eigene Atmung zu konzentrieren. Einatmen, ausatmen, das beherrschst du seit deiner Geburt und das kann dein Körper ganz alleine, denn es klappt Tag und Nacht, sogar im Tiefschlaf.

Wenn man plötzlich erschrickt, dann atmet man vor Schreck viel zu tief ein.
(Stell dir vor, du bist der Steinzeitmensch beim Anblick des Säbelzahntigers …)
Um dich also zu beruhigen, nachdem der Säbelzahntiger dich nicht gefressen hat, zähle einige Atemzüge lang 1-2 (eins, zwei) beim Einatmen, 3-4-5-6 (drei, vier, fünf, sechs) beim Ausatmen.

Es muss aber nicht unbedingt das Atmen sein, das als Fokus (als Fixpunkt der Achtsamkeit) dient, es kann auch eine monotone Tätigkeit sein (stricken, häkeln, Kartoffeln schälen, Gartenarbeit), bei der du nicht denken musst.

Ein einzelnes Wort oder ein kurzer Satz,
immer wieder langsam und ruhig gesprochen, erzeugt in wenigen Augenblicken Konzentration und Beruhigung.
Auch der Blick auf ein Foto, mit dem du angenehme Erinnerungen verknüpfst, (Urlaubsgegend, Lieblingsbaum, Blumenwiese, Seenlandschaft, Sternenhimmel), löst blitzschnell angenehme Gefühle aus, die wiederum Atmung, Kreislauf und andere psychosomatische Werte positiv beeinflussen.
Nach meiner langjährigen Erfahrung in Alltag und Praxis haben sich als Fokus bewährt:
Muster, Melodien, Gedichte, Rhythmen. Probiere es aus, was bei dir am besten wirkt!

Glockenklänge

Ich empfehle dir den Klang irgendeiner Kirchturmglocke, einige davon sind auf den beiliegenden CDs zwischen Morgenliedern und Abendliedern zu hören.
Fast alle Kirchenglocken läuten so, dass sie mitten im hektischen Alltag einen Klang von Ruhe ins Leben läuten und zum Innehalten ermutigen.
Auch der Gebetsruf des Muezzin vom Minarett ist ein Klang als Aufruf zum Gebet mitten im Alltag.

Die vielen Glocken in Mainz aus vielen Kirchen haben allesamt mehr oder weniger beruhigende Klänge, einzeln oder auch aufeinander abgestimmt. Die Glocken der evangelischen Christuskirche beispielsweise sind auf die Glockenklänge der katholischen Kirche St. Peter abgestimmt, da beide Kirchen nahe beieinander stehen.

Eine Mainzer Glocke allerdings hat ausnahmsweise keinen Klang, der Entspannung auslösen kann, das sogenannte „Lumbeglöckchen", das ja auch bewusst so alarmierend klingt, dass halbbetrunkene Zecher von seinem Läuten in Unruhe versetzt werden sollen; es handelt sich um eine Tonlage vergleichbar einer Ehefrau in den Wechseljahren, die ihrem ehemals Liebsten die Meinung geigt. Der Lumb ist im Dialekt einer, der zu lange in der Kneipe sitzt. Manche Menschen empfinden eine Mixtur aus Orgel- und Glockenklängen abwechselnd als besonders entspannend. Deshalb habe ich zwischen den Morgen – und Abendliedern einige Glockenklänge aufgezeichnet.

Gesangbuchlieder

Europäische Gesangbuchlieder vom 13. Jahrhundert bis heute sind Kraftquellen.

Zur Meditation und Selbstinstruktion sind einzelne Sätze oder Melodien geeignet in Abhängigkeit deiner persönlichen Heils- und Unheilsgeschichte.

Finde aus den vielen Liedern, von denen in diesem Buch über hundert einzelne Strophen handschriftlich abgedruckt sind, einen passenden Satz oder ein passendes Wort für dich. Nutze dies, indem du es dir selbst immer wieder als Ermutigung vorsagst oder vorsingst.

Dazu ein Satz von Thomas von Aquin aus dem 13. Jahrhundert:

„Wer die heiligen Worte hütet, wird von ihnen behütet."

Thomas von Aquin
(1224–1274)

Solche einfachen Entspannungsübungen sind der wirksamste Schutz vor Burnout!

Wichtige Voraussetzung: nur gut geübte Entspannungsübungen wirken schnell und automatisch entspannend. Diese Übungszeiten, wenn auch anfangs oft auf den ersten Blick langweilig oder gewöhnungsbedürftig, sind auf Dauer eine prima Zeitinvestition.

Wenn beim Meditieren anfangs Unzufriedenheit entsteht, dann hast du vielleicht bisher einfach noch nicht den richtigen Fokus gefunden.

focus (lat.)
Feuerstätte, Herd, Räucherpfanne, Brandstätte
In der Optik ist der Fokus der Brennpunkt.

Wer meditiert, sucht sich als Hilfsmittel einen Anker, einen Brennpunkt, der im Nu die Alltagssorgen ausblendet und Konzentration, also Sammlung ermöglicht.

Der eigene Atem ist ein guter Fokus, denn den hat man ja Tag und Nacht lebenslänglich bei sich. Wenn man aber gerade Atembeschwerden hat, ist es günstiger, sich einen Fokus außerhalb des eigenen Körpers zu suchen.

Das kann ein einfaches Wort, ein Zauberwort, eine Melodie, ein Glockenschlag, ein Glockenläuten, ein Bild, ein Foto sein.

Wenn du beim Rätsellösen (oder bei einem Test) sehr angespannt bist, atmest du vielleicht zu tief ein, zu flach aus, als würdest du vor Schreck die Luft anhalten.
Hier ein Beispiel zur Selbsterfahrung und Entspannung.
Ein Anagramm ist ein griechisches Buchstabenrätsel, bei dem durch Umstellung aller Buchstaben aus einer Frage eine Antwort entstehen kann.
quid est veritas (fragte Pontius Pilatus)
est vir qui adest (so lautet des Rätsels Lösung)

Kein Buchstabe darf weggenommen und keiner darf hinzugefügt werden. Und wie atmest du selbst weiter, sobald dir die Lösung verständlich wird?

Zu allen Zeiten hatten Menschen Angst vor Entscheidungen.

Was ist richtig, was ist falsch, welche Konsequenzen werden daraus folgen?

Für den Steinzeitmenschen konnte es einen jähen Tod bedeuten, wenn er zum falschen Zeitpunkt aus der Höhle trat und just dann dem Säbelzahntiger begegnete.

Für einen König konnte es erfolgreiche oder fatale Veränderungen für ihn selbst oder für sein Land geben, wenn er an einem Wendepunkt richtige oder falsche Entscheidungen traf. Deshalb ist es ein uralter Menschenwunsch, in die Zukunft sehen zu können. Davon handelt auch eine alte römische Legende über die Sibyllinischen Weisheitsbücher. Diese Bücher enthielten Weisheiten und Prophezeiungen, die bei der Entscheidungsfindung helfen sollten.

Die Legende erzählt, dass eines Tages eine uralte Frau zum letzten römischen König, dem Etrusker Lucius Tarquinius Superbus kam, um ihm neun besondere Bücher zum Kauf anzubieten. Diese neun Bücher enthielten alle Weisheiten und Prophezeiungen. Der hochmütige König verlachte sie, als sie ihm den überaus hohen Kaufpreis nannte. Daraufhin trat die Greisin an den *focus*, die Feuerstelle, und sie warf drei der neun Bücher in die Flammen. Sie bot dem König nun die übrigen sechs Bücher an und zwar zum unverändert hohen Preis, den sie zuvor für alle neun Bücher gefordert hatte. Er verlachte sie nun noch mehr und wieder trat sie wortlos an den Focus und warf drei weitere Bücher ins Feuer. Schließlich kaufte Tarquinius die letzten drei Bücher zum unermesslich hohen Preis und die alte Frau, Sibylle aus Cumae, verschwand augenblicklich. Tarquinius, der seit 534 v. Chr. regiert hatte, wurde 509 v. Chr. Aus Rom verbannt, was ihm nach der Sage nicht zugestoßen wäre, hätte er nur gelesen und gedeutet, was in den verbrannten Büchern geschrieben und prophezeit worden war.

Die drei Bücher wurden im Kellergewölbe des Jupitertempels auf dem Kapitol aufbewahrt, beaufsichtigt von zehn Männern, den *decemviri,* in späteren Jahrhunderten von den *quindecimviri,* also fünfzehn auserwählten Männern. So wertvoll erachtete man also im späteren Rom diese drei übriggebliebenen Weisheitsbücher der Sibylla.

Wenn diese Geschichte von einem anderen Lebewesen gelesen werden könnte, was würde dieses über uns Menschen denken?

Homo sapiens ist schon ein seltsames Wesen. Wirft so vieles ins Feuer, zerstört sinnlos so Wertvolles und bemüht sich viel zu spät dann umso mehr um das, was noch übriggeblieben ist. Lachen, ob alleine oder miteinander ist wundervoll, aber nur, wenn nicht aus Hochmut der unerkannt Weise, die uralte weise Frau verlacht wird. Und: jeder Königspalast und jede kleine Hütte hat ein warmes loderndes Feuer. Jeder Mensch, ob starker König oder buckelige Alte einen göttlichen Weisheitsfunken. Wo einer dies dem anderen nicht zugesteht, nimmt das Unheil seinen Lauf. In alten römischen Legenden, 500 Jahre vor Christi Geburt und heutzutage ebenso.

Die Lösung liegt für Katzen, Tauben und Schnecken nahe: sie kennen ihren *focus*, können kalt und warm, gut und böse mühelos und blitzschnell unterscheiden, nehmen sich selbst an wie sie sind und verlachen ihre Mitgeschöpfe nicht. Wir wissen nicht, was Katzen, Hunde, Tauben oder Schnecken über Menschen denken. Sie hadern nicht mit ihrer Fellfarbe, der Farbe ihrer Federn oder ihres Schneckenhauses. Sie sind zufrieden mit ihrem Tempo und ihrem Dasein.

Alle unsere Vögel mit ihrem Gezwitscher sind Quellen der Entspannung

Jeanna – Tabea

Vor exakt 300 Jahren komponierte Georg Friedrich Händel in London eine der schönsten Arien gegen die Angst.

Seid, Hirt und Herde, ohne Furcht!
Let flocks and herds their fear forget!

Diese beiden Sätze sind aus einer Arie, komponiert von Georg Friedrich Händel (anglisiert: George Frideric Handel).
Das Werk heißt:
Ode für den Geburtstag der Königin Anna, im Original:
Ode for the Birthday of Queen Anne.

Eigentlich sollte es am 6. Februar 1713 anlässlich des 48. Geburtstages der Königin uraufgeführt werden, als Dank für die Teilnahme der Monarchin an den Utrechter Friedensverhandlungen. Wegen der schweren Erkrankung von Queen Anne wurde es erst am 6. Februar 1714, ihrem 49. (und letzten!) Geburtstag in London im St. James's Palace uraufgeführt.

Das „Utrechter Te Deum" von Händel, das inhaltlich ähnliche Gedanken über Frieden, Angst und Zuversicht enthält, wurde am 7. Juli 1713 in St. Paul's Cathedral in London uraufgeführt.

Ich habe in deutscher und englischer Sprache einen einzigen zentralen Satz herausgegriffen.

Kinder (und jung gebliebene Erwachsene) überlegen bei Vogelgezwitscher manchmal, welche Botschaften die Vögel wohl einander (oder uns Menschenkindern) zurufen. Hier also die Antwort des Komponisten Händel für eine todkranke, vorzeitig gealterte Monarchin, die wohl eine der unglücklichsten Regentinnen gewesen sein dürfte. Queen Anne hatte nämlich 17 (siebzehn!) Kinder geboren, die fast alle bei der Geburt oder als Kleinkinder starben. Nur ein Kind starb elfjährig, alle anderen in noch jüngeren Jahren. Trotz alledem versuchte sie, für England und Europa an einem dauerhaften Frieden mitzuarbeiten.

Am 26. November 1772 lässt Goethe den jungen Werther klagen:
„Ich habe so viel auszustehen! Ach sind denn Menschen vor mir schon so elend gewesen?"

Leider ist niemand zur Stelle, um dem jungen Werther klarzumachen, dass Generationen vor ihm, viele seiner Zeitgenossen und Generationen nach ihm ebensolchen Liebeskummer hatten und haben und haben werden und überlebten und überleben können. Ob der junge Werther wohl zur Besinnung gekommen wäre, wenn ihm ein weiser Opa, eine mitfühlende Oma die eigenen Lebenstragödien geschildert hätte?

Zum Glück kann der Mensch von der Katze Entspannung lernen.

Luckily,
our cats can teach us
how to relax.

Human beings!
If you do not know
how to relax properly,
ask your cat!

And if you do not have a cat: get one!
(Or ask your neighbour's cat to teach you!)

If you do not have an own cat
your friend's cat will teach you
how to relax properly.

Carpe diem: in einem unbeobachteten Moment hat sich die Katze Omas Sticktuch mit der Begrüßung *Guten Morgen* gekrallt.

Lektion 9:
Angst vor dem Verlust von lieben Menschen, Tieren und Dingen

Butterbrotpapierbriefe an den lieben Gott

Als Kind und Jugendliche habe ich viel Zeit in den Weinbergen meiner Eltern und Großeltern verbracht. Ich konnte schon als kleines Kind sehr schnell und zuverlässig Reben lesen, gerten, harken und Trauben lesen. Das alles sind relativ monotone Tätigkeiten und darum ist es nicht verwunderlich, dass die Hände und Füße arbeiteten, die Gedanken aber anderswo waren. Meistens war ich mit meiner Mutter zusammen im Wingert, dann spielten wir meist Liederraten. Eine summte oder pfiff eine Melodie, die andere musste raten. Es war ein Repertoire von mindestens zweihundert Liedern, die wir uns gegenseitig vorsangen.

Wenn meine Mutter einen traurigen Tag hatte, vielleicht weil sie wieder einmal darüber nachgrübelte, warum alle anderen Familien mehrere Kinder, sie aber nur eins hatte, lag eine schwere Stille um uns herum. Dann schmeckte mir auch mein mitgebrachtes Butterbrot nicht. Dann blieb ein Rest im Hosensäckel und auf diesen schrieb und malte ich mit einem kleinen Bleistiftstummelchen Briefe, Gebete, Kritzeleien und Zeichnungen an Gott. Es waren eher Piktogramme, denn richtig schreiben konnte ich ja noch nicht.

Ich schrieb 1 2 3 und malte drei Glocken, drei Tiere und drei Kinder. Wenn das Butterbrotpapier vollgemalt war, strich ich die Zahlen 1, 2 und 3 durch, zerknüllte alles und warf es in ein Rebenfeuer oder daheim in den Ofen. Die durchgestrichenen Zahlen waren meine besondere Bitte an Gott:

Lieber Gott, für die Opfer des Ersten Weltkrieges bete ich an jedem Abend den „Engel des Herrn" mit der Oma daheim. Für die Opfer des 2. Weltkrieges bete ich jeden Tag um 12.00 Uhr mittags mit Oma und Opa in der Mainzer Straße. Bitte mach, dass es keinen dritten Weltkrieg mit neuen Opfern und Vermissten gibt. Ich bin ein ziemlich kleines und oft krankes Kind und kann unmöglich jeden Tag noch einen dritten „Engel des Herrn" beten. Weil ich sehr dankbar für Deine Glocken und alle Tiere und Kinder um mich herum bin, habe ich sie alle auf mein Butterbrotpapier gezeichnet. Pass auf alle sorgfältig auf, so sorgfältig wie ich und die Mama auf die Trauben im Weinberg. Amen.

April 1969

Hochachtungsvoll, Deine Dagmar

Wenn wir um die Mittagszeit aus der Grundschule kamen,

hatten wir nur selten Angst vor den Hausaufgaben am Nachmittag. Morgens aufmerksam zugehört, mittags blitzschnell erledigt.

Vor der Feldarbeit danach hatte ich auch keine Angst, alle Tätigkeiten in den Weinbergen oder im Garten waren tausendfach eingeübt. Unterwegs trennten sich unsere Wege, Steffi wohnte in der Gartenfeldstraße, das war näher bei der Schule als mein Zuhause, die Mädchen aus der Weinbergstraße und aus der Königsbergerstraße mussten noch ein paar Minuten länger laufen als ich. Ich wohnte in der Mitte des Schulweges, das war prima.

Meine Oma, weil schon achtzig Jahre alt, war immer in unserem großen alten Haus anwesend. An Regentagen waren Mama und Oma beide daheim, das war mir am liebsten. Ich kam nie in ein leeres Haus,

das tat gut. Eine Oma, eine Katze, ein Schulkind. Ein schönes drei-
blättriges Kleeblatt aus Mensch und Tier. Und manchmal mit der
Mama zusammen ein vierblättriges Kleeblatt. Manchmal beschlich
mich für einen Moment beim Heimkommen die Angst, die Oma
könnte gestorben sein, während ich in der Schule war. Die Katze
könnte von einem Traktor überfahren worden sein. Die Angst verflog
sofort, sobald die Oma strahlend wie die Sonne die Haustür öffnete
und die Katze zur Begrüßung schnurrte.

Eines Donnerstags war alles anders. Die Haustür stand etwas offen,
keine Oma darin, eine Welle von Angst überflutete mich. Ich ging
zögernd ins Haus und sah das Unglaubliche: meine alte Oma kniete
auf dem Küchenboden, eine verletzte Brieftaube kauerte neben dem
Kanapee, also neben dem alten Sofa. Die Taube ließ sich von meiner
Oma ihr gebrochenes Beinchen vertrauensvoll mit einem kleinen
Zweiglein vom Nussbaum schienen, der Flügel würde eventuell von
selbst wieder heilen, meinte die Oma. So wurde das arme verletzte
Tier einige Tage in Omas Küche, dann in einem alten Hühnerpferch
weitergepflegt.

Die Taube, wir nannten sie wegen ihrer Federfarben Schwarzweißchen, wurde gesund, die nächste Welle der Angst rollte heran, als
Papa sagte, man müsse inserieren, wem sie gehöre. Irgendjemand
würde sie zurückhaben wollen. Wir gaben in der Zeitung eine An-
nonce auf und meldeten die Registriernummer ihres Ringes, den sie
um ihr Beinchen trug. Wir informierten einen Brieftaubenzüchter im
Nachbarort. Es vergingen drei weitere Wochen, niemand meldete
sich. Da sagten meine Eltern beide: „Wir lassen sie fliegen, sie wird
ihren Heimweg von selber finden, Brieftauben können das!" Da rollte
die nächste Angstwelle heran, denn ich spürte innerlich, eine Taube
kann man nicht festhalten! Der Pferch wurde geöffnet, nach kurzem
Zögern flog die Taube erst auf den Nussbaum, dann aufs Dach unseres Kelterhauses und dann davon. Vier Wochen lang weinte ich mich
Abend für Abend in den Schlaf.

Nach vier Wochen meinte ich, ein vertrautes Gurren im Garten gehört
zu haben. Ich lief hinaus und das Unglaubliche war eingetroffen: In
unserem Nussbaum saß Schwarzweißchen und gurrte! Von jetzt an

blieb sie zwei Jahre bei uns in Hof und Stall und Scheune und Garten, flog weg, kam wieder. Ziemlich oft, dienstags immer, flog sie mir auf dem Nachhauseweg von der Schule entgegen, saß auf Eckebäckers Dach und wartete. Dienstags hatten wir nämlich eine Stunde länger Schule, die innere Uhr einer Taube ließ sie eine Stunde lang vergeblich auf uns warten. Sie begrüßte uns mit lautem, wilden Gurren und flog dann voraus, um sich auf dem Kelterhausdach oder im Nussbaum auszuruhen. Meine Klassenkameradinnen hatten ebenfalls viel Freude an dieser himmlischen Begegnung mit der gefiederten Freundin, wie Bernhard Grzimek sie wohl bezeichnet hätte. Die Taube fraß mir aus der Hand, sie fuhr sogar mit mir Rollschuh, das war ein Riesenspaß, ich fuhr einbeinig, die Taube auf dem anderen Rollschuh neben mir her. Es gibt kein Beweisfoto vom Rollschuhfahren mit ihr, aber ein Foto von mir und ihr hängt im Bensheimer Schulzimmer an meiner Tür.

Im vergangenen Jahr habe ich in dankbarer Erinnerung an viele Katzen und an diese einzigartige Brieftaube einen kleinen Tiergrabstein vom Steinmetz Jörg Hubig anfertigen lassen. Der hat das nach meinem Entwurf, Kinderzeichnungen von damals, in Stein gemeißelt, mit einem Satz aus dem Credo, dem katholischen Glaubensbekenntnis. *Et expecto resurrectionem mortuorum – und ich erwarte die Auferstehung der Toten.*
Stellvertretend für alle unsere verstorbenen Haustiere drei von vielen: eine Brieftaube, zwei Katzen. Bei Gott geht nichts wirklich verloren, also auch kein kleines Haustier.

Nach zwei Jahren beendete ein Turmfalke das kostbare Leben von Schwarzweißchen. Noch dazu an einem Muttergottesfeiertag, dem Tag Mariä Heimsuchung, am 2. Juli. Ich war so außer mir vor Schmerz und Verzweiflung, dass ich nach Marienthal im Rheingau (!) schwimmen (!) wollte, um die Gottesmutter um ein Wunder an ihrem Festtag zu bitten, sie solle unsere Brieftaube wieder lebendig machen. Aber ich stand am Rhein und war dermaßen verzweifelt, dass ich plötzlich nicht mehr wusste, in welcher Richtung Marienthal lag, Richtung Bodenheim oder Richtung Nierstein? Da ging ich verzweifelt wieder nach Hause. Meine Oma flößte mir Fencheltee ein und schickte mich mit 2 DM zu Dorsheimers. Ich durfte mir zum Trost

zwei oder drei Farben Stickgarn kaufen und dann durfte ich ein Stoffläppchen besticken. Eine Docke Stickgarn kostete damals 80 Pfennige.
Als die Dorsheimers meine verquollenen Augen sahen, wollten sie
natürlich wissen, was passiert war. Sie schenkten mir eine dritte Farbe
Stickgarn, weil sie meine Taube auch so gerne jeden Dienstag von
ihrem Schaufenster aus auf dem Dach von Eckebäckers bewundert
hatten. Tante Roswitha schenkte mir ein paar Tage später eine Extraportion Tinte und ein Heftchen, in das ich meine Trauer niederschrei-
ben konnte. Halb Nackenheim trauerte mit. So war das damals. Onkel
Hildebert sagte, ein echtes Requiem kann die Taube nicht kriegen,
aber sie wird mir so fehlen, wenn ich vom Rathausfenster aus auf den
Nussbaum gucke. Im Hochamt am Sonntag spielte er besonders innig
auf der Orgel *Stabat mater*. Es tat gut, von drei mitfühlenden Dorfbe-
wohnern so praktischen Trost zu bekommen, Hildebert Hassemer,
Katharina Dorsheimer, Tante Roswitha. Von der Oma Fencheltee,
Mitleid, Perlgarn zum Sticken. Viel Trost war nötig, viel Trost im
Dreierpack. Dreifaltiger Trost. Der Turmfalke war zu stark im Ver-
gleich zur Brieftaube. Die Erinnerung ist bis heute stärker als jede
Angst oder Verzweiflung. Schwarzweißchen war eine Leihgabe des
Himmels. Eine Extraportion Zuversicht von ganz oben. Onkel
Hildebert und die Orgel, die er im Gottesdienst spielte, beflügelten
meine Gedanken. Geteiltes, zeitloses Glück würde Dag
Hammarskjöld es nennen!

Ein langer Dankesbrief an meine allerbeste Schulfreundin, zurück ins Jahr 1968

Liebe Rita,

das Jahr 1968 wird vor allem mit Veränderungen und Forderungen
verknüpft, es war ein Jahr, das in Geschichtsbüchern Beachtung fand.
Für Europa stand unter anderem Prag im Mittelpunkt und für uns,
die beiden Achtjährigen, war es als Zentrum unserer kleinen Welt:
Nackenheim am Rhein.

Diesen Dankesbrief schreibe ich uns beiden nach 46 Jahren: an Dich,
liebe Rita, meine beste Freundin aus Kindertagen. Ein wenig ist dieser

Brief auch an mich selbst adressiert, an das kleine Mädchen, das ich selbst damals war.

In der Schule hatte es endlich einen Lehrerwechsel gegeben, wir wurden von einem auf den anderen Tag nicht mehr von der Lehrerin geschlagen und falls doch, so musste sie sich bei uns entschuldigen. Das war unglaublich befreiend, Schule ohne Ohrfeigen! Selbst wir guten Schülerinnen hatten täglich Angst vor Ohrfeigen im ersten und zweiten Schuljahr gehabt.

Wir spielten seit zwei Jahren zweistimmig Blockflöte, wir waren richtige kleine Profis geworden, die sogar bei der Schulentlassung der Neuntklässler auf der Bühne standen mit „Die Gedanken sind frei!" Wir spielten vom Blatt, aber wir improvisierten auch schon. Wir konnten alle, wirklich alle Lieder vom Männergesangsverein 1857 mit der Flöte nachspielen, fast immer sogar alle vier Stimmlagen, also erster und zweiter Tenor, erster und zweiter Bass, wenn auch halt leider nur in anderthalb Oktaven. Singen konnten wir alle Stimmen. Wir hatten es aufgegeben, unter uns beiden beim „Kanonsingen, bis eine von uns tot umfällt, also falsch singt" gewinnen zu wollen, wir waren eine so gut wie die andere, wie zwei parallele Geraden, die sich ja niemals schneiden.

Wir Mädchen durften keine Messdiener werden. Wir Mädchen durften keine Hoffnung haben, später mal im MGV mitzusingen. MGV war die Abkürzung für Männergesangverein. Seit 1857 sangen da nur Männer mit. Wir schrieben das Jahr 1966. Bei Weihnachtsfeiern durften wir Blockflötenduette spielen, Krippenspiele (Rita: Engel, ich: Maria) aufführen, Gedichte aufsagen. Je mehr wir uns über unsere Mädchenrolle ärgerten, desto heftiger lachte man uns aus. „Ihr seid erstens Mädchen und zweitens Kinder! Ihr habt nicht mal Geld, den Jahresmitgliedsbeitrag zu bezahlen!" Das ärgerte uns am allermeisten. Wir wollten es allen zeigen (besonders allen Buben im Dorf) und darum wollten wir beim Blauen Bock soviel Geld verdienen, dass wir den MGV Jahresbeitrag zahlen konnten. Laut Otto Höpfner, dem Vorgänger von Heinz Schenk, bekam 100 DM, wer tiefer und höher als irgendein berühmter Sänger singen könnte. Ich glaube, das war Iwan Rebroff.

Bei schönem Wetter mussten wir ja beide täglich in den Weinbergen unserer Eltern mithelfen. Bei Regenwetter gingen wir in den ehemaligen Luftschutzkeller, um sehr tiefe Töne zu üben und stiegen auf den Speicher des Kelterhauses, um ganz hohe, lupenreine Töne zu üben.

Es kam wie es kommen musste: dieses Versprechen von Otto Höpfner im Hessischen Rundfunk war niemals ernstgemeint gewesen. Kinder in diesem Alter nehmen halt alles ganz wörtlich.

Sobald in Sonntagspredigten oder auf Wahlplakaten irgendeine Weltverbesserung von kirchlicher oder politischer Seite proklamiert wurde, saßen wir bei Regenwetter im Schweinestall und berieten darüber, ob angebliche Superideen super oder doof waren.

Konzil oder Persil – was davon ist nützlich, was nicht?

Was ist gut und was ist schlecht? Unser Maßstab war unsere zukünftige Aufenthaltszeit im Fegefeuer.

Klingt seltsam, aber unser halbes Kinderleben drehte sich um unsere riesengroße Angst vor dem Fegefeuer, die der Geistliche Rat Adam Winkler mit furchtbaren Merksätzen in unsere kleinen Kindergehirne beförderte. *„In der Kirche schwätzen, lachen, das gefällt dem Höllendrachen"*. Alle Kinder müssen manchmal in der Kirche lachen. Mehr als zwanzig Jahre später korrigiert Karl Rahner, was uns damals gelehrt wurde. Wenn ich heute in einem Lexikon der Religionen lese, dass Karl Rahner 1987 schreibt, *das deutsche Wort Fegefeuer ist religionspädagogisch nicht sehr glücklich und sollte langsam verdrängt werden,* dann bedaure ich schon sehr all die gewissenhaften Menschen, die eine Vielzahl starker Ängste offensichtlich überflüssig erlitten haben.

Wenn andere Kinder uns neckten, weil wir Dialekt (Naggenummer Platt) sprachen und anders rochen (nach Stallgeruch oder Chemie), sahen wir uns halt schon mal gezwungen, uns mit Schlägen zu verteidigen. Wer anders gerochen oder anders gesprochen hat, als andere, musste entweder sehr demütig sein, oder einige Extratage im Fegefeuer der zukünftigen Welt einplanen. Und täglich grüßte das Fegefeuer in Gebeten und Ermahnungen. Wer in der Kirche bei Predigten weghörte, hatte Glück und weniger Gewissensbisse. Aber begabte und gewissenhafte Kinder können gar nicht weghören! Wenn die Angst anklopft, werden die Ohren gespitzt!

Mit Persil kannst du den Geruch von Schweinestall oder Spritzbrühe (Pflanzenschutzmittel für Weinberge, übelster Chemiegeruch!) loswerden oder überdecken. Bei Ritas Familie gab es nach der Geburt ihrer kleinen Zwillingsbrüder schon bald Persil und Waschmaschine, bei uns vorerst noch nicht. Aber wenn man mit frisch gewaschenen Klamotten in den Kuhstall oder Schweinestall ging, zack, war der Persilduft verflogen.

Persil hilft nur kurz, alles Lüge, schrieben wir in unsere Notizheftchen, selbstgebastelt aus Abfallpapier der Abteilung Aluna, Vereinigte Kapselfabriken, Nackenheim.

Weißer Riese, ein anderes Vollwaschmittel, ebenso wie Persil.

Konzil ist auch wieder nichts für Mädchen. Die Denker und Beschließer: nur Männer.

Bischöfe, Kardinäle, der Papst. Konzil bedeutete für uns, dass der Pfarrer uns ab jetzt viel gründlicher kritisch beäugen konnte, während des Gottesdienstes. Wir hatten uns wohler gefühlt, als es noch eine stabile Schranke zwischen Altarraum und Kinderbänken gegeben hatte.

Außerdem wollten wir unser geheimnisvolles Latein behalten. Die ganze Liturgie kannten wir schon mit fünf Jahren auswendig. Tante Margareta und Oma Evchen hatten uns das beigebracht. Wenn uns mal ein Wort fehlte, fragten wir Onkel Hildebert, der war Organist und konnte sehr gut Latein.

Also, kein Wunder, dass wir auf Aluna-Papierzettelchen notierten:

Wir wollen weder Persil noch Konzil sondern Messdiener sein und Hannisfeierholz sammeln dürfen.

Wir hatten Listen mit Zukunftszielen, wenn wir später selbst Mütter sein würden.

Unsere zukünftigen Kinder, egal ob Söhne oder Töchter, dürften Johannisfeuerholz sammeln.

Das war Top 1 auf unserer umfangreichen Liste. Johannisfeuer war alle Jahre wieder der Tag, nein: die Woche der Ungerechtigkeit. Ritas vier Brüder durften mit einem Wägelchen von Haus zu Haus ziehen, um freudestrahlend Holz und Pappe einzusammeln. Wir nicht.

Rita und ich mussten von Haus zu Haus, um „Kindheit Jesu-Beiträge" einzusammeln. Top 2 war der Plan, dass unsere Kinder niemals Wurst und Fleisch aus eigener Hausschlachtung essen müssten, nur Kaafworscht, also gekaufte Wurst. Unsere größte Angst also: dass die Welt eine Welt bleibt, die nur für die Buben gut ist.

Kurz und gut, wir bemerkten, dass Europa und auch unser Dorf sich verändern würde und wir schrieben alles Wichtige auf, wie *wir zwei unser Dorf Nackenheim verändern würden, später*. Rita wollte zum ZDF, denn über die ARD waren wir sauer, das mit den hundert Mark klappte natürlich nicht, das war nur ein Gag gewesen. Wir ärgerten uns so, wie sich nur Betrogene ärgern können. Ich wollte Lehrerin werden (Steinmetz und katholischer Pfarrer waren ja Männerberufe!) und als Lehrerin würde ich Jungen und Mädchen absolut gleichwertig behandeln. Rita und ich schrieben rund sieben Jahre an unseren Zukunftsplänen, die wir immer neu aktualisierten. Rückblickend denke ich, wir waren zwei unerkannte Hochbegabte mit einem sehr ausgeprägten Sinn für Gerechtigkeit und Chancengleichheit. Es war uns beiden unbehaglich, von dem mühsam in der Schulklasse gesammelten Geld einem Negerkind die Taufe zu bezahlen und dabei dessen Vornamen zu bestimmen. Ich war froh, dass das Kind irgendwo in Afrika Daniela und nicht Dagmar heißen sollte und Rita war froh, dass wir aus der Schule längst entlassen sein würden, bis ein Heidenkind mit dem Buchstaben „R" gekauft würde.

Wir spielten Szenen aus Bonanza nach, aber bei unserer Version wurden niemals Indianer oder Frauen schlecht behandelt. Die großen Buben lachten sich halbtot, wenn wir ernsthaft unsere Weltverbesserungspläne erzählten.

Wir beteten füreinander und miteinander, und lasen uns Gritli, Heidi und Steffili vor, Kinderbücher von innigen Mädchenfreundschaften in Schweizer Bergen. Eine las vor, die andere musste weinen, dann wurde getauscht. Beide waren wir in Kindererholungsheimen gewesen und fühlten uns beide oft nicht richtig gesund, darum wohl diese traurigen Bücher.

Wir hatten große Pläne, wen wir heiraten wollten und wie unsere Kinder aufwachsen sollten. Keine Wurst, kein Fleisch aus eigener Schlachtung, nur „Kaafworscht". Wie Wassertropfen auf der Wachstischtuchdecke prallte die hochnäsige Kritik des neuen Blockflötenlehrers ab, der sagte, zum schönen Blockflötenspiel gehörten auch unsere Liedansage auf Hochdeutsch und saubere Fingernägel. Durch ständigen Aufenthalt im Weinberg oder im Kelterhaus oder im Stall werden Fingernägel halt nicht mehr von Wasser und Seife allein sauber.

Wofür ich euch zwei am meisten in Gedanken an mein Herz drücken möchte: ihr habt euch nicht verbiegen lassen! Seid immer hellwach und kritisch gewesen, keine Mitläufer.

Von allen Geschichten aus der Augsburger Puppenkiste waren uns Bill Bo und seine Kumpane die liebsten. Auch wir waren Kumpane, auch wenn die Buben sagten, dass nur Buben Kumpane sein können. Aber das wussten wir natürlich besser! Wir hatten gemeinsam ein Buch aus der Borromäus-Bibliothek ausgeliehen, da wurde das Wort *Kumpane* erklärt. Es sind zwei, die ihr Brot miteinander teilten. Und das taten wir, ob Wurst, Käse, Marmelade oder Schmalz. Alle Schulbrote und mittags genauso. Und Bill Bo und seine drei Räuber waren richtige Angsthasen. Jeder einzelne hatte seine spezielle Angst. Angst, nie mehr die schöne blaue Donau und das schöne Ungarland wieder zu sehen. Angst vor Tod und Gefängnis. Der schlaueste hatte Angst vor Büchermangel, ein anderer sogar Angst vor Eichhörnchen. Alle hatten als Räuber Angst vor dem Gefängnis und der Chef der Bande hatte obendrein riesige Angst vor Autoritätsverlust.

Wir waren klug genug, auszurechnen, wie die neununddreißig Kamele Ali Babas an seine vier Kinder mit Hilfe des einen Kameles des Großwesirs so aufgeteilt werden mussten, dass Ali Baba zufrieden gewesen wäre mit unserer Bruchrechnung. Aber wir, wir waren nicht zufrieden, wir waren empört! Die drei Söhne bekamen viele Kamele, der älteste die Hälfte und so weiter, ich will die einzelnen Brüche hier nicht verraten, sonst schimpfen die Mathelehrer. Aber die einzige Tochter, die bekam doch tatsächlich nur ein Kamel von neununddreißig Tieren.

Aber manchmal waren wir einfach nur glücklich beim Basteln und Musizieren, besonders wenn endlich die Traubenlese vorbei war und wir im Herbst erst Nüsse aßen, dann viele Segelschiffchen aus Walnussschalen mit Knete, Ästchen und Mini-Stoffsegelchen aus ausgedienten Nachthemden unserer alten Tanten bastelten. Vierzig *Schiffchebootjer* und keins sah aus wie das andere, jedes ein Unikat!

Ja, und unsere Blockflötenliedchen spielten wir selten unseren Müttern, viel öfters unseren Großeltern vor. Ritas noch lebendem Opa im Wohnzimmer, meiner Oma in der Küche und meinem schon verstorbenem Opa und Ritas lange verstorbener Oma auf dem Friedhof. Wir hatten keinen Zweifel daran, dass *beide* Opas und Omas uns wohlwollend lauschten, egal ob zu Hause oder im Grab. Wir glaubten das ganz fest: die Liebe zu Großeltern ist ewig und hört nicht mit dem Sterben auf. Und wenn wir nicht akzeptieren wollten, dass Mädchen keine Messdienerinnen sein durften, nahmen wir einfach die kleine Kindermonstranz, Oblaten und ein riesiges Buch mit dem Titel *Heiligenleben für das Deutsche Haus* mit in den Schweinestall. Dann waren wir abwechselnd Pfarrer und Messdiener und das Hausschwein bekam von uns die letzte Ölung mit traurigen Liedern zur Heiligsten Dreifaltigkeit, bevor der Breche-Kurt oder der Schwarzschlächter Adam Petry mit seinem großen Schlachtermesser kam. So war das anno 1966.

Liebe Rita,
du fehlst mir. Du wirst mir immer fehlen, am meisten im Advent. Für uns beide war fast ganzjährig Advent, denn nach der MGV-1857-Adventsfeier des einen Jahres war vor der Adventsfeier des darauf folgenden Jahres.
Seit achtundzwanzig Jahren pfeife ich dir einmal wöchentlich an deinem Grab eines unserer Lieder. Es tut bitter weh, dass wir nie mehr zweistimmig musizieren können. Immer noch, nach so vielen Jahren. Meine Kinder haben mir zum Trost alle Bonanza-DVDs geschenkt. Meine Töchter sind ebenso Messdienerinnen geworden wie mein Sohn. Unser Kelterhaus ist längst abgerissen, aber im ehemaligen Luftschutzkeller machen wir lustige Wunschkonzerte.
Viel stärker als die Trauer über deinen allzu frühen Tod ist die dankbare Erinnerung an dich und unsere gemeinsamen Adventslieder.

Nichts ist so vergänglich wie ein Lied. Nichts ist so beständig wie eine Melodie. Das glaube ich.

In unserer Generation gab es noch keine Schutzimpfung gegen Masern, Mumps und Röteln. Wir hatten diese Krankheiten oder wir hatten sie nicht, und falls ja, war es bei vielen von uns heftig bis lebensgefährlich.

Nicht wenige Kinder starben vor weniger als hundert Jahren an Masern oder Diphterie.
Auch in meiner Herkunftsfamilie gab es etliche Kinder, die im Kleinkindalter an Infektionskrankheiten starben. Mein Großvater väterlicherseits hatte vier Geschwister, von denen drei an Masern oder Diphterie starben. In anderen Familien war dies kaum besser.

Der Vergleich hinkt ein wenig, stimmt aber auch ein wenig: statt vieler Schutzimpfungen gab es viele Gebete. In unserem Dorf gab es viele Menschen, meist ältere Frauen, die jung verwitwet oder schon immer unverheiratet und kinderlos waren. Die Zeit hatten und für andere, besonders für chronisch kranke Kinder wie mich beteten. Die immer wussten, wer gerade ziemlich oder sogar sehr krank war. Vom Flutgraben aus konnte man sehen, wann meine Schlafzimmerläden wieder einmal wochenlang Tag und Nacht geschlossen bleiben mussten. Einige alte Leute guckten jahrelang jeden Tag nach meinen Läden und beteten dazu passend diesen oder jenen Rosenkranz.

Als ich im Alter von 19 Jahren mit überwältigender Mehrheit in den Nackenheimer Pfarrgemeinderat gewählt wurde, freute ich mich selbstverständlich. Als mich einige alte Menschen fragten, wie ich mir diesen Wahlerfolg erklären würde, sagte ich wahrheitsgemäß, weil ich mich in der Jugendarbeit sehr engagiere und eine Mädchengruppe leite. „Weit gefehlt!" bekam ich zur Antwort. „Weil deine Eltern beide Sonntags in Nackenheim geboren sind und während ihrer Geburt gerade das Wandlungsglöckchen geläutet hat. Weil du dreimal als Kind beinahe gestorben bist und jetzt rundum gesund bist. Jetzt kannst du zeigen, dass sich unser Gebet für dich gelohnt hat!" So war das früher mit dem Gebet in unserem Dorf.

Als ich 1967 im Alter von sieben Jahren die Masern durchlitt, bei sehr hohem Fieber und Lebensgefahr, musste ich für etwa drei Wochen im abgedunkelten Schlafzimmer, ohne Tageslicht, fast bewegungslos im Bett liegen. Nur meine Mutter und meine Oma durften an mein Krankenbett und Lesen war absolut verboten. Die furchtbare Drohung stand im Raum: wenn du liest, obwohl du die Masern hast, wirst du todsicher blind, sofern du überhaupt diese Krankheit überlebst.

Es gab damals noch keine Kassettenrecorder, CD-Player, Plattenspieler und all diese modernen kleinen elektronischen Geräte. Da blieb nur die Zwiesprache mit Teddybär und Puppen, mit Hansizi, dem Quietschhasen vom Hochheimer Markt anno 1961 und mit ein paar Stubenfliegen, die auf Gedeih und Verderb das Zimmer mit mir teilten. Die nannte ich auch jetzt wieder Zebulon und Naphtali, wie schon vor einigen Jahren in den Zeiten von Asthma – und Heuschnupfen-Schüben.

Je höher das Fieber stieg, desto intensiver träumte ich von Asta und Fränzje, meinen verstorbenen Haustieren. Asta, unser guter Hund, auf dessen Wiederkehr ich nun seit über drei Jahren in nie nachlassender Hoffnung wartete, war niemals von uns weggelaufen, so gestand mir die Oma endlich. Er war erschossen worden, weil er immer „meldete", also laut bellte, sobald ein Kriegsblinder mit seinem Blindenstock an unser Hoftor donnerte. Der Kriegsblinde konnte sich einfach nicht den Verlauf der Lörzweilerstraße und Langgasse einprägen, schlug wütend Tag für Tag an unser Tor und veranlasste den guten Hofhund zum Bellen. Der blinde Mann dachte, der Hund lache ihn aus, weil er in einem völlig sinnlosen Krieg als Soldat sein Augenlicht eingebüßt hatte. Er gab nicht eher Ruhe, bis meine Familie den unschuldigen Hund erschießen ließ. Asta war der beste, treueste Hund aller Zeiten. Ich weiß, das werden viele Hundebesitzer von ihrem Hund sagen, aber bei mir stimmt es wirklich. So war Asta im Jahre 1964 ein spätes Nachkriegsopfer geworden.

Mit Fränzje, dem Kater, war es nicht besser. Er wurde wegen Tollwutverdacht erschossen und obduziert und nach drei Wochen kam der Obduktionsbericht, nämlich, dass er ein kerngesunder Kater gewesen war, keine Spur von Tollwut.

Eine meiner Religionsarbeiten wurde mal mit „Mangelhaft" benotet, weil ich falsch definiert hatte, dass Märtyrer Menschen oder Tiere seien, die ihr Leben sinnlos viel zu früh hergegeben haben. Dieser Satz, so wurde bemängelt, enthalte gleich drei gravierende Denkfehler:
Märtyrer seien immer nur Menschen, niemals Tiere. Märtyrer seien alle immer sinnvoll aus Gottes Sicht gestorben. Märtyrer beenden ihr Leben zum Zeitpunkt, den Gott für sie bestimmt hat, also nicht zu früh.

Ich schrieb in mein Tagebuch: ... *aber bei Asta und Fränzje bin ich doch wenigstens völlig sicher, dass sie durch Gottes Gnade jetzt nahe bei Stephanus und anderen Märtyrern sitzen, denn sie sind ja im Stephansstifts-Präsenzhof ihres viel zu kurzen Lebens gewaltsam beraubt worden.* Solche Sätze habe ich mir mit sieben Jahren bei Fieber im Dunkeln tagelang erdacht, man könnte auch sagen ergrübelt. Als ich wieder zurück ans Tageslicht und somit schreiben durfte, habe ich sie als allererstes aufgeschrieben, mit Tinte in Schönschrift.

Liebe kleine Dagmar, was du aufgeschrieben hast, rührt mich bis heute, bis in die Tiefe meiner altgewordenen Seele. Danke, dass du alles so gewissenhaft aufgeschrieben hast. Das schwarze und obendrein asthmakranke Schaf aus Assisi, das uns vergangenen Sommer alle so gerührt hat, ist jetzt sicher auch im Paradies, nahe bei Asta und Fränzje und anderen Gottesgeschöpfen. Jedenfalls möchte ich es gerne glauben. In einer Shakespeare-Tragödie wäre dies nun der Zeitpunkt für den Auftritt des Hofnarren. Enter the Joker:

An dieser Stelle sollte ich vielleicht noch meinen Lieblings-Paradieswitz erzählen, den ich Alfons Rudolf, meinem Lieblingslateinlehrer, verdanke.

Zwei gute Freunde spekulieren ein Leben lang über das Paradies und wie es dort wohl aussehen möge. Der eine stellt es sich „qualiter" vor, der andere „taliter".
Sie vereinbaren, derjenige, der zuerst stirbt, solle dem anderen im Traum erscheinen und berichten, wer denn mit seiner Vorhersage richtig vermutet habe.
Als der eine Freund stirbt, erscheint er tatsächlich dem anderen im Traum. „Und, sag schon, wie ist es im Paradies? Qualiter oder taliter? Wer von uns beiden hatte Recht?" Entgegnet der Verstorbene aus dem Paradies: „Du wirst es nicht glauben, es ist alles totaliter aliter!"

Übersetzungshilfe:	*qualis, e*	*wie beschaffen?*
	talis, e	*so beschaffen*
	totalis, e	*gänzlich*
	aliter (adv.)	*anders als*

Fazit: du sollst dir kein Bildnis machen von Gott, vom Paradies, von allem Mysterium. Rätsel lassen sich lösen, ein Mysterium bleibt ein Mysterium. Wäre es für unseren Menschenverstand fassbar und messbar, so wäre es eben kein Mysterium. Dennoch haben Menschen aller Länder aller Zeiten Bilder entworfen, die eben nur Bilder sind. Das Bild ist nicht die Wirklichkeit, oft aber Trost und Weg zur Zuversicht.

Am Anfang schrieben wir die Wörter mit dem Griffel auf eine kleine Tafel.
Was wir geschrieben hatten, wurde spätestens am nächsten Tag wieder mit einem Lappen weggewischt.

Irgendwann, ein paar Monate später, schrieben wir mit einem Bleistift, Härtegrad HB, auf Papier mit Erstklässlerlineatur. Das blieb dauerhaft geschrieben, aber leider nur, bis es die Mama in den Küchenofen stopfte, um Feuer zu machen. Bis 1974 heizten wir nur mit Holz, Brikettes und Papier.
Unsere Katze Fränzje saß schnurrend neben mir und registrierte jede meiner Schreibbewegungen.

Im Frühjahr 1967 darf ich mir ganz alleine meinen ersten Füller mit Tintenpatronen kaufen.

Es ist in jeder Hinsicht mein Glückstag, denn Tante Roswitha bedient mich persönlich. Als sie ein Kind war, hatte sie denselben Nachnamen wie ich. Kamp. Inzwischen heißt sie wie die Drogerie, also: Sans. Sie zeigt mir zwei Füller, einen blauen Pelikan, einen grünen Geha- Füller. Beide sind wunderschön. Ich darf mein ganzes mitgebrachtes Geld ausgeben und entscheide mich für den etwas preisgünstigeren Geha plus Patronen plus ein blütenweißes Blöckchen Schreibpapier. Weißes, eigenes Schreibpapier. Ich sage zu Tante Roswitha, heute ist vielleicht der allerschönste Tag von meinem ganzen Leben. Und das Allerschönste ist, dass Tante Roswitha mich jetzt nicht auslacht, sondern nickt. Das ist nicht, weil sie geschäftstüchtig ist, sondern weil sie für einen Moment ganz genau verstehen kann, was gerade in meinem Kopf und in meinem Herzen für ein frohes Durcheinander los ist. Solche Momente gibt es bei Frau Dorsheimer, wenn ich Perlgarn oder Sticktwist kaufen darf und eben heute, bei Tante Roswitha. Als diese schönen kleinen Läden zumachten, da wurde man schon von Wehmut geflutet. Aber das menschliche Gedächtnis birgt ein Allheilmittel gegen die Trauer und Ladenschlusspanik. Ein Blick auf einen meiner heutigen Füller, gekauft bei Roswitha ein Jahr vor Ladenschluss, und das Glücksgefühl aus dem Jahre 1967 kommt wieder zurück. Meine Briefe ins Jahr 2099, die im Tresor in Rottweil liegen, habe ich mit Tinte aus einem Tintenfass geschrieben, das ich in der Drogerie Sans gekauft habe.

Für Frau Dorsheimer und Tante Roswitha, für Hartmanns Betty, Hildebert Hassemer, Lisa Gangloff, Apollonia Balbach, Katharina Weil, Käthi Becker und viele andere in dankbarer Erinnerung hier einen Gedanken aus dem Tagebuch des schwedischen UNO-Generalsekretärs
Dag Hammarskjöld (1905 bis 1961, Friedensnobelpreisträger), geeignet zum Danken und Meditieren:

Geteiltes, zeitloses Glück, durch eine Handbewegung, durch ein Lächeln vermittelt.
Dank den Menschen, die mich dies lehrten.
Dank den Tagen, die mich dies lehrten.
(Aus: Vägmarken, Zeichen am Weg)

Vielleicht hat mich das Tagebuch Dag Hammarskjölds als Jugendliche so fasziniert, weil meine zwei allerbesten Freunde aus Kindertagen exakt sein Jahrgang waren.

Dag Hammarskjöld wurde im Jahre 1905 in Schweden geboren.
Im Jahre 1905 wurde nicht nur in Mainz ein großartiger Fußballverein gegründet, sondern in Nackenheim wurden drei ganz besondere Kinder, alle mit dem Nachnamen Kamp geboren. Das Außergewöhnliche daran war, dass diese drei „Kämpchen" alle drei *nicht* im Kleinkindalter starben, wie dies durch Kinderkrankheiten trauriger Weise sehr oft der Fall gewesen war. Zum Beispiel war mein Opa Anton das drittgeborene von fünf Kindern, aber er war der erste in der Geschwisterreihe, der überhaupt das dritte Lebensjahr schaffte und der einzige, der selbst wieder Vater zweier Kinder wurde. Seine Cousine und sein Cousin, im Oktober 1905 als Zwillinge geboren, hatten als Zwillinge zu jener Zeit rein statistisch gesehen noch geringere Überlebenschancen, doch beide „Zwillings-Kämpchen" gediehen prächtig. Während Barbara durch Heirat den Nachnamen Kamp in Zimmermann verwandelte (der aber nur auf dem Papier existierte, für alle im Dorf war sie „Kaschbers Bawettje, also die Barbara, die den Kaspar geheiratet hatte), führten die beiden Cousins, Anton und Peter, den Familiennamen Kamp fort. Leider starb Barbara viel zu früh, als junge Mutter dreier Kinder im Alter von nur 41 Jahren. Ihre Enkelin Rita, die einzige Tochter ihrer einzigen Tochter, war meine allerbeste Freundin in Kindertagen und zugleich meine Großcousine oder Urgroßcousine, je nach Definition.
Anton und Peter Kamp mussten als Soldaten in den Zweiten Weltkrieg. Beide waren völlig untauglich, andere Menschen zu erschießen, so landete Peter bald bei der Essensausgabe in der Feldküche, Anton pries den Tag, als er in Frankreich amerikanischer Kriegsgefangener wurde und nach Texas, ebenfalls in die Küche, Abteilung Kartoffelschälen versetzt wurde. Peter verlor nicht auf dem Schlachtfeld, son-

dern vor dem Küchenzelt beide Beine, hatte später zwei Prothesen, eins ganz, das andere oberhalb des Knies. Anton bekam nach kriegsbedingten Spätschäden 1964 ebenfalls eine Beinprothese. Zwei Kriegsveteranen, beide Jahrgang 1905 mit ihren drei Kunststoffbeinen wurden die Grundlage meiner außergewöhnlichen musikalischen Früherziehung in der Nachkriegszeit.

Musikalische Früherziehung heute bedeutet: kindgerechtes Unterrichtsmaterial, klingende Stäbe, Toy Sound Trommelbärchen, Primary Beat, bunte Lehrbücher, Instrumentenkarussell, Glockenspiele, kleine Tiere aus feinsten Holzarten für Percussion in kleinen Patschhändchen, ausgeklügelte Belohnungssysteme, damit die kleinen Musiker auch gerne und unbedingt ganz ohne Langeweile musizieren.

Unsere Kinder hatten bei Annemarie Rudolf ein denkbar einfacheres Lernsystem. Es war getragen von einer ursprünglichen Freude an der Musik auf kindgerechte Weise. Aus dem kleinen Musikzimmer in Rudolfs Keller sind unzählige musikalische Jugendliche und Erwachsene hervorgegangen.

Weil Jakob, damals 6 Jahre alt, seine Lehrerin gern mochte, malte er dies, wie gefordert: einen Frosch im Schilfrohr und Noten. Anschließend malte er – freiwillig – ein Froschpärchen. Seine Begründung: „Es ist nicht so wichtig, *wo* man Musik macht, sondern *mit wem*!"

Meine musikalische Früherziehung in der Nachkriegszeit war ganz anders:

Dirigentin: Oma Eva Kamp, 66 Jahre alt. Ihr Dirigentenstab war ein kleiner Kochlöffel.
Bariton und Schneebesen auf zwei Beinprothesen: Onkel Peter Kamp, 58 Jahre.
Tenor und Suppenschöpflöffel auf einer Beinprothese: Opa Anton Kamp, 58 Jahre.
Kindersopran und Quietschhase Hansizi: Dagmar Kamp, 4 Jahre.

Liedgut: Gesangbuch für das Bistum Mainz mit Vorwort des Oberhirten Albert Stohr
Hitliste: Platz 1: Nun danket all und bringet Ehr; Platz 2: Zieh an die Macht, du Arm des Herrn; Platz 3: Mir nach, spricht Christus.

Der Hase Hansizi kann noch nach 50 Jahren alle Lieder begleiten, mal allegro, mal largo.
Ich auch. Die anderen drei Teilnehmer des Wunschkonzertes sind lange, lange verstorben.
Aber ihre ganz besondere Musik bleibt unsterblich und ist geeignet, jederzeit Trauer in dankbare Erinnerung zu verwandeln.

Als wir einmal zu viert musizierten und viel Spaß hatten, kam plötzlich ein unangenehmer Mensch dazu. Er sah uns böse an und sagte, mit der Familie Kamp konnte Deutschland wirklich keinen Krieg gewinnen. Anton und Peter schnappten ihre Krücken und wollten ihn verprügeln. Oma fing an zu weinen. Ich stand auf und sagte: „Mit uns Kampe kann man den Frieden gewinnen. Frieden mit Musik ist noch viel besser als wie Handkäs mit Musik!"

Dieser Satz aus dem Mund einer vierjährigen war so spontan und aufrichtig, dass der böse Mann, ein ewig fanatischer Hitlerregimeverteidiger, wutschnaubend abhaute. Auf der Straße grüßte ich ihn nie wieder. Er spuckte vor mir auf die Straße, wann immer er mir begegnete.

Onkel Peter sagte: „Die ist noch so klein, aber die versteht was vom Leben!"
Opa Anton weinte, wie oft in solchen Situationen. Er konnte auch nicht mehr sprechen und sich verteidigen, seit seinem zweiten Schlaganfall mit Halbseitenlähmung.

Und schließlich sagte die Oma: „Machen wir weiter Liederraten. Böse Menschen haben keine Lieder. Aber wir!"

Lektion 10
Angst vor richtig schlimmen Zeiten

Wenn es dir wirklich richtig schlecht geht

Katze, lateinisch

Felis pulchre susurrat
    cum non bene valet.
Forsitan memoria teneat omnia
    quae bene evenerant.
Forsitan spes temporum accedat,
    cum melius valeat.

Übersetzung :

Die Katze schnurrt schön/tapfer,
obwohl es ihr nicht gut geht.
Vielleicht möchte sie alles im Gedächtnis behalten,
was gut ausging.
Vielleicht kommt die Hoffnung auf Zeiten näher,
da es ihr besser geht.

In unserer Nachbarschaft gab es vor vielen Jahren einmal eine einäugige, dreibeinige Katze.
Sie hatte genauso viel Lebensfreude wie zweiäugige, vierbeinige Katzen.

Eine meiner Lieblingskatzen war unser Schnurrer, ein tapferer Kater, dem manches Unglück zustieß. Schnurrer war einmal für vierzehn Tage verschwunden und eines Morgens kam er wieder, schwerverletzt, Der Tierarzt, wie vor 40 Jahren üblich, riet zum Einschläfern. Schnurrer brauchte fast ein Vierteljahr, dann waren seine sämtlichen eiternden Wunden verheilt. Und selbst an den allerschlimmsten

Schmerztagen schnurrte er unverdrossen, wie ein gesunder Kater dies an gesunden Tagen bei Wohlbehagen tut.

Ich habe dies als Zehnjährige im Jahre 1970 Tag für Tag in meinem Kindertagebuch notiert und bin Schnurrer ein Leben lang dankbar für diese Lektion in Optimismus und Zuversicht.

Dasselbe Kind, vier Jahre alt, dieselbe Krankheit, März 1964, Nackenheim. Das Kind hat Asthma, Heuschnupfen, Schuppenflechte und Medikamentenunverträglichkeit.
Zwei Selbstgespräche oder zwei Gebete an zwei aufeinander folgenden Tagen.

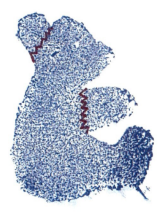

Lieber Gott,

es geht mir sooo schlecht, hilf mir doch.
Ich kann fast nichts mehr sehen, das ist am schlimmsten. Meine Augen sind seit zwei Wochen beinahe ganz zugeschwollen. Deshalb muss ich Tag und Nacht bei geschlossenen Fensterläden im dunklen Krankenzimmer liegen.
Meine Ohren sind so geschwollen und jucken wie verrückt, ich höre alles, als ob es ganz weit weg wäre. Selbst die Kirchenglocken klingen wie durch Nebel, aber es ist ein Frühlingstag ohne Nebel. Ich fühle mich wie im schlimmsten November.

Meine Haut ist überall voller Quaddeln und Entzündungen, sie juckt und tut weh.

Nur die Handflächen und Fußsohlen sind verschont.

Ich möchte meine Haut ausziehen wie eine Schlange das tun kann und meine Augen und Ohren rausreißen und in kaltes Wasser legen und drei Tage schlafen und dann Augen und Ohren und Haut innen und Haut außen alles wieder gesund zurücknehmen. Aber das geht halt nicht, das weiß ich ja.

Mein Mund und mein Hals tun sehr weh, selbst einen kleinen Schluck Wasser zu trinken tut mir schon weh. Alle Schleimhäute sind entzündet. Um die Nieren zu schonen, darf ich auch fast nichts trinken.

Mein Bauch tut weh, denn die Cortisontabletten machen die Haut besser (ab wann???) und dafür mein kleines Bäuchlein krank.

Alleinsein tut auch sehr weh.

An Kindergarten ist gar nicht zu denken. Morgens und mittags höre ich die anderen, die gesunden Kinder, in den Kindergarten laufen. Ein paar Meter über die Straße, aber ich darf noch nicht mal bis aufs Klo. Weil wir im Haus noch kein Klo haben und aufs Plumpsklo im Hof zu gehen, habe ich überhaupt keine Kraft und außerdem, da würde ja Licht auf mich drauf kommen, dann werde ich blind oder muss gleich ganz sterben.

Ich habe nur meinen Petzi (Teddy) und meinen Hansizi, den Quietschehasen.

Onkel Egon zu Besuch zu haben wäre gut, aber der hat grade wieder Liebeskummer und will sich im Rhein ertränken. Ich bin dagegen, ich ertränke mich ja auch nicht. Weil ich den Weg zum Rhein nicht packen täte und mich auf dem Weg dahin die Sonne töten würde. Bis ich am Rhein wäre, bräuchte ich mich schon gar nicht mehr ins Flusswasser reinschmeissen.

Lieber Gott, ich will bald (BALD!!!) gesund werden. Also, mit bald, meine ich: bald.

Ich hab Angst vor Frau Mauers Doktor. Wir haben einen anderen Hausarzt, vielleicht kann er mich deshalb nicht leiden. Frau Mauer ist uralt und sie liegt im Zimmer neben mir seit vielen Jahren und will gerne sterben. Und der Arzt hat zu Frau Mauer gesagt, der Sensenmann holt noch eher das verkomte Kind da als wie sie. Das verkomte Kind bin ich. Verkomt heißt verkümmert. Ich habe Kummer und bin verkomt, hilf mir doch, dass ich aufhörn kann, verkomt zu sein!

Ich weine und schlafe ein. Ich habe richtig hohes Fieber. Ich träume, dass der liebe Gott kein Deutsch kann, sondern nur Kirchenlatein. Ich vermute, falls Gott deutsch spricht, dann vielleicht nur hochdeutsch. Das wäre ganz übel für mich. Ich mag kein Hochdeutsch, es ist die Sprache der Ärzte und Krankenschwestern in der Mainzer Uniklinik. Erst Hochdeutsch sprechen, dann Blut abnehmen, Spritzen geben. Ich träume, dass der liebe Gott mich sterben lässt, weil er meine Gebete zu ihm nicht verstanden hat. Ich träume, dass der Sensenmann jetzt doch die alte Frau Mauer abholen will, aber sich dabei in der Zimmertür irrt und mich abholt. Der Sensenmann steht jetzt schon neben meinem Bett. Der liebe Gott kann entweder kein Deutsch oder kein Naggenummerisch, ich schreie also so laut ich kann:

Kyrie eleison! Christe eleison! Das schrei ich jetzt so ungefähr 10 mal. Sehr, sehr laut, bis die Oma aus dem Kelterhaus gerannt kommt.

Das gefällt dem Sensenmann nicht. Er dreht sich um und rennt weg. Die Sense nimmt er mit.

Lieber Gott,

Mama hat heute Morgen schon sehr viel geweint, als sie in mein dunkles Zimmer kam. Seit zwei Wochen liege ich im dunklen Schlafzimmer, im viel zu großen Bett meiner Tante Anneliese. Die lebt seit achtzehn Jahren in Australien und braucht ihr Nackenheimer Bett nicht mehr. Wenn ich groß bin, darf ich sie mal in Australien besuchen, aber wahrscheinlich komme ich da nie hin, weil ich schon als Kind sterben muss. Das ist saublöd, lieber Gott, ich will nämlich englisch lernen und wenn es unbedingt sein muss: hochdeutsch, denn in

Australien könnte man deutsche Leute treffen, die nicht Naggenummer Platt sprechen, also ich beiß in den sauern Abbel, wenns sein muss, ich lern hochdeutsch. Aber dafür musst Du mich in Deiner Gnade lange leben lassen, hochdeutsch ist schwerer als Englisch, sagen alle, die ich kenne. Ich glaube nicht, dass ich das mit dem Hochdeutsch jemals schaffen werde.

Ich will kein undankbares Kind sein, aber ich will Dir doch mal sagen, wenn ich ein gesundes Kind wäre, hätten wir alle mehr Spaß. Mein einziger Spaß ist zur Zeit, dass ich die Mücken in meinem Krankenzimmer Zebulon und Naphtali nenne und meine Kuscheltiere und ich und die Mücken alle zusammen heißen Samariter, weil wir alle ein kleines armes Volk im Dunkeln sind. Also, wenn ich Du wäre, lieber Gott, dann würde ich jetzt mal sagen, genug gelacht über die Phantasien der kleinen Dagmar, ich lass die jetzt mal bald wieder raus aus dem Dunkeln und es soll ihre Haut nicht mehr jucken und sie soll wieder genug Luft kriegen.

Ich will so viel Luft kriegen, dass ich später Posaune spielen kann oder wenigstens Flöte, denn Oma Eva hat mir aus Marienthal ein Bildchen mit einem Engel auf meinen Nachttisch gestellt, der wo am Jüngsten Tag Posaune spielen wird. Das ist ein Gemälde, keine Fotografie, klar, er hat noch nicht gespielt, weil der Jüngste Tag ist noch lange nicht gewesen.

Und da wären wir wieder bei meinem wichtigsten Satz, ich hoffe, lieber Gott, dass Dir das klar ist, ich will nicht sterben, NICHT, Du hast es ja wohl gehört, wie ich gestern „Kyrie eleison!" geschrien habe. In Deiner Sprache, Kirchenlatein oder Kirchengriechisch oder Kirchenhebräisch, damit Du es nicht überhörst. Wenn Du mich lange genug leben lässt, dann lerne ich gerne viele, viele Sprachen und viele Loblieder für Dich. Oma Eva war gestern den ganzen Tag auf Wallfahrt, um der Muttergottes zu sagen, dass sie Dir sagen soll, dass Du mich leben lassen sollst. Die Zeit, als die weg war, hat der Opa wie immer genutzt, um ebenfalls zu Dir daheim zu beten. Opa heißt Anton und betet immer zum Heiligen Antonius von Padua. Der hat einen Esel als Freund, der heilige Antonius. Opa ist auch ein freundlicher grauer Esel. Wenn Opa viel betet, trinkt er leider immer aarisch viel 1959er Schmittskapellchen, das ist der Jahrhundertwein von Nackenheim, den hat er selbst gekeltert. In dem Jahr von dem Jahrhundertwein habe ich mich von Abrahams Gärtchen aus auf den Weg ins Leben begeben. Oma sagt, sie trinkt lieber viel Pfefferminztee, damit ich am Leben bleibe. Am einfachsten, Du beschließt das so und ich bleibe am Leben, egal, wer von den Alten was trinkt.

Ich habe gestern gedacht, dass bei mir nur noch die Handinnenflächen und Fußsohlen gut sind, weil alles andere immer juckt und wehtut. Weil der ganze Bauch von den Tabletten wehtut. Aber Mama hat mich auf eine andere Idee gebracht, weil ich ihr das mit Zebulon und Naphtali erzählt habe. Das habe ich mir nämlich ganz alleine im Dunkeln ausgedacht. Mein Verstand ist nämlich noch wach und gesund und ich habe tausend lustige Bilder und Melodien im Kopf.

Mama und Oma Elise denken beide, dass die Bilder und Melodien, die ich auswendig jederzeit herbeiholen kann, mich eines Tages wieder gesund werden lassen.

Oma Eva denkt, nur Wallfahrten können mir helfen.

Papa denkt auch, genau wie ich, dass der Psalmdichter von „Aus der Tiefe rufe ich Herr zu Dir" ein Magenkranker war. Papa und ich sind nämlich die zwei Magenkranken der Familie. Papa muss sogar bald ins Krankenhaus mit seinem Magen. Bei mir kommt es von den Asthmatabletten, bei ihm vom Rauchen und vom Sorgenmachen wegen mir.

Also, lieber Gott, wenn Du da oben nicht so genau weißt, wen Du heute mal Wunderheilen aussuchen kannst, ich mach Dir einen guten Vorschlag: fang in der Langgasse 3 an, kannste dem Papa die Magenschmerzen wegnehmen, Mama die Traurigkeit, Tante Hildegard alle ihre angeborenen Gebrechen wegnehmen, das wäre ein echtes Wunder. Stell Dir vor, sie hätte plötzlich zwei normal gewachsene Beine, nicht ein ganz dünnes und ein Elefantenstempelbein und sie bräuchte keine superdicke Brille mehr! Also, da würden ja schon einige Menschen vom Wunder Erleben gläubig werden, überlegs Dir. Ja, und bitte, bitte, mach mein Bauchweh von den Asthmatabletten weg, mach, dass ich genug Luft kriege, wieder normal viel trinken kann, wieder aus dem Dunkeln raus kann, ohne blind zu werden und mach den Juckreiz auf meiner ganzen Haut weg. BITTE!

Wenn Du das für mich und meine Familie machst, lerne ich später ganz viele Sprachen und singe Dir Te Deum oder Lobe den Herren, soviel Du willst, überall, noch in vielen Jahren. Aber zu allererst brauche ich jetzt bald mal Licht! Luft! Garten! Hof! Stall! Kelterhaus! Speicher! ... Hund, Katze, Wutz, Hinkel!

Oma Elise sagt, sie weiß, dass ich nicht sterben werde, jedenfalls nicht als Kind, weil nach zwei Weltkriegen und allem was sie im Lazarett in Lippspringe in Westfalen gesehen hat, kann sie riechen, ob jemand stirbt oder leben bleibt. Oma sagt, ich rieche nach am Leben bleiben. Aber als sie das gesagt hat, hat sie auch geweint, also, ich glaub ihr nicht so ganz, ob sie vielleicht nicht sicher ist, dass ich nach am Leben bleiben rieche. Die zwei armen alten Witwen, die mich gestern kreischen gehört haben, die beten auch, dass ich wieder gesund werde. Wie viele Leute müssen denn zu Dir beten, bis Du Ja sagst? Ich befürchte, ganz viele. Es haben doch bestimmt auch ganz viele im Krieg und schon vorher gebetet und trotzdem waren die Kriege. Und die vielen Witwen, Apollonia und Lisa zum Beispiel, die haben beide ihre einzigen Kinder, ihre einzigen Buben im Krieg verloren. Die haben kein Geld, keinen Mann und keinen Bub mehr und ausgerechnet die zwei beten jetzt für mich, dass ich nicht sterbe. Die sagen, aber wenn ich es packe, muss ich dann immer für sie beten und für ihre im Krieg als Soldaten gefallenen Söhne. Die haben solche Angst, dass ihre Buben, bevor sie selbst im Krieg gefallen sind, noch vorher andere Buben von anderen französischen oder russischen Müttern totgeschossen haben. Und dass die zwar vielleicht jung gestorben sind, aber trotzdem auch aus dem Fegefeuer nicht mehr rauskommen. Weil sie Soldaten waren, obwohl sie eigentlich nicht in den Krieg wollten.

Also, vielleicht hast Du mir meine vielen Krankheiten geschickt, damit ich schon mal weiß, wie Fegefeuer geht, damit ich genug für die armen Seelen im Fegefeuer bete. Wenn Du machst, dass ich wieder gesund werde, dann mach ich das, für den Soldaten Gangloff und alle Soldaten bete ich. Ich verspreche es. Ja. Ich verspreche alles, wenn nur dieser Durst und der Schmerz und der Juckreiz aufhören.

Oma kommt und sagt, Onkel Egon will mich besuchen. Onkel Egon kennt sich aus mit Asthma. Er war als Jugendlicher als Soldat im letzten Kriegsjahr an der Westfront. Vor lauter Angst vor dem Tod hat er so viele Asthmaanfälle gekriegt, dass er fast nur im Krankenbunker war. Ich frage ihn, wie man erst Todesangst haben kann und sich dann wegen Liebeskummer im Rhein ertränken will. Da muss er selber lachen. Aber dann weint er wieder, weil er sagt, dass er Tante Hannelore so sehr liebt, aber sie ist evangelisch. Ihre Familie wird ihr nicht verzeihen, wenn sie katholisch heiratet und katholische Kinder kriegt. Und der Geistliche Rat sagt, die ganze Familie Kamp kommt mit Schuhen und Strümpfen in die Hölle, wenn er evangelische Kinder bekäme. Davor hat Oma Eva die meiste Angst. Opa Anton nicht. Er sagt, die Evangelischen schälen und kochen Kartoffeln genauso wie unsereins und sie haben Zahnweh wie wir. Oma Eva hat elf Geschwister und niemand von denen hat evangelisch geheiratet.

Ich sage, pass mal auf, ich muss vielleicht sterben oder blind werden oder beides. Und Mama kann keine Kinder mehr kriegen. Obwohl sie oft nach Marienthal fährt, beten wegen dem Kinderwunsch und ich jeden einzelnen Zuckerwürfel für den Klapperstorch aufs Fensterbrett lege. Wer weiß, vielleicht ist Gott selbst evangelisch, können wir überhaupt wissen, ob Er selbst katholisch oder evangelisch ist? Papa und du, ihr seid nur zwei Brüder. Meinst Du nicht, evangelische Kinder sind besser als gar keine? Die gehen halt zum „Staabaus" statt in die Muttergottesandacht. Mein Freund Gereon und ich sind katholisch und essen trotzdem gern Staabausbretzel! Onkel Egon sagt, wenn ich ihm die Welt erkläre, hört sich immer alles so einfach an. Er verspricht mir, sich nicht im Rhein zu ertränken. Wegen mir und wegen der Hannelore natürlich. Die im Falle einer Hochzeit endlich meine Tante sein würde.

Er sagt, ich darf mir von ihm heute mehrere Sachen wünschen, weil ich ihn so froh gemacht habe, mit meinen schönen klugen Kindersätzen. Ich wünsche mir vier Sachen.
Erstens: dass er mir „die Fraa Rauscher aus de Klabbergass" vorsingt, weil ich selbst keine Luft zum Singen habe. Und er hat so eine schöne Tenorstimme, mein Onkel! Wenn ich groß bin, falls ich wieder gesund werde, heirate ich auch einen Tenor.
Zweitens: dass ich bei seiner Hochzeit Blumen streuen darf. Bald!
Drittens und viertens (Reihenfolge egal): eine Cousine und einen Cousin, die ich immer, immer lieben werde, egal, ob sie katholisch oder evangelisch sind. Irgendwann (besser: bald!)

Dieser Tag muss mein Glückstag gewesen sein. Zuerst hat Onkel Egon mir dreimal das gewünschte Lied vorgesungen. Dann hat er sich wirklich nicht im Rhein ertränkt. Dann haben Tante Hannelore und er vier Monate später in Weissensee bei Füssen geheiratet. Ich durfte nicht Blumen streuen, aber vorneweg gehen mit Blumensträußchen. Die Braut trug ein schwarzes Kleid und hat bei der Zeremonie nicht ein einziges Mal gelächelt. Aber sie hat mir dreiunddreißig Jahre später gesagt, an diesem wunderschönen Sommertag im Allgäu habe sie der Gedanke an ein oder zwei goldige Kinder von ähnlicher Sorte wie ich, die ich so klein und zart und zum Glück wieder ein bisschen gesünder vorneweg gegangen wäre, dazu gebracht, schweren Herzens Ja zu allem zu sagen und ihre Konfession zeitweise zu verdrängen.

Ich war wieder gesund, wenigstens für einige Wochen. Atempause. Ich durfte im Weissensee schwimmen lernen. Das Wasser auf meiner gesundeten Haut war unglaublich wohltuend. Mein Papa war die Magenschmerzen los, meine Mama durchschwamm mutig ganz alleine den ganzen weiten breiten Weissensee und strahlte und lachte. Diese Urlaubstage sind meine schönsten Kindheitserinnerungen. Nicht die pompösen Königsschlösser, sondern der See, der Bauernhof der Familie Böck, die Katzen und Kühe und Pferde. Und vier rundum glückliche Erwachsene im Café Kainz und im Gasthaus Böck am See.

Zwei Jahre später haben sie ein kleines Mädchen bekommen. Und nochmals sieben Jahre später einen kleinen Bub. Leider habe ich nie Geschwister bekommen, aber Cousins und Cousinen, Großcousins und Großcousinen, Freunde und Freundinnen sind wertvoller als Gold und Geld.

Vergil schrieb es.
Jesus Christus sagte es.
Desmond Tutu betete es.
Ich habe es mit Kreuzstichen gestickt und glaube es.

Gebet des Bischofs Desmond Tutu,
geboren 1931 in Südafrika, Friedensnobelpreis 1984

Das Licht ist stärker als die Dunkelheit.
Das Vertrauen ist stärker als das Misstrauen.
Die Liebe ist stärker als der Tod.
Das Gebet ist stärker als der Zweifel.

M. Tullius Cicero (106–43 v. Chr.)

Solange ich atme, hoffe ich.

Even if she does not feel well now,
our cat will be purring with contentment.

Why is our cat such a courageous creature?

She might be full of faith in her presence,
she might be full of hope for her good future,
she might be full of love for her origin, for her memory.

Unsere Katze schnurrt auch dann zufrieden,
wenn es ihr gerade nicht gut geht.

Wie kommt es, dass sie ein derartig tapferes Lebewesen ist?

Vielleicht ist sie vom Glauben an ihre Gegenwart beseelt,
vielleicht ist sie voller Hoffnung auf eine gute Zukunft,
vielleicht ist sie von Liebe auf ihren Ursprung, auf ihre Erinnerung erfüllt.

Misericordia asinae traditur.
(Biblia sacra, Liber numerorum, Nm 22)

The prophet and his donkey:
together they are a strong team!
Der Esel ist manchmal klüger als der Prophet!

If the prophet fails it won't be a lack of intelligence
but a lack of compassion and: self-compassion!

Le chat qui ronronne.

LE CHAT

QUI RONRONNE

Egal, ob du Angst vor Waldameisen, Würmern oder Wombats hast: Du bist nicht der einzige Mensch, der diese Angst je hatte und auch diese Angst lässt sich verlernen! Obwohl Wombats nicht bei uns beheimatet und auch ungefährlich sind, sind mir bereits drei Kinder in dreißig Jahren begegnet, die übergroße Angst vor allem vor Wombats hatten.

Hier einige Infos, die (außer Entspannungsübungen und anderen therapeutischen Interventionen) hilfreich waren. Meine Bleistiftzeichnung zeigt eine freundliche Wombat-Familie (Vater, Mutter, Baby im Beutel). Die Wombats leben vor allem in Südaustralien und in Tasmanien (und das ist sehr weit weg von uns ...). Wombats sind friedliche Beuteltiere. Sie sind Plump-Beutler mit scharfen Krallen und Zähnen. Das Wombat-Baby lebt sieben Monate lang im Beutel seiner Mutter, mit Blick zum Körperende, damit es beim fleißigen Gänge Graben seiner Mutter vor entgegenkommenden Erdmassen geschützt ist.

Ein Grundschulkind konnte in der Schule kaum noch dem Unterricht folgen, weil es permanent unter Angst vor Nagetieren, vor allem unter Angst vor Wombats litt.

Was half innerhalb weniger Tage: Eine Kombination aus Entspannungsübungen, Informationen, Rollenspielen. Der Wombat wurde vom bedrohlichen Monster zum phantastischen Lebensbegleiter. Man kann vor allem und vor jedem Lebewesen Angst haben. Und nach Überwindung von Ängsten stärker werden als je zuvor.

Sehen, was ist,
tun, was nötig ist,
lieben, was ewig ist.

Albertus Magnus, 1193–1280

Lektion 11
Angst vor Zwängen und Zeitnot

Leistung errechnet sich aus einem Quotienten von Arbeit im Verhältnis zu Zeit.

Das kann dir manchmal richtig Angst machen, denn das Ergebnis von viel Arbeit ist nicht notwendigerweise viel vorzeigbare Leistung.

Zeitnot und falsches Zeitmanagement können viele Ängste erzeugen, die wiederum psychosomatische Beschwerden oder auch Flucht in Suchtverhalten erzeugen können.
Ausgerechnet die hochbegabten Schülerinnen und Schüler haben manchmal eine übertrieben große Angst, die Zeit während einer Klassenarbeit, ihre ganze Schulzeit oder sogar ihr ganzes Leben zu verspielen. Aber gerade mit übertriebener Selbstkontrolle kann man viel zu viel aufs Spiel setzen.

Hast du dagegen eher Handicaps beim Lernen oder keinen guten Wochenplan und zu wenig Disziplin, gerät dir der Schulalltag schnell aus dem Lot. Erster Schritt: gestehe es dir selber ein, suche keine Ausreden und verbessere deine Lernhaltung! Als Schüler kannst du in einem gewissen Rahmen einige berechenbare Erfolge erzielen, indem du immer wiederkehrende Einheiten wie zum Beispiel das Vokabellernen oder das Wiederholen von Regeln oder Formeln auf die gleiche bewährte Weise erlernst.

Wenn du ein Musikinstrument über viele Jahre erlernst oder deinen Stimmumfang und deine Singstimme trainierst, stellt sich der Erfolg zwar mühselig, aber zuverlässig ein. Auch Häkeln, Sticken und Stricken, Mikroskopieren, Schachspielen, das alles sind Fähigkeiten, die immer mehr Freude erzeugen, je mehr man geübt hat. Denn je sicherer man etwas kann, desto mehr und zuverlässiger werden Glücksgefühle erzeugt.

Dasselbe gilt fürs Meditieren. Hast du einen Fokus gefunden, der die Entspannungsreaktion auslöst, der deine Atmung ruhig, deinen Blutdruck, deine Gedanken in einem angenehmen Niveau erhält, dann wirst du täglich gerne eine Viertelstunde meditieren oder Entspannungsübungen machen. Auch Yoga oder Sport wirken dann, wenn du sie regelmäßig praktizierst. Schwimmen, Tanzsport, Volleyballspiel, Handball, Basketball, Fußball tut einfach gut, auch dann, wenn man gerade nicht in der Siegermannschaft gespielt hat. Dabei sein, Ausdauer trainieren, sich in einem möglichst gesunden Körper wohlfühlen, das zählt!

Genau dieses Dranbleiben, das Mühselige lieben zu lernen, passt scheinbar nicht zum Zeitgeist. Alles soll schnell gehen und sofort perfekt und 100% erfolgreich sein.
Zu allen Zeiten haben sich dies alle Menschen wider alle Vernunft gewünscht.
In der Lebensbeschreibung des Heiligen Martin von Tours schreibt Sulpicius Severus (363 bis 425), ein aquitanischer Adeliger der Spätantike:

Curationum vero tam potens in eo gratia erat, ut nullus fere ad eum aegrotus accesserit, qui non continuo receperit sanitatem.
(Die Gnadengabe der Heilkraft besaß Martin in so hohem Maße, dass fast kein Kranker zu ihm kam, der nicht sogleich seine Gesundheit zurückerlangt hätte.)[2]
Nullus fere. Fast kein Kranker. Continuo. Sogleich, sofort, unverzüglich, alsbald.

Ein anderer schöner Nebensatz aus dem Brief des Sulpicius Severus an seinen Bruder Desiderius:

quia regnum Dei non in eloquentia, sed in fide constat
(denn das Reich Gottes gründet nicht in Beredsamkeit, sondern in Treue)
Treue hat viel mit Zeit zu tun, denn kurzfristige Treue ist per definitionem in sich ein Widerspruch. Treue findet in recht langen Zeiträumen statt.

---

[2] Sulpicius Severus. Vita Sancti Martini. Das Leben des Heiligen Martinus. Lateinisch/Deutsch. Reclam 2010.

Die meisten Menschen in Helferberufen, die in einen Zustand des Chronischen Erschöpfungssyndroms (Burnout) geraten sind, haben ihr Zeitgefühl und damit ihre Hoffnung (vorübergehend) verloren.

Am 11.11. singen die Martinus-Schüler in der Weißliliengasse in Mainz alljährlich außer den St. Martins-Traditionsliedern den Vers *„Manchmal haut es hin, dass ich wie Martin bin!"*
Mein Lieblingskollege, der Schulpsychologe, hat dies gereimt. Einfach gut! *Dass etwas hinhaut bedeutet nämlich, dass eigene Anstrengung plus göttlicher Gnade eins werden.*
Manchmal. Wie Martin.

Und an allen anderen Tagen, wenn du nicht gerade deinen einzigen Mantel teilst (was auch der Heilige Martin übrigens nur ein einziges Mal getan hat in seinem Leben), dann mach einfach das, was du kannst und tust, so sorgfältig und so zuverlässig und so gut du das eben kannst. Lieber regelmäßig sich selbst zu guten, wenn auch momentan anstrengenden Exerzitien zwingen, als in Spiralen von Sucht und Zwang zu landen.

Und wenn du ab und zu an dir selbst zweifelst oder gar verzweifelst, dann denk an den Heiligen Martin und andere Heilige. Sie waren von Gott auserwählt, sie sind uns in Erinnerung geblieben durch *einzigartige* Begebenheiten. Und wenn sie zwischendurch erschöpft und mutlos waren, haben sie auf Gänse und Schafe und andere Tiere gelauscht.
Es waren die Schafe, die den Heiligen Patricius (St. Patrick) aus Mutlosigkeit und Erschöpfung gerettet haben.

Wem die Christlichen Heiligen fremd sind, findet viele Beispiele im Alten Testament, Elias und den Raben, Bileam und den Esel. Wem alttestamentliche und christliche Tierlegenden nichtssagend erscheinen, der hole spirituellen Beistand bei Indianern, Buddhisten oder Hindus. Ein Herabbeugen zu und meditatives Betrachten von kleinen Tieren kann der Schlüssel zur Lösung eigener Menschenprobleme sein.

Elf ist die Zahl der Narren. Narren und Joker haben vieles gemeinsam. Sie sind ein bisschen anders, sie denken ein bisschen anders. In den unerträglichsten Momenten einer Shakespeare-Tragödie kommt plötzlich der Narr auf die Bühne. Der Narr hat Glöckchen an seiner bunten Mütze, manchmal auch an seinen Hosenbeinen oder am Hemd. So erzeugt er leise und nicht unbedingt harmonische Klänge mit jeder seiner tapsigen Bewegungen. Der Narr hat manchmal einen Buckel und erregt Mitgefühl. Sein Körper, sein Gang sind eher unsymmetrisch. Sein Gesicht ist nicht schön und ebenmäßig, die Nase zu lang, der Mund viel zu breit. Wenn der Narr lacht, bekommen seine Ohren Besuch von den Mundwinkeln, sagt man im Volksmund. Der Abstand zwischen einem ernsthaften und einem albernen Moment ist beim Narren sehr kurz, sein Lachen ist laut, wahrhaftig und unerschrocken. Es ist mitreißend, darum wird er von Tyrannen gehasst und verfolgt.

Wer nichts zu verbergen hat, lässt sich vom Lachen des Narren anstecken. Der Narr könnte mit seinen derben Späßen solche Zusammenhänge ans Tageslicht bringen, die andere lieber im Dunkeln versteckt hätten.

Der Joker ist eine sehr spezielle Karte in manchen Kartenspielen, die, wie der Narr in der Tragödie, plötzlich auftaucht und alles Bisherige neu aufmischt. *„Fair is foul and foul is fair", sagt eine der Hexen in Shakespeares Macbeth.* Macbeth und seine Frau sind gefährlich. Humorlos sind sie auch.

Humor ist die beste Medizin. Oft kommen Kinder und Jugendliche mit ihren Eltern scheinbar ohne Lachen und Weinen zur schulpsychologischen Beratung. Nach einigen Minuten beginnen viele zu weinen, weil sie ihre Gefühle nicht länger hinter Masken verstecken können. Am Ende eines Beratungsgespräches wird oft viel gelacht. Das ist nie geplant und doch niemals ein Zufall!

Der 11.11. ist der Gedenktag des Heiligen Martin. Das Wort Zufall gibt es im Hebräischen nicht. Manche sagen, Zufall wäre der kürzeste Weg zwischen Gott und Mensch. Glaube ich auch.

Keine Angst Klassenarbeiten, keine Angst am Zeugnistag

zu haben, das wünschen sich alle.

Was hilft, um die Angst, wenn sie herankriecht, zu überwinden?
Ruhig durchatmen!
Die Anspannung und die Angst wahrnehmen und trotzdem ruhig atmen!
Mit wachem Blick und Konzentration die Fragen lesen.
(Was ist gegeben, was wird gesucht).

Damit ich zuversichtlich sein kann, muss ich mir rechtzeitig vorher den Lernstoff angeeignet haben. Freude am Wissen, ein sicheres Gefühl, etwas gut zu können, das macht mutig.
Was ich auswendig kann, das kann ich drehen und wenden und in neue Zusammenhänge verknüpfen.

To learn by heart ist ein schönes Bild: was ich zuvor mit allen Sinnen erfasst haben, das habe ich verinnerlicht. Ein Speicher, aus dem man jederzeit gute Vorräte holen kann.

Wie können Eltern ihre Kinder dabei unterstützen und sie beim Lernen begleiten?
Kindern geht es dann gut, wenn die Freude am Lernen die Angst beim Lernen überwiegt.

Deshalb sollten sich Eltern bei gutem Gelingen ausdrücklich mitfreuen und umgekehrt bei schulischen Misserfolgen ein wenig mitleiden. Mit Betonung auf einem begrenzten Mitgefühl bei Schulproblemen, denn sonst erzeugt übertriebenes Mitleiden unnötig zusätzliche Ängste, die Eltern bei der nächsten Klassenarbeit wieder unglücklich zu machen.

Gibt es ein allgemeines Erfolgsrezept?

Ja, es ist uralt und wird nach Überlieferung von Plinius dem Älteren dem genialen Maler Apelles von Kos am Königshofe Philipps des Zweiten von Makedonien zugeschrieben. Letzterer war der Vater Alexanders des Großen.

Dieser Maler wurde gefragt, wie ein Mensch solche großartigen Kunstwerke schaffen könne.

Seine einfache Antwort soll gelautet haben: *Kein Tag ohne Pinselstrich. Nulla dies sine linea.*

Wenn man etwas im Laufe seines Lebens so gründlich erlernen will, dass man über theoretisches Wissen und praktisches Können wirklich jederzeit verfügen kann, dann hilft nur: *tägliches Üben, sonst nichts.*

Moderner ausgedrückt: Genialität ist das Ergebnis von einem Prozent Inspiration und 99 Prozent Transpiration (also: Anstrengung, bis man ins Schwitzen kommt).
Diesen Gedanken schenkten Einstein beziehungsweise Edison weiter, übrigens beide zwei einst ziemlich unglückliche Schulkinder mit Teilleistungsschwächen.
Genius (science) is one percent inspiration and 99 percent perspiration.

Höhere Mathematik im Hause Kamp

Ich bin vier Jahre alt im Jahre 1964.
Ich kann meinen Vornamen und meinen Familiennamen schon schreiben und ich kann es kaum erwarten, ein Schulkind zu werden.

Ich bin manchmal sehr krank und muss in den Wintermonaten zweimal wöchentlich zum Blutabnehmen in die Uniklinik in Mainz. Die vielen Ärzte dort wollen immer von mir wissen, warum ich bei Spritzen und all diesen schmerzhaften Prozeduren nicht weine. Wenn ich im Krankenhaus sein muss, mache ich immer Zahlenpurzelbäume im Kopf, das lenkt ab.

Jemand hat mal gesagt, wer Tagebuch schreibt, lebt doppelt. Deshalb schreibe ich jetzt schon Tagebuch. Falls ich dann doch schon mit zwölf sterbe, was bei meinen schlimmen Krankheiten passieren könnte, dann bin ich durch Schreiben aber schon vierundzwanzig.
Zahlen sind eine gute Erfindung, sie machen mich ganz ruhig, wenn ich im Bett, im dunklen Zimmer bleiben muss. Heute bin ich aber ziemlich gesund, vier Jahre alt, fast gesund.

Vier ist meine Lieblingszahl, vierbeinige Tiere habe ich besonders gerne.

Wir sind vier Menschen in der Küche: Oma, Opa, Großonkel und ich.

Wir heißen alle Kamp und das gefällt uns allen gut.

Wir singen zu viert einen Kanon, zuerst die Weibsleute gegen die Mannsleute (so sagte man 1964). Dann die zwei jüngeren gegen die zwei älteren. Das ist komisch, denn eigentlich sind Opa und sein Cousin fast gleich alt, 1905 geboren. Aber mit vier plus neunundfünfzig Jahren sind wir die zwei jüngeren gegenüber Oma und Opa, neunundfünfzig und zwei Monate plus sechsundsechzig.

Manchmal bestimmt Oma, dass nun drei Beine anfangen und zwei einstimmen. Dann singe ich am liebsten mit Opa. Und Oma und Onkel Peter stimmen nach einigen Takten ein. Denn Onkel Peter hat beide Beine im Krieg verloren und Opa Anton wurde ein Bein in der Nachkriegszeit amputiert. Wir müssten zu viert eigentlich acht Beine haben und haben nur fünf Beine, wenn man nachzählt. Einmal zwinkern sich die alten Cousins zu und behaupten, dass sie zwei ganz starke und besonders gesegnete Kerle mit zusammen dreizehn Beinen seien. Jedem von beiden krabbelt gerade ein Marienkäfer, e Herrgottsdierje, über den Handrücken. Wenn einem Menschen ein Marienkäfer auf die Hand oder auf den Arm flog und dort eine Zeitlang sitzen blieb, der fühlte sich an diesem Tag besonders gesegnet.

Beim Kanon Singen habe ich verstanden: wenn du singst, ist die Anzahl von Beinen nicht so wichtig. Harmonie entsteht aus gemeinsamen Klängen, also dann, wenn man achtsam aufeinander hört und ab und zu miteinander lacht.

Einerseits machte es mir selbst ANGST, meinen Lieblingshasen aus dem Haus zu geben.

Andererseits habe ich eine wichtige Lektion gelernt: Angst kann sich in DANKBARKEIT verwandeln, wenn man den 58jährigen Opa noch nicht verliert. Erst mit 60 Jahren starb der Opa und das war, so sagte unser Hausarzt Dr. Schreiber, dem Quietsche - Hasen zu verdanken.

Danke, Opa! Danke Hansizi! Danke, lieber Gott!

Wunschkonzert mit drei Holzbeinen, Herbst 1965

Dirigentin: Oma Eva Kamp. Ihr Dirigentenstab war ein kleiner Holz-kochlöffel.

Tenor, sein Instrument war de Suppeschöpplöffel uff seinem Holz-bein: Anton Kamp, damals 58 Jahre.

Zu Gast: Bariton, sein Instrument ein Schneebesen uff seinen zwei Holzbeinen: Opas Cousin, Onkel Peter Kamp (Vater unserer derzeiti-gen Ortsbürgermeisterin Margit Grub geb. Kamp).

Kindersopran: Dagmar Kamp, 5 Jahre, Hauptberuf Enkelkind.

Der Hase Hansizi und das Kind von damals können noch nach 50 Jahren alle Lieder auswendig, die sie zusammen gesungen haben. Die anderen drei Mitglieder des Wunschkonzertes von 1965 sind lange, lange verstorben.

Aber mit alten Liedern ist es ein bisschen so wie mit den Nüssen, die ein Eichhörnchen im Herbst vergräbt. Andere Eichhörnchen werden die Nüsse eines Tages wiederfinden und zeigen uns damit, dass nichts verloren geht, was einen wirklich guten Kern hat.

Nichts ist so vergänglich wie ein Lied:

Eben wird es gesungen, schon ist es für immer verklungen.

Nichts ist so ewig wie ein Lied: vor 50 Jahren gesungen, ist es immer noch im Kopf und im Herz und da wird es auch immer bleiben!

Elf Tagebücher

Vielleicht ist es Zufall, dass ich in fünfzig Jahren elf Tagebücher vollgeschrieben habe.

Vermutlich gibt es keine Zufälle. Die Tagebücher hatten alle Titel, deshalb bin ich sicher, es waren bisher exakt elf Stück, nicht mehr, nicht weniger.
Elf ist die Zahl, die zu mir passt.

Elf ist die Zahl der Narren und Schelme. Meine Oma väterlicherseits, die zugleich meine Patentante war, war zufällig (?) am 11.11. 1898 geboren. Im Hebräischen und in manch anderen Sprachen existiert das Wort Zufall nicht.

In der Kathedrale in Winchester las ich vor zwei Jahren:

Thou camest not to this place by accident.
This is the very place GOD meant for you.

Thou
Camest not
To this place
By accident

It is the
Very place
GOD

Meant for thee.

Als ich diesen Spruch im Sommer 2012 in Winchester las, überprüfte ich in den folgenden Wochen alle meine Tagebuchaufzeichnungen. Unglaublich, aber so ist es, da wo ich gerade war, zu dem jeweiligen Zeitpunkt an einem bestimmten Platz, das war nur auf den ersten Blick Zufall. Unscheinbare Begegnungen mit so vielen Menschen aus so vielen Ländern, von allen Kontinenten, die oft so wegweisend für meine Arbeit wurden. Ein Händedruck, ein Lächeln. Kinder und Jugendliche, die in mein Schulzimmer kamen und gleichzeitig weinten und um einen guten Witz baten. Meine Witze sind inzwischen legendär, besonders die Tatsache, dass mir meist mitten im Erzählen die Pointe versehentlich entgleist. So sind die echten Narren halt.

Die Zahl 11 galt früher als eine verpönte Zahl, die Zahl der Maßlosigkeit. Alle Zahlen von eins bis zehn haben positive Bedeutung in Religion, Magie, Kult, Mythos, Aberglauben. Die Zahl zwölf ebenso. Zwölf ist eine große kosmische Zahl, die für Vollzähligkeit steht, die Grundzahl des Sexagesimalsystems und in China und Babylon die Zahl der Tierkreiszeichen. Im Judentum die Zahl der Stämme Israels, die Zahl der Tore des himmlischen Jerusalems. Im Christentum zwölf Apostel Jesu.

Während meine ersten neun Tagebücher verdienen, so genannt zu werden, waren die letzten beiden, seit 1990 geschrieben, nicht Tage-, sondern Nachtbücher. Tagsüber keine Zeit, nachts zwischen häuslicher Krankenpflege, zahnenden oder fiebernden Kindern hastig eine Notiz auf dem Weg ins Bett zurück.

Nachtgedanken. Klagelieder. Zukunftsmusik.

Eins meiner beiden Nacht-Tagebücher ist eine umfangreiche Antwort an den (vermutlich, Plural, die) Menschen, die meiner körperbehinderten Tante und mir immer wieder anonyme verletzende, von Naziideologie triefende Briefe geschrieben haben. So entstand in vielen schlaflosen Nachtstunden mein langer Dankesbrief an Dr. Walter Nathan, den jüdischen Orthopäden aus der Neubrunnenstraße in Mainz.

Die Schwellköpp der Mainzer Fassenacht erklären auf sehr anschauliche Weise die Absurdität menschlichen Verhaltens. Für eine Viertelstunde habe ich die Figur aus Pappmaché über den Leichhofplatz am Mainzer Dom getragen. Manchmal sind die Gedanken, die uns zum Grübeln bringen, größer und mächtiger als wir selbst. Man betrachte die Figur *die Strunzern (die Angeberin, mehr Schein als Sein)*: Sie gibt viel Geld für Makeup und Accessoires aus, aber leider nicht für gute Zahnpflege. Sie ist auf Attraktivität und Außenwirkung bedacht. Im Hintergrund das Mainzer Rad zum Gedächtnis an Bischof Willigis.

Man kann jede Melodie in Dur oder in Moll singen.
Man kann alles, was man jemals erlebt hat, in Dur oder in Moll nacherzählen.

Am Tag vor der Hochzeit:
Bräutigam und Blumenkind sind vergnügt in Weißensee bei Füssen

Alles, was man in der Kindheit erlebt hat, kann man so oder ganz
anders nacherzählen. So wie es in der Musik Dur und Moll, verschiedene Notenschlüssel, viele Tonarten und Rhythmen gibt, kann man
auch die eigenen Erinnerungen so oder eben ganz anders wiederge-
ben.

Hier ein Beispiel: eine Hochzeit im Juli 1964, also vor 50 Jahren.

1. Variante, D-Dur, *grazioso un poco allegretto*
   Es war eine wunderbare Idee von Tante Hannelore und Onkel Egon, in einer kleinen katholischen Kirche in Weissensee, romantisch gelegen am gleichnamigen Weissensee bei Füssen zu heiraten. Als vierjährige Tochter des Bräutigambruders durfte ich das einzige Blumenkind sein. Ich freute mich sehr darauf. Ein sonniger, warmer Julitag, ein Tag, den die ganze Familie lange herbeigesehnt hatte. Zwar hatte die Braut kein weißes Kleid und auch keinen Schleier, aber sie war noch schöner als Audrey Hepburn in ihrem schwarzen eleganten Kleid.
   Zwei Jahre später wurde mein wundervolle Babycousine Irina geboren und ihr kleiner Bruder Jens machte sechs Jahre später das familiäre Glückskleeblatt komplett.
   Als die Hochzeitsglocken aus dem Kirchturm mit den Kuhglocken und Kuhschellen um die Wette läuteten, war das einer der harmonischsten Klänge, die ich je gehört habe.
   Bei der Hochzeit von meinem Mann und mir in Nackenheim weinten Tante Hannelore und Onkel Egon vor Rührung und erzählten mit leuchtenden Augen von mir als ihrem Blumenkind siebzehn Jahre zuvor.
   Mit meiner Cousine und meinem Cousin und der ganzen Familie verbindet mich und meine Familie bis heute eine gute familiäre Beziehung.
   Es ist sehr traurig dass,

2. Variante, d-moll, *allegro maestoso*
   … es keine Goldene Hochzeit geben wird, da beide leider kurz nacheinander viel zu früh verstorben sind. Heute würde man euphemistisch von einer Konfessionen verbindenden Ehe sprechen, 1964 galt eine solche Ehe als schlichtweg unerwünscht in beiden Herkunftsfamilien und generell auf dem Land. Das Gesangbuch hatte übereinzustimmen oder die Unstimmigkeit galt als vorprogrammiert. Der Druck der katholischen Geistlichen Räte in beiden Dörfern war unerträglich, es wurde viel von Fegefeuer gesprochen. Im Namen des Herrn (vermutlich nicht in seinem Sinne) wurden in der älteren Generation Ängste geschürt.

Nach einem Jahr voller Zweifel und Versöhnungen und nach vielen Streitigkeiten um die kirchliche Trauung, beschloss das Brautpaar mit nur zwei Trauzeugen ihres Vertrauens (mit meinen Eltern) und einem vierjährigen Blumenkind (mit mir) irgendwo fernab von Dienheim und Nackenheim zu heiraten. Das Brautpaar entschied sich für die Kirche St. Walburga in Weissensee. Die Braut entschied sich für ein pechschwarzes Kleid. Sie weinte vor und nach der Trauung, aber keineswegs aus Rührung. Während der ganzen Zeremonie lächelte sie nicht ein einziges Mal. Sie unterschrieb mit versteinerter Miene am Altar, dass ihre Kinder katholisch getauft würden. Mit dieser Unterschrift besiegelte sie eine Abkehr von der Konfession all ihrer Verwandten, von denen niemand anwesend war, obwohl sie selbst evangelisch blieb. Die Hochzeitsglocken, so sagte sie noch kurz vor ihrem Tod, klangen deshalb wie Trauerglocken in ihren Ohren. Meine Mama und ich weinten auch viel an diesem Tag, denn es war außerhalb unserer Vorstellungskraft, dass ein Kind und seine Mama zu verschiedenen Kirchen gehören konnten.

3. Variante Dur plus Moll plus Humor, *allegro spiritoso*
Nach der Trauung gab es Kaffee und Torte in Pfronten. Eine Wespe landete zuerst auf meiner Torte, dann auf dem Tortenstück meiner Mama, dann auf dem Tortenstück der Braut. Onkel Egon war schon wieder zu Späßen aufgelegt. Er fragte mich, ob die Wespe wohl katholisch oder evangelisch sei. Er meinte, dazu müsse man wissen, ob die Sahne ihre Leibspeise sei oder ihre Leibspeise bedeute. Er sagte zwei Fremdworte, ich vermute mal, eines davon hieß Transsubstantiationslehre und das andere Konsubstantiationslehre . Mama warnte schon wieder, wir kämen alle heute noch ins Fegefeuer bei solch bösen Witzen. Ich verstand den Wespenwitz mit den Fremdworten nicht. Dann sagte ich: „Hört Ihr alle die Kuhglocken? Ich würde so gerne die Kühe fragen, ob sie eigentlich katholisch oder evangelisch läuten. Vielleicht ist es Gott vollkommen egal, ob Kuhglocken evangelische oder katholische Schellenklänge läuten, Hauptsache, es sind ehrliche Töne!"
Und dann zeichnete ich auf eine Serviette eine norddeutsche schwarzweiße evangelische Kuh und eine weißbraune süddeutsche Kuh und schrieb darunter: „Gott hat alle Kühe und Ochsen

und Kälber lieb, die Konfession ist bei Gott nicht so wichtig wie bei Seinen Geistlichen Räten."
Ich finde, meine Aufgabe als Blumenkind bei einer tränenreichen Mischehe habe ich vor fünfzig Jahren ziemlich gut erledigt!

(alle Tempoangaben habe ich bei Nikolaus Harnoncourt geborgt, die Empfehlung, wie man diese Geschichte in drei Variationen lesen möge, formuliere ich so, wie Simon Rattle dies seinem New Yorker Publikum ans Herz legte:

„Diese Musik kommt aus der Stille und geht in die Stille. Bitte machen Sie das möglich!"

Diese Nacherzählung einer Hochzeit kommt aus der Stille und geht in die Stille. Bitte lies die Geschichte so, dass du von weitem die unterschiedlichen Kirchenglocken, Kuhglocken und Kuhglöckchen läuten hörst!

Lektion 12:
Alle meine Ängste – eine Zusammenfassung

Am Anfang war die Angst vor Sirenen. Nicht vor Sirenen, die stumm auf den Dächern von Nackenheim installiert waren, sondern von dem mörderischen Lärm, den sie jederzeit ohne Vorwarnung in unsere kleine Welt posaunen konnten. Dieser Lärm war für Eltern und Großeltern mit Krieg verbunden und Krieg bedeutete Not und Tod.

Die Jahre vergingen und es brach kein dritter Weltkrieg aus. Unser ehemaliger Luftschutzkeller wurde bei mehreren Unwettern überschwemmt, immer wieder mussten wir wochenlang Schlammschichten mit Spaten und Eimern aus dem Keller in den Garten schaffen, es war mühsam, aber es war halt so. Im Keller gewöhnte man sich an Dunkelheit und vielerlei Spinnen und Kellerasseln. Insekten und

Spinnentiere machten mir keine Angst mehr, weil sie auch nur einfach irgendwo überleben wollten.

Die zahlreichen Phobien meiner Tante vor Mäusen, Ratten und Feldhamstern zwangen mich dazu, die Stärkere zu sein. Indem ich meine 36 Jahre ältere Tante schützte und tröstete, hatte ich allmählich selbst verinnerlicht, was ich ihr suggerierte. Ich betrachtete Tiere angstfrei, konnte sie ohne Scheu und Ekel bei Bedarf anfassen und vorsichtig unverletzt woanders aussetzen.

Die Angst, die weniger von Gott als von seinem häufig unverhältnismäßigen Bodenpersonal erzeugt wurde, war tief und hartnäckig, doch ist vorbei. Viele Ängste waren direkt mit der Person des alten Nackenheimer Geistlichen Rates Adam Winkler verknüpft. Sein Dienheimer Kollege und er vermittelten Gottesbilder, die mich noch heute erschauern lassen. An dem Tag, als ich den Stabausbrezel in Dienheim mit all den evangelischen Kindern schwang und dazu laute und mutige Lieder wie alle mitsang, wurde mir klar, dass es nicht entweder nur katholisch oder nur evangelisch geben darf. Mit dieser Erkenntnis fielen Dutzende Ängste vor Gott und dem Jüngsten Gericht von mir ab. Für immer. Aber es schmerzt mich bis heute, dass weder Menschen noch Wallfahrten meiner Oma Eva ihre entsetzliche Konfessionsangst nehmen konnte. Und ich sehe ebenso, dass es nach wie vor allzu tiefe Gräben zwischen Konfessionen und erst recht zwischen Religionen gibt.

Das vierte und letzte Foto mit Büchern und Uhr wurde im Kreuzgang des Mainzer Domes aufgenommen. Meine Bücher, Tagebücher und Diplomarbeiten habe ich alle zusammen im Rucksack nach Mainz transportiert, ebenso eine Uhr aus Messing und Holz, die mir mein Papa selbst geschweißt und gebastelt hat. Es war seine Art, sich selbst, meiner Mutter und mir Mut zu machen, dass ich stärker als alle mein Bronchialleiden und Asthma und anderes werden würde. Er hatte Recht. Die Uhr liegt so im Schrank, dass ich jeden Morgen an ihr vorbeigehe. Sie steht seit Jahren absichtlich immer auf 11.11 Uhr. So habe ich immer einen Joker oder bin selbst ein Joker für andere, je nachdem.

Meine Oma Elise wurde 1888 in Drais bei Mainz geboren. Zweimal wöchentlich verkaufte sie Obst und Gemüse vor dem Mainzer Dom. So lernte sie meinen Opa kennen. Die beiden heirateten 1919, also ein Jahr nach Ende des Ersten Weltkrieges. Als ich geboren wurde, war mein Opa Philipp fast zehn Jahre zuvor gestorben. Deshalb war mein einziger Opa Anton lebenswichtig für mich. Es war schön, zwei Großmütter für viele Jahre zu haben. Oma Eva war sogar noch für ein Vierteljahr Urgroßmutter. Von dem Opa, den ich nie kennengelernt habe, wurde mir von allen berichtet, er sei „ein schwieriger Charakter" gewesen. Die einen sagten, sein Kriegstrauma habe ihn manisch-depressiv werden lassen, die anderen sagten, so sei er schon als Kind gewesen. Und darum habe ihn in Nackenheim kein Mädchen heiraten wollen, trotz großem Bauernhof nicht. Seine Frau, unsere Oma also, legte alles in Gottes Hand, heiratete ihn und sie bekamen vier Kinder, drei gesunde, ein krankes. Das kranke Mädchen entkam knapp dem Kindereuthanasieprogramm im 1000jährigen Reich und überlebte zuerst das 1000jährige Reich und nach und nach alle gesunden Geschwister. Meine Familie und ich denken gerne an Tante Hildegard zurück. Seit ich (fast?) alle Details ihres Überlebens als Jugendliche kenne, habe ich weniger Angst als früher. Das klingt paradox, deshalb will es erklären.

Meine Tante hatte, wie vermutlich fast alle Kinder am Rande des Lebens, viele Ängste und dramatische Panikattacken. Der Zufall (?) wollte es, dass ich übermäßig häufig mit ihr allein war. Sie fühlte sich nur einigermaßen sicher, wenn ich in ihrer Nähe war. Ihre größten Angstgegner waren, außer Fernsehkrimis, Gewitter, anonymen Briefen und bösartigen Menschen vor allem Nagetiere, besonders Ratten, Mäuse und Feldhamster. Der Feldhamster, der inzwischen auf der Roten Liste der bedrohten Tierarten verzeichnet ist, war vor knapp vierzig Jahren in Nackenheim ausgesprochen heimisch. In den Äckern „Haferwiesen" gab es eine Feldhamsterfamilie, die scheinbar an Werktagen auf das Erscheinen von mir und meiner Tante zu warten schien. Den Acker bestellte die Tante ganz alleine, das heißt, fast alleine, eben mit mir als Bodyguard im Vorschulalter. Ein Superteam also: Tante, vierzig Jahre alt, körperlich mehrfach beeinträchtigt und ein vierjähriges Mädchen, öfters krank als gesund. Immer mal wieder biss einem so ein fetter Feldhamster (vielfach größer und schwerer als ein

Zwerghamster) in die Hand. Da konntest du schreien und die Hand schütteln wie verrückt, er biss nur noch tiefer mit seinen Nagetierzähnen. An einem Tag, der mir bis heute im Gedächtnis ist, biss also der Feldhamster zu, die Tante schrie gellend, die Vorhänge in den neugebauten Haferwiesen-Häusern bewegten sich, aber ich wusste instinktiv, alle glotzen, alle staunen, niemand wird mir und meiner Tante helfen. Also packte ich den Hamster beherzt in seinem Hamstergenick, wie Katzen das mit ihren Katzen-Babies tun, um den Tragereflex auszulösen und schleuderte ihn mit Wucht ins Feld. Und dann sagte ich mit Blick auf die Vorhänge der Häuser ringsum: „So, jetzt haben wir uns eine Runde Butterbrot mit Liederraten verdient." Wir aßen unser Brot, ich malte einen fetten Hamster mit aufgeplusterten Backen aufs Butterbrotpaier, dann bließ ich selbst die Backen auf, pustete in die Tüte und ließ sie platzen. Gefahr benannt, Gefahr gebannt! Und zum Abschluss singen wir das schöne Lied: „…und werf all Angst Furcht, Sorg und Schmerz in Meerestiefen hin." Manchmal auch statt Meerestiefen über den Ackerboden!

Garten, Acker, Weinberge. Überall kannst du dasselbe lernen: du bist nicht allein Gottes Geschöpf, ER hat auch Hornissen, Wespen, Mäuse, Ratten, Feldhamster und allerlei Spinnen erschaffen, leider nicht nur Schmetterlinge, Singvögel und Bienen! Gärten, Wälder, Äcker, Weinberge kannst du nur bedingt unter Kontrolle haben, Natur ist immer auch unberechenbar.

In Drais gab es keine Weinberge, aber Obst- und Spargelfelder, Stalltiere, Haustiere.
Meine Oma ist stillschweigend davon ausgegangen, dieser Ehemann, der ja nicht arm war, würde ihr freie Hand lassen, im Rahmen des Möglichen einige Draiser Erzeugnisse zusätzlich in Nackenheim anzubauen. Dem Spargelanbau war er nicht abgeneigt, denn Spargeln konnte sie besonders schmackhaft zubereiten. Aber so sehr Elise bat, einen Aprikosenbaum im Garten anpflanzen zu dürfen, er blieb bei einem kategorischen Nein. Und so kam einmal im Jahr ein Mann mit dem Spitznamen *Sanellamann*, der belieferte, wie sein Name vermuten lässt, Nackenheimer Gemischtwarenläden mit Pflanzenmargarine – und brachte meiner Oma einige Steigen Aprikosen aus der Ober-Olmer-Straße in Drais mit. Das war immer ein großer Tag, denn ich

durfte dann zwei Tage lang helfen, Aprikosen zu entsteinen und einzuwecken (= in Weck-Gläser füllen) und ich konnte ein kleines, alljährliches Wunder erleben: eine immer ein bisschen sorgenvolle, häufig traurige, überfleißige alte Oma verwandelte sich vor meinen Augen in eine glückliche tatkräftige Frau ohne Alter. Wir sangen Erntedanklieder, natürlich zweistimmig und „Kommt zum großen Gnadenmahl, o Erlöste, kommt mit Freuden!" Und wenn ich abends ins Bett ging, weinte ich an den Aprikosentagen immer ein bisschen, denn ich hatte wie alljährlich vorgeschlagen:" Kumm, im Herbscht plonze mer e schee Aprigoosebeemje, de strenge Oba siehts jo nemmer!" Denn er war schon fünfzehn Jahre tot, der Philipp Karl. Aber die Oma meinte, das wolle sie nicht an ihrem Lebensende noch erleben, dass sie es glücklos versuchen würde mit einem Aprikosenbaum.

Als ich 44 Jahre alt wurde, vier mal elf also, hatte ich den dringenden Wunsch, mich selbst zum Lachen zu bringen und ließ mir von einem entfernten Draiser Verwandten zwei Aprikosenbäume vors Küchenfenster pflanzen. Die eine Sorte, eine empfindliche ungarische Aprikose. Die andere, eine robuste Art, Spitzname: *Finther Millionärsaprikose"*. Wird gern in Finthen angebaut, macht Obstbauern reich. Ich dachte mir, ein Bäumchen für die Oma (das aus dem fernen Land, das Heimwehbäumchen) und das andere für den unbekannten Opa. Natürlich habe ich gehofft, dass beide Bäumchen überleben. Es kam anders: der Finther Sorte wurden von Wühlmäusen hoffnungslos die Wurzeln abgefressen. Wir haben inzwischen ein Apfelbäumchen hingepflanzt, an derselben Stelle. Der empfindliche Baum trägt etwa alle drei Jahre eine gute Ernte. Dann singe ich *in memoria* Dankeslieder.

Auch Aprikosenbäumchen können Ängste verwandeln! Und sogar Feldhamster, wenn man es erträgt, dass sie bestimmen, wann sie einem eventuell bei der Feldarbeit in die Hand beißen.
Opa Philipp Karl hatte ja recht, bei Aprikosenbäumen weiß man nie, sie sind so empfindlich wie sonst kein Obstbaum. Aber die Oma hatte eben auch recht: *Wer nicht wagt, nicht gewinnt!*

Spinnen, Ameisen und Wombats (siehe Foto) wollen einfach nur bauen, weben und leben. Wie wir Menschen auch.

Manche Kinder lieben fast alle Tiere, andere Kinder ängstigen sich vor vielen. Im Landauer Zoo springen Bennett-Kängurus frei herum, ein Riesenspaß für fast alle Kinder und Erwachsene. Und andere Kinder liegen abends im Bett und fürchten sich, auf verschlungenen Pfaden könnte ein australischer Wombat aus dem eigenen Kleiderschrank entkommen.

Ängste sind halt nicht immer logisch, aber meistens besiegbar. Psychologisch. Du darfst nur nicht völlig erstarren. Ebenso wenig wie weglaufen oder die Ängste auf andere schieben.

Alle Tiere, alle Menschen, egal, wie sie aussehen und sprechen, sind da und atmen und leben.

Jede Sprache und auch jeder Dialekt hat seine eigene Struktur, Schönheit und Daseinsberechtigung. So wie die Menschen, die diese Sprache sprechen oder gesprochen haben.

Jeder Mensch kann an jedem Tag seines Lebens auf seine Weise, an seinem Platz im Leben am Weltfrieden mitarbeiten. Das lässt mich mutig bleiben.

Glocken dürfen nie mehr von Kirchtürmen heruntergeholt und zu Kanonenkugeln gegossen werden. Es hätte nie geschehen dürfen, aber es ist geschehen. Wir können nichts für das, was vor unserer Zeit geschehen ist, aber wir müssen alles tun, damit sich Vergleichbares nie wieder wiederholt. Das denke ich an jedem Tag meines Lebens.

Wir wissen in diesem Leben nicht, wie Gott aussieht. Ich vermute, Gott ist nicht nur katholisch. Allerdings auch nicht nur evangelisch. Es wird seinen Grund haben, dass wir uns kein allzu genaues Bildnis von Ihm machen sollen. Es sollte genügen, dass in jedem Geschöpf ein göttlicher Funke wohnt. Um es mit Joseph von Eichendorff zu sagen: dass ein Lied in allen Dingen schläft. Dass die Welt zu singen beginnt, sobald man das Zauberwort trifft.

Eine muslimische Schülerin wollte einmal sehr detailliert von mir wissen, ob ich nur für meine eigenen Kinder zu Hause oder auch für meine Schülerinnen und Schüler bete. Als ich bejahte, hakte sie nach:

nur für die christlichen oder auch für alle anderen? Für alle. Jeden Tag. Das könnt ihr mir glauben. Die Maria Ward-Schwestern (Congregatio Jesu) neben der Liebfrauenschule in Bensheim beten jeden Tag für alle Menschen

Angst sperrt Zauberworte weg. Aber die Zuversicht ist der Schlüssel zum Zauberwort.

Ungewöhnliche Tipps
zur Angstbegrenzung ...

Es gibt keine Methode, um Ängste sofort und für immer total zu verbannen.

Aber es gibt eine sichere Methode, Ängste zu begrenzen: die Meditation.

Das Wort Meditation lässt sich vom lateinischen Deponens *meditari* herleiten.
Ein Deponens schwankt zwischen Aktiv und Passiv und genau das passt ein ganzes Leben lang zu unserem Menschenleben, das ja Tag für Tag zwischen den Gegensätzen Aktivität und Passivität, Schöpfer sein und Geschöpf sein hin und her schwankt.

Meditation geschieht durch vollkommene Achtsamkeit. Du begegnest Worten oder Bildern, Melodien oder Rätseln. Du bist ohne Ablenkung bei einer Tätigkeit, bei einer Wahrnehmung oder bei einem Gedanken. Du bist hellwach und ganz im gegenwärtigen Augenblick.

Die Worte, die Klänge, die Bilder, die Du aufmerksam betrachtest, kommen Dir entgegen und werden zu Kraftquellen.

... mit elf Worten: Elfchen

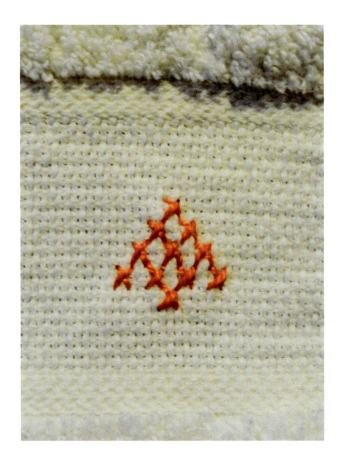

Elfchen sind ungereimte Gedichte in elf Worten, die nach einem bestimmten Muster angeordnet sind. Die Anordnung wird hier als
Kreuzstichmuster dargestellt.

Was haben Elfchen mit Angstbewältigung zu tun?
Menschen, die viel Angst haben, werden entweder stumm und
sprachlos vor lauter Angst.
Andere werden vor lauter Angst dazu gezwungen, viel zu viel zu
quatschen, wodurch durch immer neue Worte immer neue Ängste
erzeugt werden. Wenn ich also anfangs ein wenig diffuse Angst vor
Wombats habe, kann ich durch permanentes Reden über Wombats im
Indikativ und immer mehr dann auch im Konjunktiv (denn nur wenige Menschen in Mitteleuropa sind je auch nur leicht von einem Wombat verletzt worden), eine riesige Furcht entwickeln.
Sobald man sich aber zwingt, eine Angst in elf Worten zusammenzu-
fassen, wird die Angst greifbar, kann anderen mitgeteilt und relati-
viert werden.

Alle meine Elfchen

Heilige
hatten Helfer
St. Martinus St. Antonius St. Patricius
Gänse Esel Tauben Schafe
Haustiere

Elfchen

Hochbegabte
denken dachten
grübelten werden grübeln
Denken werde Danken dann
Denkpause

Elfchen

Vergeblich
vielerlei Vokabeln
tausend trübe texte
gelesen gelernt geübt gesiebt
mangelhaft

Elfchen

Üben
nicht überfliegen
tatsächlich tief tauchen
ehrliche echte Erinnerungen entstehen
Exerzitien

Elfchen

Gebete
gemeinsame Gesänge
gesungen über Generationen
gesucht gefleht genähert gelobt
Gott

Elfchen

Alle
Marionetten müssen
bühnenreif siebenfädig reagieren.
Alle Menschen sind frei
(meistens).

Elfchen

Anfangs
bestimmt Notenschlüssel.
Dur – Kirchentonarten – Moll.
Deine Rhythmen, deine Stimme:
tagtäglich.

Elfchen

Leserechtschreibschwäche
ist mühsam!
Nur niemals aufgeben:
Du bleibst immer überall
gesegnet!

Elfchen

Hochbegabung
ist das
Segen oder Fluch?
Dein Selbstwertgefühl UND Mitgefühl
trainiere!

Elfchen

Sibylle
von Cumä
quindecimviri sacris faciundis
ODER Oracula Sibyllina – Fragezeichen
BEIDE!!

Elfchen

Briefträger
stempeln Briefe.
Brieftauben übermitteln Botschaften.
Welche Wahrheit wird Wegweiser?
WILDESELSBRÜCKENWEISHEIT!

... mit Bildern, die Mut machen: inspirierende Psalmenverse in vier Sprachen

Heilung des Gelähmten, Matthäusevangelium 9, 6

Da sprach er zu dem Gelähmten: „Steh auf, nimm deine Bahre und geh heim!"

Then saith he to the sick of the palsy: „Arise, take up thy bed, and go unto thine house!"

„Leve-toi", dit-il au paralytique, „prends ton lit, et va dans ta maison."

tunc ait paralytico surge tolle lectum tuum et vade in domum tuam

Manche Sätze aus der Bibel sind rätselhaft und wunderbar zugleich. Zu allen Zeiten wird von Verwandlungen berichtet, die Segen und Zuversicht schenken.

Gedichte und Melodien, Lieder und Psalmen haben einen Rhythmus,

der uns beruhigt und stark macht. Wenn man als Kind im dunklen Keller Angst bekommt, wenn man als Erwachsener im Krankenhaus auf eine Operation wartet, wenn in der Fußballarena ein entscheidendes Spiel bevorsteht, spürt man Herzklopfen und Angstschweiß. Wenn man dann ein Liedchen singt, summt oder pfeift, werden Atmung und Herzschlag wie durch Zauberworte wieder normalisiert.

Das Lied *Abide with me*, ein Abendlied auf der CD 2, haben sich Generationen von Menschen vorgesungen, um sich gegenseitig zu versichern, dass Gott am Abend und in der Nacht ebenso wie am Tage bei uns ist, in Krankheit ebenso wie in Gesundheit. Dieses Lied ist in England so populär, dass es regelmäßig vor Spielbeginn auf Fußballplätzen laut und feierlich gemeinsam gesungen wird.

Was uns Großmütter und Großväter an Reimen oder Rhythmen mitgegeben haben, verlernen wir in aller Regel nicht einmal dann, wenn wir viele Jahre nicht daran gedacht haben. Selbst schwer demente Menschen erinnern mühelos Lieder und Melodien und Gedichte, die sie früher gerne mochten.

Psalmen vermitteln neben ihrem Sprachrhythmus ausdrucksstarke Bilder aus guten und schlechten Zeiten, Rückblicke und Zukunftsvisionen, die emotional berühren, trösten und ermutigen. Trauer und Sorge wird nicht verleugnet, sondern als wesentlicher Bestandteil eines Menschenlebens akzeptiert, dann aber in Zuversicht verwandelt. Hier eine kleine Auswahl als Anregung, weitere Verse und heilsame Bilder zu suchen und im Alltag als Entspannungsübung zu gebrauchen.

Bilder, die helfen und trösten

**In vielen Psalmversen kommen Tiere vor.
Ich vermute, dass gerade diese Bilder Kinder und Erwachsene trösten und ermutigen.
Die Psalmen sind 150 Einzellieder aus dem Alten Testament.**

Hier eine kleine Auswahl der beliebtesten Psalmverse meiner Schüler in vier Sprachen.

Psalm 23, 4

Und muss ich auch wandern im finsteren Tale,
ich fürchte kein Unheil, denn Du bist bei mir.
Dein Stock und Dein Hirtenstab, die geben mir Zuversicht.

*Yea, though I walk through the valley of the shadow of death,
I will fear no evil: for thou art with me;
Thy rod and thy staff they comfort me.*

*Quand je marche dans la vallée de l'ombre de la mort,
Je ne crains aucun mal, car tu es avec moi;
Ta houlette et ton baton me rassurent.*

Nimm dein Bett und geh!

Hol deine Laute aus den Weidenbäumen am Flussufer!

Wenn du selbst keine Stimme mehr zum Singen hast,

dann öffne Herz und Ohren!

Denn vielleicht singt irgendwer irgendwo dein Lied.

Vielleicht singt ein Vogel im Nest, vielleicht klopft der Buntspecht einen guten Rhythmus auf der Nussbaumrinde, vielleicht lacht der Kookaburra im Eukalyptusbaum.
Vielleicht schnurrt eine Katze, gurrt eine Brieftaube oder ein Eichhörnchen lehrt dich, Vorräte für andere anzuhäufen.
Vielleicht lehrt dich eine kleine Schnecke auf dem Jakobsweg, dass du deinen Weg und dein eigenes Tempo schon noch finden wirst!

Du wirst dich wieder an gute Tage, gute Wege, gute Menschen, gute Begegnungen, gute Melodien erinnern.

Dann wirst du wieder gesund und zuversichtlich sein!

Psalm 126,5

Die mit Tränen säen, werden mit Freuden ernten.

They that sow in tears shall reap in joy.

Ceux qui sèment avec larmes moissonneront avec chants d'allégresse.

qui seminant in lacrimis in exultatione metent

Was ist der Mensch, dass du an ihn denkst,
des Menschen Kind, dass du dich seiner
annimmst?

Du hast ihn nur wenig geringer gemacht
als Gott,
hast ihn mit Herrlichkeit und Ehre
gekrönt. (Psalm 8)

Wolfgang, 60

Du lässt Gras wachsen für das Vieh,
auch Pflanzen für den Menschen, die er anbaut,
damit er Brot gewinnt von der Erde
und Wein, der das Herz des Menschen erfreut ...
(Psalm 104)

Hans-Peter, 60

Hanna y Jakob alt

Aus Jesaja, 11. Kapitel

Dann wohnt der Wolf beim Lamm,
der Panther liegt beim Böcklein.

Kalb und Löwe weiden zusammen,
ein kleiner Knabe kann sie hüten.

MIA, 8 JAHRE.

Lenalu-Elias
10 Jahre

Aus Jesaja, 11. Kapitel

Dann wohnt der Wolf beim Lamm,

der Panther liegt beim Böcklein.

Kalb und Löwe weiden zusammen,

ein kleiner Knabe kann sie hüten.

Kuh und Bärin freunden sich an.
ihre Jungen liegen beieinander.
Der Löwe frisst Stroh wie das Rind
Der Säugling spielt vor dem Schlupfloch der Natter
das Kind streckt seine Hand in die Höhle der Schlange

Bald werden die Wiesen
      voll Blumen sein,
die Äcker voll Korn,
      die Hügel voll Wein.
Und Gott, der ewig mit uns war,
behüt' uns auch
      im neuen Jahr!

Kindergebet im Februar 1968,
als die Taube und ich so arg froren

All Morgen ist ganz frisch und neu
des Herren Gnad und große Treu,
sie hat kein End den langen Tag,
drauf jeder sich verlassen mag.

Claudius, 49

316

Aus: <u>Lichte Höhen</u>
von Karl May (1901)

<u>Ein Bauer an die Gelehrten</u>

Ich pflüge deutsch und nicht latein,
doch will ich gern gefällig sein.
Drum hört, was ich euch sagen kann,
und wendet es dann praktisch an!

✳

Wenn jeder Mensch nach Kräften gut
und willig seine Pflichten tut,
so hört wohl in der Zeiten Lauf
die Dummheit ganz von selber auf.

Tagebuch, 1977 (25. April)

✳

P.S.:
(D.K.) Ich lieb' Latein,
doch Hochdeutsch nicht;
in veritate: Zuversicht!

✳

Wer unterm Schutz des Höchsten steht ...
(GL 291 nach Psalm 91, 2. Strophe):

Er weiß, daß Gottes Hand ihn hält
wo immer ihn Gefahr umstellt;
kein Unheil, das im Finstern schleicht,
kein nächtlich Grauen ihn erreicht.
Denn seinen Engeln Gott befahl,
zu hüten seine Wege all,
daß nicht sein Fuß an einen Stein
anstoße und verletzt mög sein.

Lilli, 77

... oft gesungen,
   oft gebetet,

aus Strophen

eine Heimat,

aus Liedern

   zuversicht...

Im Frieden dein, o Herre
mein, lass ziehn mich meine
Straßen. Wie mir dein Mund
gegeben Kund, schenkst Gnad
Du ohne Maßen, hast mein
Gesicht das selge Licht des
Heilands schauen lassen.

nach dem Abendmahl
Wolfgang Dachstein vor 1530

Jutta, 54

Wenn das Brot das wir teilen
als Rose blüht...   (Uta, 67)

Ich wünsch Dir einen Engel

Ich wünsch Dir einen Engel,
der Dich tröstet, wenn Du traurig bist.

♡liche Grüße von Marie-Anna, 55...

Schutzengel

kann man aus Kaffeepapierfiltertüten oder aus Teebeuteln basteln;

man kann sie aus ziemlich dickem Notenpapier oder auch aus hauch-dünnen alten Gesangbuchliederseiten falten. Man kann sie aus Holz schnitzen, aus Wolle stricken oder häkeln.

Schutzengel sind Gottes Boten, Helfer und Wegweiser.

Schutzengel kannst du verschenken wie zarte Melodien oder tauschen wie gute altbewährte Backrezepte.

Schutzengel sind ein lieber Segensgruß aus heiterem Himmel in unse-re menschliche Dunkelheit. Engel vertreiben Ängste und geben Zu-versicht.

Treib aus, o Licht, all Finsternis;
behüt uns, Herr, vor Ärgernis,
vor Blindheit und vor aller Schand,
und reich uns Tag und Nacht dein Hand.

(Selina, 20 Jahre)

1.) Hilf, Herr meines Lebens, daß ich
nicht vergeben hier auf Erden bin.
2.) Hilf, Herr meiner Tage, daß ich nicht
zur Plage meinem Nächsten bin.
3.) Hilf, Herr meiner Stunden, daß ich
nicht gebunden an mich selber bin.
4.) Hilf, Herr meiner Seele, daß ich dort
nicht fehle, wo ich nötig bin. Gotteslob 622

Eveline, 81 Jahre

Jeder Tag hat seine Last,
jeder Tag bringt seine Sorgen
und ich weiß nicht, was für morgen
du mir, Herr, beschieden hast.

Aber eines weiß ich fest,
dass mein Gott, der seine Treue
täglich mir erweist aufs Neue,
sich auch morgen finden lässt.

Edith

Schafherde aus vielen weißen Schafen bei der Casa San Lorenzo in
Assisi.
Das einzige schwarze Schaf hat Asthma und keucht langsam hinter
den weißen Artgenossen her.

Psalm 23,1-4

Der Herr ist mein Hirte, nichts wird mir fehlen.

The Lord is my shepherd; I shall not want.

L'Eternel est mon berger: je ne manquerai de rien.

dominus pascit me nihil mihi deerit

Er lässt mich lagern auf grünen Auen
und führt mich zum Ruheplatz am Wasser.

He maketh me to lie down in green pastures:
He leadeth me beside the still waters.

Il me fait reposer dans de verts pâturages,
Il me dirige près des eaux paisibles.

in pascuis herbarum adclinavit me
super aquas refectionis enutrivit me

Simone, 46 Jahre

Psalm 23

323

Was Schafe auf der Weide so denken, wissen wir Menschen nicht. Doch wir können wohl sicher sein, dass sie sich nicht über Bischofsstabsverzierungen die kleinen Schafsköpfe zerbrechen. Sie vertrauen darauf, dass jeder noch so derbe und einfache Stock und Stab ihnen **Zuversicht** geben wird, so wie wir im 23. Psalm singen.

Er stillt mein Verlangen; er leitet mich auf rechten Pfaden, treu seinem
Namen.

*He restoreth my soul: he leadeth me in the paths of righteousness for his
name's sake.*

*Il restaure mon âme, Il me conduit dans les sentiers de la justice, a cause de
son nom.*

animam meam refecit duxit me per semitas iustitiae propter nomen suum

Muss ich auch wandern in finsterer Schlucht,
ich fürchte kein Unheil; denn du bist bei mir,
dein Stock und dein Stab geben mir Zuversicht.

*Yea, though I walk through the valley of the shadow of death,
I will fear no evil: for thou art with me;
thy rod and thy staff they comfort me.*

*Quand je marche dans la vallée de l'ombre de la mort,
je ne crains aucun mal, car tu es avec moi;
ta houlette et ton baton me rassurent.*

*sed et si ambulavero in valle mortis non timebo malum
quoniam tu mecum es
virga tua et baculus tuus ipsa consolabuntur me*

Psalm 42,1

Wie der Hirsch lechzt nach frischem Wasser,
so lechzt meine Seele, Gott, nach Dir.

As the hart panteth after the water brooks,
so panteth my soul after thee, o God.

Comme une biche soupier après des courants d'eau,
ainsi mon âme soupier après toi, ô Dieu!

quemadmodum desiderat cervus ad fontes aquarum
ita desiderat anima mea ad te Deus sitivit anima mea ad Deum vivum

Psalm 57, 2

Es flüchtet meine Seele zu Dir,
im Schatten Deiner Flügel suche ich Zuflucht,
bis vorüber das Unheil.

For my soul trusteth in thee:
yea, in the shadow of thy wings will I make my refuge,
until these calamities be overpast.

Car en toi mon âme cherche un refuge;
je cherche un refuge à l' ombre de tes ailes,
jusqu'à ce que les calamités soient passées.

quoniam in te sperat anima mea
in umbra alarum tuarum sperabo
donec transeant insidiae

"Jakob, 7 Jahre
"Die Adler am Marderhorn beschützen Ihr Adlerbaby.
vor meinen Papa, der aber nur friedlich
weiterwandert.
(Marderhorn heißt
eigentlich Matterhorn)

Psalm 57, 8

Wach auf, meine Seele;
Psalter und Harfe wacht auf!
Ich will das Morgenrot wecken.

Awake up, my glory,
awake, psaltery and harp:
I myself will awake early.

Réveille-toi, mon âme!
Réveillez-vous, mon luth et ma harpe!
Je réveillerai l'aurore.

surge gloria mea
surge psalterium et cithara
surgam mane

Your eye is on the sparrow,
and Lord I know Your watching over me.

Gott, Du wachst selbst über den Sperling.
Ich bin sicher, dass Du auch über mich wachst.

Monika, 53

Spatzen und Schwalben, 11. Mai 2011

SPATZ
(SPERLING)

Psalm 84, 4

Selbst der Sperling hat gefunden ein Heim
und die Schwalbe ein Nest, darin ihre Jungen zu bergen:
Deine Altäre, Jahwe Zebaot, Du, mein Gott und mein König.

Yea, the sparrow hath found an house,
and the swallow a nest for herself where she may lay her young,
even thine altars, O Lord of hosts, my King and my God.

Le passereau même trouve une maison,
et l'hirondelle un nid où elle dépose ses petits...,
Tes autels, Éternel des armées! Mon roi et mon Dieu!

siquidem avis invenit domum
et passer nidum sibi ubi ponat pullos suos
altaria tua Domine exercituum rex meus et Deus meus

Wie der Hirsch lechzt nach frischem Wasser,
so lechzt meine Seele, Gott, nach dir.
Aus Psalm 42, von Elisa, 29 Jahre

Psalm 91, 4

Mit seinen Flügeln beschirmt er dich,
unter seinen Fittichen bist du geborgen,
Seine Treue ist dir ein schützender Schild.

He shall cover thee with his feathers,
and under his wings shalt thou trust:
His truth shall be thy shield and buckler.

Il te couvrira de ses plumes,
et tu trouveras un refuge sous ses ailes;
Sa fidélité est un bouclier et une cuirasse.

in scapulis suis obumbrabit tibi
et sub alis eius sperabis
scuto circumdabit te veritas eius

Wildesel,
von Jana
(10)

Du lässt die Quellen hervorsprudeln in den Tälern,
sie eilen zwischen den Bergen dahin.
Allen Tieren des Waldes spenden sie Trank,
die Wildesel stillen ihren Durst daraus.

aus Psalm 104 B von Christoph, 33 Jahre

Psalm 104, 10-11

Du last die Quellen hervorsprudeln in den Tälern,
sie eilen zwischen den Bergen dahin.
Allen Tieren des Feldes spenden sie Trank,
die Wildesel stillen ihren Durst daraus.

He sendeth the springs into the valleys,
which run among the hills.
They give drink to every beast of the field:
the wild asses quench their thurst.

Il conduit les sources dans des torrents
qui coulent entre les montagnes.
Elles abreuvent tous les animaux des champs;
les ânes sauvages y étanchent leur soif.

qui emittis fontes in convallibus
ut inter medios montes fluant
ut bibant omnia animalia regionum
et reficiat onager sitim suam

Psalm 131, 2

Schweigen lehrte ich meine Seele und ich schaffte ihr Frieden.
Wie ein Kind auf dem Schoß der Mutter,
so ruht meine Seele in mir.

Surely I have behaved and quited myself,
as a child that is weaned of his mother:
My soul is even as a weaned child.

Loin de là, j'ai l'âme calme et tranquille,
comme un enfant sevré qui est auprès de sa mère;
J'ai l'âme comme un enfant sevré.

si non proposui et silere feci animam meam
sicut ablactatus ad matrem suam
ita ablactata ad me anima mea

Blick aus meinem Schulfenster in Bensheim

Psalm 137, 1-2

An den Flüssen von Babel saßen wir und weinten,
da wir Zions gedachten.
An den Weiden in jenem Lande,
da hängten wir unsere Harfen auf.

By the rivers of Babylon, there we sat down,
yea, we wept when we remembered Zion.
We hanged our harps upon the willows
in the midst thereof.

Sur les bords des fleuves de Babylone, nous étions assis
et nous pleurions, en nous souvenant de Sion.
Aux saules de la contrée
nous avions suspendu nos harpes.

super flumina Babylonis ibi sedimus et flevimus
cum recordaremur Sion
super salices in medio eius
suspendimus citharas nostras

Psalm 139, 9-10

Nähm ich des Morgenrots Schwingen
und ließe mich nieder am fernsten Gestade:
Auch dort noch wird deine Hand mich geleiten
und halten mich deine Rechte.

If I take the wings of the morning,
and dwell in the uttermost parts of the sea;
even there shall thy hand lead me,
and thy right hand shall hold me.

Si je prends les ailes de l'aurore,
et que j'aille habiter à l'extrémité de la mer,
la aussi ta main me conduira,
et ta droite me saisira.

si sumpsero pinnas diluculo
habitavero in novissimo maris
etiam ibi manus tua deducet me
et tenebit me dextera tua

Angstbegrenzung durch exakte Übersetzung

I
N
T
E
R

TUBA <u>MIRUM</u> SPARGENS <u>SONUM</u>
PER SEPULCRA REGIONUM

O
V
E
S

L
O
C
U
M

P
R
A
E
S
T
A

(aus: Dies irae)

Wenn du dies wörtlich übersetzt, ist die Vision vom Jüngsten Tag nicht bedrohlich, wie man uns dies vor einem halben Jahrhundert lehrte. Ein <u>wunderbarer</u> Posaunenklang erweckt zum ewigen Leben, von Angst ist nicht die Rede, sondern von Erstaunen!

Von Glocken zu Kanonenkugeln und wieder zurück zu Glocken

In der Steinzeit stellten unsere Vorfahren Werkzeuge aus Stein her.
In der Kupferzeit stellten sie Werkzeuge aus Kupfer her.
Stein und Kupfer sind Rohstoffe, die so zur Verfügung standen.
Später gelang es den Menschen, Rohstoffe miteinander zu verbinden.
In Mitteleuropa datiert man die Bronzezeit etwa zwischen 2200 und 800 vor Christus.
Bronze ist eine Mischung, eine Legierung aus circa 90 % Kupfer und 10% Zinn.
Werkzeuge aus Bronze sind wesentlich härter als Werkzeuge aus reinem Kupfer.

Aus Bronze kann man unzählige gute Dinge für den Hausgebrauch und für kulturelle Errungenschaften herstellen. Dinge, die dem Frieden dienen.
Und eben auch Waffen, die dem Krieg dienen.

Whimsies

Ostern und Weihnachten ist laut Kalender je einmal im Jahreskreis. Aber im Grunde ist Menschwerdung und Auferstehung ein alltägliches Wunder. Wir sollen uns von Gott kein Bildnis machen aber zugleich alle Tage allen Wundern und Überraschungen gegenüber ein offenes Herz bewahren.

In Puzzlespielen mit sehr vielen Teilen, die in allen möglichen unförmigen Umrissen vor uns liegen, entdecken wir manchmal mitten im Chaos aller Teilchen einige sogenannte *whimsies*, Teilchen zufällig oder absichtlich in Tierform. Man staunt, man schmunzelt, man ist überrascht oder verblüfft. Wenn wir bedenken, dass in jedem Geschöpf Gottes ein göttlicher Funke seines Schöpfers verborgen ist: viel Geduld und Spaß bei der Begegnung mit *whimsies*!

UMWANDLUNGEN

GLOCKEN ZU KANONENKUGELN
KANONENKUGELN ZU GLOCKEN
GLOCKEN **ZU** KANONENKUGELN
KANONENKUGELN ZU GLOCKEN
GLOCKEN ZU **KANONENKUGELN**
KANONENKUGELN ZU GLOCKEN
GLOCKEN **ZU** KANONENKUGELN
KANONENKUGELN ZU GLOCKEN
GLOCKEN ZU KANONENKUGELN

SCHWERTER ZU PFLUGSCHAREN
LANZEN ZU WINZERMESSERN

Verwandlungen, ganz praktische

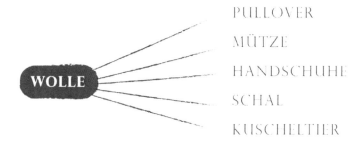

Aus der Tulpenzwiebel wächst die Tulpe.

Aus Wolle werden warme Kleidungsstücke.

Viele gute Backzutaten werden zu Kuchen oder zu Weihnachtsplätz-chen verarbeitet.

Aus vielen einfachen Musiknoten entstehen Melodien.

Aus Weinreben und menschlicher Arbeit entsteht Wein.

Aus vielen Erinnerungen und Gedanken entsteht ein Tagebuch.

Mit Papier und Bleistift oder Tinte kannst du alles aufbewahren, was du nicht vergessen willst.

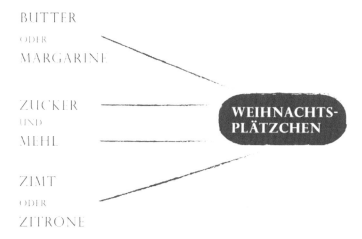

... mit einfachen und schwierigen Rätseln

Melodienrätsel

Verwandele Glockennamen in Musiknoten und füge diese zu einer Melodie zusammen!
Bei den Glocken-Sudoku-Rätseln findest du nähere Angabe über Namen und Größe.
Gesucht werden acht aufeinanderfolgende Viertelnoten, die von den Glocken des Mainzer Domes (oder von den Glocken der Viernheimer Apostelkirche) vertont werden können.
Welches Lied aus dem Jahre 1865, das im Bistum Mainz sehr bekannt ist, beginnt so?

1. Josefsglocke (Martinusglocke)
2. Josefsglocke (Martinusglocke)
3. Bonifatiusglocke (Gefallenenglocke)
4. Bilhildisglocke (Apostelglocke)
5. Bilhildisglocke (Apostelglocke)
6. Ton a´ (diese Glocken-Tonhöhe kommt in beiden Kirchen nicht vor)
7. Bonifatiusglocke (Gefallenenglocke)
8. Josefsglocke (Martinusglocke).

Welches Morgenlied beginnt so, dass es von diesen vier Mainzer Glocken gespielt werden könnte?

1. Zweitgrößte Glocke der Christuskirche
2. Bonifatiusglocke (Dom)
3. Bonifatiusglocke (Dom)
4. Kleinste Glocke der Christuskirche
5. Bonifatiusglocke (Dom)
6. Heilandglocke St. Peter, eine Oktave tiefer
7. wie 4.
8. wie 1.

Von Futterschüsseln zu Glocken, von Glöckchen zu Shakespeare

Um die Ecke gedacht und dreimal verwandelt:
aus diesem Rätsel könnte ein Büchergutschein für dich werden!

Bevor die Menschen die Glocke erfanden, erzeugten sie Signallaute, indem sie mit einem Klöppel heftig auf eine dickbauchige Futterschüssel schlugen.

Im Laufe vieler Jahrhunderte verfeinerte man die Glockengießerei, bis man möglichst reine Klänge erzeugen konnte.

Zu Shakespeares Zeiten (er lebte von einem nicht exakt bestimmbaren Tag im April 1564 und starb am 23. April 1616) nähten sich Schauspieler, Narren und arme Leute winzige billige Glöckchen an ihre Ärmel und Hosenbeine, um auf einfachste Art Melodie und Rhythmus zu erzeugen.

Um das Rätsel zu lösen, musst du zunächst die gesuchten Glocken finden, dann die ermittelten Glockentöne in Buchstaben verwandeln, die Buchstaben einfügen und das Lösungswort (ein weises Wort aus Shakespeare´s Macbeth) an die Buchhandlung „Shakespeare und so" einsenden.

Alljährlich im April, dem Geburtsmonat von Shakespeare (im April 1564, † 23. 4. 1616) werden ab 2016 alljährlich elf Büchergutscheine im Wert von 10 € verlost. Viel Glück!

Der Buchstabe, der viermal eingesetzt werden soll, entspricht dem Glockenton der größten Glocke in der katholischen Kirche und der zweitkleinsten Glocke der evangelischen Kirche in Nackenheim.

Der Buchstabe, der dreimal eingesetzt werden soll, entspricht einem Glockenton, der nicht von den Glocken des Mainzer Domes erzeugt wird. In Bensheim trägt die Glocke, die den gesuchten Ton läutet, den Namen des Schutzpatrons der Kirche.

Der Buchstabe, der nur einmal eingesetzt werden soll, entspricht dem gemeinsamen Ton von fünf Glocken, die in den Türmen dreier Kirchen in Mainz vorkommen und zwar in der Christuskirche, im Dom und in St. Peter.

_ _ i r   is   _ o u l   _n_   _ o u l   is   _ _ i r

Die Adresse lautet: *Buchhandlung „Shakespeare und so"*
                      (Inh. Nida und Cliff Kilian)
                      Gaustraße 67
                      55116 Mainz

                      Stichwort:
                      Glockenklänge, Shakespeare-Worte

Preisrätsel zu Shakespeares Geburtstag

Warum sollte immer alles www. sein?

Wo steht geschrieben, dass man seine Bücher am Amazonas kaufen muss?

Unser Alphabet hat 26 Buchstaben.

Bücher aus echten Buchhandlungen machen schon beim Einkaufen Spaß.

Und deshalb hier ein Rätsel, zu dem ich mir alljährlich neue Varianten ausdenken werde, beginnend im April 2016.

G.G.G.: Glöckchen, Glocken, Glücksmomente

Wenn man neun Kirschen oder Erdbeeren aus dem eigenen Garten betrachtet, so wird man erkennen, dass keine exakt wie die andere aussieht. Wenn es schon bei Erdbeeren und Süßkirschen deutliche Unterschiede gibt, dann gilt dies erst recht für Tiere und Menschen. Der Fachbegriff aus der Biologie lautet *Biodiversität*. Das gesamte Spektrum des Lebens auf der Erde verlangt unseren Respekt und Schutz.

Im Rheinland sagt man, jeder Jeck sei anders. Bei uns im Dorf sagte man früher, der liebe Gott habe sich einen bunten Tiergarten für alle Menschen und Tiere erdacht und jedem Köpfchen sei ein Vögelchen zu gönnen und jedem Tierchen sein Späßchen, sein Temperament, sein kleiner Platz in dieser großen Welt.

SUDOKUS sind japanische Rätsel

349

Scherzfrage

Was ist der Unterschied zwischen einem Sudoku und dem eigenen Leben?

Antwort:

Beiden gemeinsam ist, dass man andauernd Entscheidungen treffen muss und dabei gleichzeitig ganz, ganz viele bereits vorgegebene und zukünftige Entscheidungen berücksichtigen muss. Ob eine Teilaufgabe schwer oder leicht ist, merkt man erst beim Tüfteln. Wenn man mit dem Rätseln und Knobeln beginnt, kann man nie sicher sein, eine richtige Lösung zu finden. Man kann auch nie genau wissen, wieviel Zeit man für einzelne Schritte benötigt und ob man sich dabei gut und sicher oder verunsichert und frustriert fühlt.

Beim Sudoku ist es möglich, sämtliche Aufgaben mit Bleistift und Radiergummi zu lösen.

Glockenrätsel als Sudokus

SUDOKU NR.1: NACKENHEIMER GLOCKEN
0 BIS 4: SANKT GEREON, KATHOLISCH
5 BIS 8 ZUM GUTEN HIRTEN, EVANGELISCH

Du kannst alle Sudokus in diesem Buch mit Zahlen oder mit Musiknoten lösen.

	1	7	4					
0	3			7				
			6			3		8
		2						6
6								3
7						1		
2		5			4			
				2			4	0
					7	8	2	

Sankt Gereon, katholisch
0 b' Dachreiter
1 f' St. Maria
2 g' Bruder Konrad
3 a' St. Josef

Herz Jesu Kapelle, katholisch
4 as" Dachreiter

Zum Guten Hirten, evangelisch
5 c"
6 d"
7 f"
8 g"

DAS GRAU HINTERLEGTE FELD ERGIBT DIE NUMMER
EINES PSALMES, IN DEM VIELE TIERARTEN VORKOMMEN.

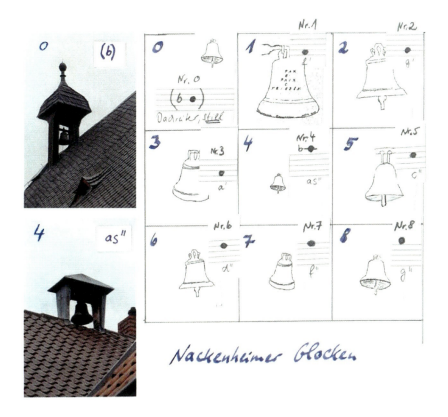

Nackenheimer Glocken

Ein Sudoku ist eine Knobelaufgabe mit einem 9 mal 9 Felder Raster. In die 81 Kästchen schreibt man meist Ziffern von 1 bis 9, und zwar so, dass in jeder Zeile waagrecht, in jeder Spalte senkrecht und in jedem Neun-Felder-Quadrat jede Ziffer exakt einmal jede Zahl vorkommt. Es müssen aber nicht unbedingt diese Ziffern sein. In Sudoku Nummer 1 sind die Ziffern 0 bis 8 einzutragen, denn die Zahl 0 steht hier für eine kleine Glocke, die nicht mehr in Betrieb ist. Bei allen fünf Sudokus in diesem Buch kann man statt der Zahlen auch Musiknoten tüfteln. Das Grundprinzip bleibt gleich.

SUDOKU NR. 2: NEUN GLOCKEN IN VIERNHEIM

GLOCKEN NR. 1 UND 2:
AUFERSTEHUNGSKIRCHE, EVANGELISCH

GLOCKEN NR. 3,4,5,6:
ST. APOSTELN, KATHOLISCH

GLOCKEN NR. 7,8:
ST. MICHAEL, KATHOLISCH

GLOCKENTON NR. 9:
ALBERTUS MAGNUS SCHULE,
GRUNDTON DER SCHULGLOCKE

		6	5	,	9	1		
5		9						4
		2		1	4		9	8
			9	3			5	7
	8		7				1	
2	7			4	8			
4	9		3	2		7		
6						3		5
		1	8		7	2		

1 as' } Auferstehungs-
2 c'' } glocken
3 b⁰ 12 Apostelglocke
4 d' Maria
5 f' Martinus
6 g' Gefallenenglocke
7 d'' Johannes
8 f'' Paulus
9 c' Schulglocke

DIE GRAU HINTERLEGTEN FELDER WEISEN AUF EINEN PSALMVERS HIN.

SUDOKU NR.3: NEUN GLOCKEN IM HOHEN DOM ST. MARTIN ZU MAINZ

WENN DIE GLOCKEN MARTINUS, ALBERTUS, JOSEPH UND
BONIFATIUS NACHEINANDER IN DER REIHENFOLGE
IHRER GRÖSSE LÄUTEN, WELCHEN MELODIEANFANG HÖRST
DU DANN?

	6		7		2		3	
	8						5	
2		3				6		7
		8	6		3	7	9	4
	2					3	1	6
		6	4		9	5	2	8
1		2				4		5
	5						8	
	4		5		7		6	

1 b⁰ Martinus
2 c' Maria
3 d' Albertus
4 es' Willigis
5 f' Joseph
6 g' Bonifatius
7 b' Bilhildis
8 d'' Heiliger Geist
9 f'' Lioba

DIE GRAU HINTERLEGTEN FELDER WEISEN AUF EINE AKTUELLE
LIEDNUMMER IM NEUEN GOTTESLOB HIN.
ES IST EIN MORGENLIED, DAS HÄUFIG NACH DER ENTWARNUNG IN
BOMBENNÄCHTEN IN LUFTSCHUTZKELLERN GESUNGEN WURDE

SUDOKU NR.4 NEUN GLOCKEN
GEGEN DAS VERGESSEN

	2			4	8		6	1
7								
			1			5		
3		2		5				4
7			2		3			9
5				1		2		6
		4			1			
							1	
2	5		7	3			9	

Ein gemeinsames Glockengeläute aus einem evangelischen und einem katholischen Mainzer Kirchturm zum Gedenken an den jüdischen Orthopädischen Chirurgen aus Mainz Dr. Walter Nathan 1889-1942. Deportiert aus Mainz am 20. März 1942. Ermordet in Piaski / Polen.

1 h^0

2 d$'$

3 e$'$

4 fis$'$

5 a^0

6 c$'$

7 d$'$

8 e$'$

9 d$''$

CHRISTUSKIRCHE
EVANGELISCH

SANKT PETERSKIRCHE
KATHOLISCH

Dieses Sudoku kannst du entweder mit Zahlen oder auf der folgenden Seite mit Musiknoten lösen. Die Heilandglocke mit dem Ton a^0 entspricht der Zahl Nummer 5.

Die evangelische Christuskirche und die benachbarte katholische Kirche St. Peter in Mainz haben Glocken, deren Klänge aufeinander abgestimmt sind.

Der jüdische Arzt Dr. Walter Nathan, der in der Nähe beider Kirchen lebte und praktizierte, hörte Tag für Tag diese Glocken läuten. Nur eine von neun Glocken, die heute aus den Türmen beider Kirchen zu hören sind, hat schon zu Doktor Nathans Lebzeiten gehört. Es ist die Heiland-Glocke von Sankt Peter, mit dem sehr tiefen Ton a°, also noch tiefer als die tiefste Mainzer Domglocke. Diese Glocke war im Jahre 1757 gegossen worden und stürzte im zweiten Weltkrieg nach der Bombardierung mit Sprengbomben vom Südturm. Sie konnte geborgen und repariert werden und läutet wieder. Um zu veranschaulichen, dass sie als einzige die Weltkriege überlebt hat, acht andere Glocken dagegen nicht (und dies Zahlenverhältnis war ähnlich in vielen Kirchen!), dies Sudoku doppelt: einmal als 9 Zahlen-Variante, einmal zum Ausfüllen mit Noten.

Wer mit Musiknoten statt mit Zahlen dieses Sudoku lösen möchte, muss beachten, dass der Ton d1 bei beiden Kirchen vorkommt, deshalb sind in Abweichung üblicher Sudoku-Regeln bei den Glocken 2 und 7 Ton d1 zu notieren.

SUDOKU NR.5: NEUN GLOCKEN IN BENSHEIM AN DER BERGSTRASSE, BENSHEIM-AUERBACH / HOCHSTÄDTEN

WELCHE TÖNE DER SCHULGLOCKE IN EINER BENACHBARTEN
SCHULE HABEN DIESELBEN TONHÖHEN?

♪	♪	♪	4		2		5	
♪	5	♪		6			1	
♪	♪	♪			2			4
6			1	7	3		4	
	8		6	9	4	1		
4			8	2	5			6
7		5				4		1
	4			5			7	
			2		7		8	

Sankt Georg, katholisch

1 c'	Franziskus
2 e'	Acht-Uhr-Glocke
3 g'	Elf-Uhr-Glocke
4 a'	Georg
5 h'	Dreifaltigkeits- glocke

Bergkirche, evangelisch

6 dis'	Vater-Unser-Glocke
7 fis'	Glocke „Meine Seele erhebet den Herren"
8 gis'	Gebetsglocke
9 h'	Glocke Psalm 126,5

DIE GRAU HINTERLEGTEN FELDER WEISEN AUF EIN BESONDERS BELIEBTES
LIED IM EVANGELISCHEN GESANGBUCH HIN.

SUDOKU NR.X : ZUM WEITERTÜFTELN
FÜR KNOBELFREUNDE

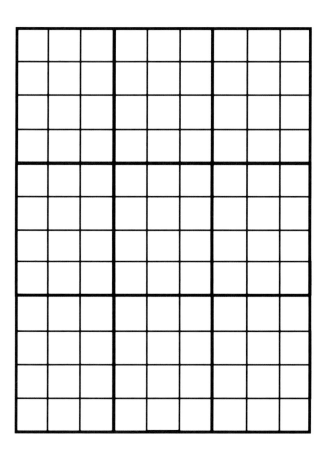

RÄTSEL NR. 1

**SUCHE DAS WORT, DAS
NICHT ZU DEN ANDEREN
WÖRTERN PASST!**

ESELSOHREN ESELSMÜTZE ESELSGEDULD
ESELSBRÜCKE ESELSOHREN ESELSMÜTZE
ESELSGEDULD ESELSBRÜCKE ESELSOHREN
ESELSMÜTZE ESELSGEDULD ESELSBRÜCKE
ESELSOHREN ESELSMÜTZE ESELSGEDULD
ESELSBRÜCKE ESELSOHREN ESELSMÜTZE
ESELSGEDULD ESELSBRÜCKE ESELSOHREN
ESELSMÜTZE ESELSGEDULD ESELSBRÜCKE
ESELSOHREN ENGELSGEDULD ESELSMÜTZE
ESELSGEDULD ESELSBRÜCKE ESELSOHREN
ESELSMÜTZE ESELSGEDULD ESELSBRÜCKE
ESELSOHREN ESELSMÜTZE ESELSGEDULD
ESELSBRÜCKE ESELSOHREN ESELSMÜTZE
ESELSGEDULD ESELSBRÜCKE ESELSOHREN
ESELSMÜTZE ESELSGEDULD ESELSBRÜCKE
ESELSOHREN ESELSMÜTZE ESELSGEDULD

RÄTSEL NR. 2

VERWANDELE ZIFFERN
IN KREUZCHEN
UND KREUZCHEN IN
EIN LEBEWESEN

RÄTSEL NR. 3

AUS VOGELGEZWITSCHER ZAUBERTE GEORG FRIEDRICH HÄNDEL (1713) EINE GEBURTSTAGS-
ODE FÜR KÖNIGIN ANNE

ADLER
4 2 7

AMSEL
1

BRIEFTAUBE
3 21 8 9

LACHENDER HANS
11 5

LERCHE
23 12

NACHTIGALL
10 6

ROTKEHLCHEN
14 17 13 18 16 19

SCHWALBE
24 25 20

SPATZ
26

RÄTSEL NR. 4

ODE FOR THE BIRTHDAY OF QUEEN ANNE
COMPOSER: GEORGE FRIDERIC HANDEL IN 1713

EAGLE 1 2

BLACKBIRD 5 7 8

LARK 26

KOOKABURRA 6 10

MESSENGER-PIGEON 9 11 14 15

NIGHTINGALE 13 3 30 24

ROBIN REDBREAST 21 22 20 16 31 17 18

SWALLOW 25 28

SPARROW 29

1	2	3

F 4	5	6	7	8	9		10	11	D 12

13	14	15	16	17

H 19	18

F 23	24	25	26

F 27	28	29	30	31	T 32

20	21	22

RÄTSEL NR. 5

**Welches Reimwort steht
am Ende des kurzen Gedichtes
von Joseph von Eichendorff?**

RÄTSEL NR. 6

Wer kann die Handschrift aus dem Jahre 1739 lesen?
Was wünscht der Orgelbauer Johannes Kohlhaas
späteren Generationen?

RÄTSEL NR. 7

Derselbe Wunsch, enthalten in der ersten Liedzeile eines Gesangs-
buchliedes, wurde 56 Jahre lang im Domsgickel aufbewahrt.

Am 15. Dezember 1956 wurde im Bauch des Domsgickels auf dem
Westturm des Hohen Doms zu Mainz eine ähnliche Botschaft in einem schmalen Stahlzylinder verschlossen und für nachfolgende Generationen aufbewahrt. Bis zum 27. Februar 2012 blieben diese Hand-
schriften und Unterschriften, geschrieben mit Tinte in Gold, Rot und
Schwarz, unterzeichnet vom damaligen Mainzer Bischof Albert Stohr
und von Weihbischof Josef Maria Reuss, hoch über den Dächern von
Mainz.

RÄTSEL NR. 8

Mit einem Türschlüssel schließt du eine Tür auf.

Mit einem Notenschlüssel erschließen wir Melodien.
Hier sind Tiere versteckt.

Welche findest Du mit welchem Notenschlüssel?

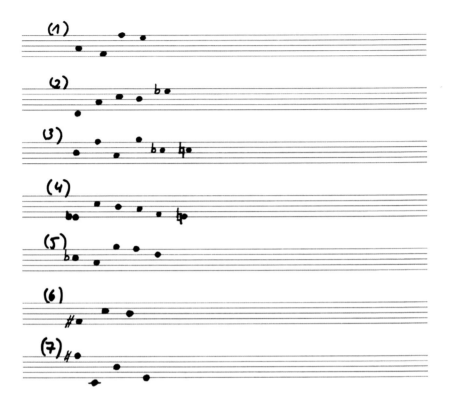

Verwandele Noten in Tiere!

Wie viele Tiere sind es, wenn du bei Plural je zwei Tiere rechnest?

RÄTSEL NR. 9

Auf dem Bild siehst Du

☐   Tiere mit 2 Beinen

☐   Tiere mit 4 Beinen

☐   Tiere mit 6 Beinen

☐   Tiere mit 8 Beinen

Wieviele Beine haben sie alle zusammen?

Male einige Tiere dazu!

Wieviele Tiere musst du zeichnen, damit insgesamt
110 Beine versammelt sind?
Zeichne deine Lieblingsvögel, Lieblingshaustiere, Insekten, Spinnen!

Und von wem träumt das Eselchen?
Folge dem Traumpfad durch das Labyrinth!

RÄTSEL NR. 10

Ein Tag, ausgefüllt mit viel Arbeit geht zu Ende. Die Menschen werden müde, die Katzen werden munter.

Im Kloster hat Pater Patricius alles aufgeschrieben, was eine Brieftaube ihm ins Ohr gegurrt hat. Mehrmals haben ihn heute Katzen bei seiner Schreibarbeit gestört: eine Katze hat die Gänsefeder vom Schreibtisch weggeschnappt, eine andere das Tintenfass umgestoßen.

Es ist eine mühselige Arbeit, Bibeltexte mit der Feder zu schreiben und Noten auf Notenlinien zu zeichnen. Manche Katzen haben mit ihrer Katzenmusik oder mit ihrem Umherschleichen das Komponieren von Frater Antonius bereichert. Frater Antonius verwandelt alles in Musik, was Pater Patricius auf dem Pergament notiert hat.

Wenn du dem vorgezeichneten Weg durch das Kloster folgst, dann kommst du am gefährlichen Monsterhund vorbei und kannst die Buchstaben unterwegs zu einem Lösungswort zusammen fügen. Das Lösungswort verwandelt sich in ein Lied, das davon handelt, wie zum Tagesausklang hektische Betriebsamkeit in Abendruhe verwandelt wird.

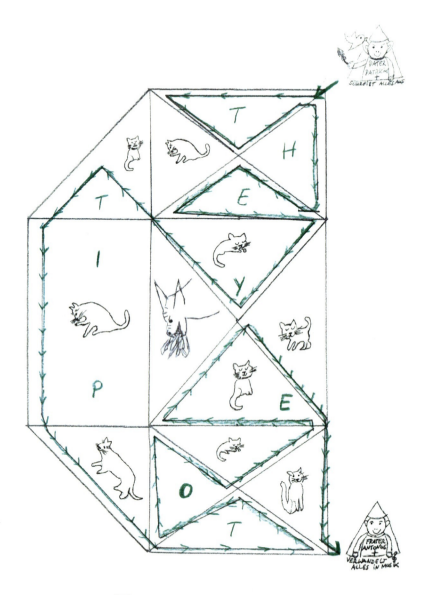

T_ _ _   _ _ _ _ _ _

RÄTSEL NR. 11

Welchen Beruf hat dieser Mann?

Er arbeitet mit Kopf und Herz, mit Händen und Füßen.
Er hat mehrere verschiedenartige Ausbrechmesser.
Dennoch ist er weder ein König der Diebe noch ist er vorbestraft oder Gefängnisinsasse.

RÄTSEL NR. 12

Was ist das für eine Arbeitsgemeinschaft?

Sie arbeiten auf diese Weise zusammen bis ins 20. Jahrhundert, im 21. Jahrhundert nur noch selten.
Sie arbeiten auf diese Weise im Herbst.
Von Tagesanbruch an lesen sie gemeinsam, doch niemand hat ein Buch dabei.

Bonusmaterial: mit Dialekt
(Hochdeutsch inclusive)

Drei Dinge für alle diejenigen, die aus unterschiedlichen Beweggründen Angst haben vor dem Verlust ihrer Muttersprache:

ein paar Bonusworte, ein altes Rezept, ein Gästebucheintrag uff Rhoihessisch, ein Quiz mit kniffligen Fragen.

An vielen Schulen habe ich viele Menschen aus unendlich vielen Ländern kennengelernt.

Manche von ihnen sind sehr froh, wenn es ihnen gelingt, so flüssig und akzentfrei Deutsch zu sprechen, dass niemand im Gespräch ihre Herkunftssprache heraushört. Aber das ist nur die eine Seite der Medaille. Für viele von ihnen ist auch eine gewisse Trauer damit verknüpft, dass die Muttersprache immer unwichtiger wird oder sogar vollkommen in Vergessenheit und Bedeutungslosigkeit gerät. Das kann ich sehr gut verstehen, obwohl ich immer in Deutschland gelebt habe.

Einerseits fand ich es als kleines Kind faszinierend, dass es so viele Sprachen gibt und dass man durchaus mehrere verschiedene Fremdsprachen erlernen konnte. Aber Hochdeutsch? Diese Sprache war immer, zumindest bis ich richtige Bücher, also ungereimte Bücher ohne Bilder lesen konnte, mit Angst verknüpft, denn es war die manchmal bedrohliche Sprache der Ärzte und Krankenschwestern in der Mainzer Universitätsklinik oder im Hildegardis-Krankenhaus; es war die Sprache der überstrengen Erzieherinnen in Kindererholungsheimen. Also all der Berufsgruppen, die für mich mit Schmerzen, Spritzen, Schlägen und Heimweh verknüpft waren. In Kindererholungsheimen wie in Schulen war es den Erzieherinnen erlaubt, Kinder zu schlagen, also gab es oft Schläge. Interessant: die Ordensschwestern im Kindererholungsheim schlugen nie, sondern sie hatten ein feines Gespür für Sorgenkinder und Heimwehkinder und hatten leise geflüsterte Trostworte in ihrem Dialekt (ich vermute: es klang irgendwie nach ostwestfälischer Herkunft). Ihren Namen und ihr Aussehen habe ich vergessen, ihren Dialekt und ihre leise tröstende Stimme habe ich nach fünfzig Jahren noch im Gedächtnis behalten.

Und deshalb habe ich bei Krankenhausaufenthalten und im Kindererholungsheim immer *Nackenheimer Wörter* aufgeschrieben. Meine Angst, an der Nordsee meine eigene Sprache zu vergessen oder in Mainz aus der Narkose zu erwachen und die Muttersprache könnte weg sein hat mir unzählige schlaflose Nächte bereitet. Ich könnte heutzutage darüber lächeln, doch ich sehe, exakt dies ist, wenn auch unter ganz anderen Vorzeichen, die berechtigte Angst meiner Schülerinnen und Schüler aus fernen Ländern. Deshalb immer meine Frage: *„Was würde denn Deine Oma oder Dein Opa aus Sizilien, aus Polen, aus der Mongolei, aus der Türkei, aus der Ukraine, aus Eritrea in ihrer/in seiner Muttersprache Dir jetzt ins Ohr flüstern, wenn sie/er jetzt hier bei Dir sein könnte?"* Fast immer fangen Kinder dann zu weinen an, aber es ist ein erleichtertes Weinen, denn Oma oder Opa würden immer etwas Tröstliches sagen, keine Vorwürfe, keine Abstempelungen, keine Killerphrasen! Und das ist dann vielleicht der Anfang, dass ein Kind wieder gut und barmherzig mit sich selbst spricht. Ohne Rotstift im Kopf.

Nun, diese Angst vor dem Verlust der Muttersprache habe ich heutzutage, wie so viele andere meiner Ängste, in Zuversicht verwandeln können. Denn ich war zum Glück nicht die einzige, die diese Angst hatte und so entstanden in Rheinhessen, im Ried, im Odenwald und überall viele regionale Wörterbücher, die auf diese Weise den völligen Verlust aufhielten. 2016 wird das Jahr sein, in dem Rheinhessen sein 200 jähriges Jubiläum feiert. Deshalb als kleines Bonusmaterial nun Rezept und Rätselfragen in rheinhessischer Mundart.

Gästebuch, Winnie II

Winnie II (nicht zu verwechseln mit Winnetou) is de zweite Schulfreund namens Winfried vun moim Monn. De erste Winnie („Winnie the priest") hott er in de 5. Klass kennegelernt unn de annern, de zweide, in de 7. Klass. Kerscheplotzer esse all geern, deswesche es

Rezept fer allminonner, die wo dess emol ausprobiern wolle. (Frieher: Freidaachskost.)

Danke für den besten
Kerscheplotzer, den en Finther
Kersche-Experte je gegessen hat.
Ich kumm bestimmt noch
emol her, um aach Eiern
Woi zu versuche!

Winnie II.

(28. Aug. 94)

Acht (mindestens zwaa, drei Daach) alde Wasserweck oder Milchweck in foine Schnitze schneide unn donn drei, vier Schdunn in aans bis zwaa Schobbe Milch ziehe losse. (Kaa Maachermilch, sunst wird des nix!) Aus vier Aajer(nadierlich vun gligglische Hinggeljer aussem eischene Gaade unn Hinggelsheisje oder Hinggelspersch), aus 100 Gramm Margarine, vier Essleffel Zugger, aam Diddje (Papiertütchen) Vanillezucker, em halwe Teeleffelje Salz en Daig riehrn.

Seerscht die ingewaaschte Weck mit zwaa Pund Sieß-orre Sauerkersche ohne Keern (die Kersche kenn frisch vum Baam orre ingemacht ausm Weckglas von Vorsjohr soi) vermische, donn den Daig driwwergieße unn longsom unnerhewe.

376

Alles sesamme in e gefett Ufflaafform enoi kibbe unn donn in de Backoofe schiewe. Wonn mer die Oofedier zumacht, do seet mer indeierlich: „In Goddes Name, back schee!"

(Wer denkt, dies sei abergläubisches Verhalten, irrt!

Es ist das Eingeständnis, dass man selbst vom Obstanbau bis zur Ofentür getan hat, was man tun konnte. Jetzt muss noch ein Anteil Gnade dazukommen für gutes Gelingen!)

Nun bei 180 Grad Umluft circa eine Stunde backen. Nicht vergessen:

Wonn umgefähr verzisch Minute rum sinn. gonz vorsichdisch mit zwaa Dibbelabbe (Topflappen) den Kerscheplotzer ausem Oofe eraushole, uff e Hiedrabreetje (Hertrage-Holztablett) schdelle unn erst Zimtzugger unn donn Margarineflogge uff de Kerscheplotzer druffmache. Dess gibt e guud Kroscht (Kruste) unn dess rischt mer schunn von Weidem im gonze Haus. Donn serick in de Oofe, dodebei bloß net die Dibbelabbe vegesse, sunst mussde jaunern!

Zwonsisch Minuude weiterbagge losse. Unn dann am besde mit lauwaam Vanillesooß oder mit aarisch kalt Schlaachsahne serwiern. (Awwer bloss net so moderne Ferdischsoße orre Schbriehsahne – dess muss schunn guut sebstgemacht soi. Wie saan die Leit im Odenwald: „`s gehd nix iwwer e safdige Kerschemichel!" Mir saache halt Kerscheplotzer unn maane so zimmlich esselbe.

Diese Rätsel sollen auch zugleich dafür sensibilisieren, dass alles zusammen gehört: Hochdeutsch, Fremdsprache, Lokalkolorit.

Um die Ecke gedacht

Wonn de freidaachs en Kerscheplotzer, den wo monsche Leit aach Kerschemischel nenne dun aus de normaale Hedelfinger machst, donn mussde aarisch[3] achtgewe, dass de net geje es Fasde- unn Absdinenzgeboot veschdooße dust.

Wenn du aus der häufig relativ wurmhaltigen Süßkirschensorte Bio-Hedelfinger einen Kirschauflauf zubereitest, dann musst Du sehr sorgfältig dabei vorgehen. Sonst könnten sehr fundamentalistische Katholiken dir aufgrund des hohen Gehaltes an tierischem Eiweiß in der ansonsten vegetarischen Mahlzeit vorwerfen, dass du gegen das Freitags-Fast- und Abstinenzgebot verstößt.

---

[3] aarisch heißt arg (rheinhessischer Dialekt)

Quiz für Hochdeutschsprecher

Verstehst du noch, was Oma und Opa, Uroma und Uropa in ihrem Dialekt sagen?

Beispiel:
Bojemaaschderei ist   a) ein Aufbewahrungsort für Heulbojen
                           b) ein veraltetes Wort für Rathaus

Lösung: b) Bürgermeisterei (Ortsverwaltung)

Hier einige Sätze, wie man sie ungefähr vor fünfzig Jahren formuliert hat.

1. **„Die do benimmt sich als wie e brieisch Hinkel!"**

   a) Diese Frau ist schwach und antriebsarm, wie ein weichgekochtes Suppenhuhn in der Hühnerbrühe.

   b) Diese Frau ist angriffslustig und feindselig wie eine brütende Henne, die ihr Gelege verteidigt.

2. **„Doin Urgroßvadder war de Bauern ihrn Journalier."**

   a) Dein Urgroßvater arbeitete als Intellektueller im Vergleich zu den ortsansässigen Bauern und zwar bei einer Tageszeitung.

   b) Dein Urgroßvater war ein armer ungelernter Tagelöhner, der froh sein konnte, wenn er saisonweise als Knecht Brot und Arbeit fand.

3. **Den hott heit Nacht de Parre ferdisch gemacht. Der iss beheilischt-eelt worn.**

a) Dem wurde heute Nacht vom Pfarrer das Sakrament der Krankensalbung gespendet.

b) Der hatte eine verbale Auseinandersetzung in der Dorfkneipe, der Pfarrer hatte die besseren Argumente.

4. **Die iss e Andifdsche-Eschdimierern.**

   a) Sie isst lieber Salat als Wurstplatte.

   b) Sie sympathisiert mit den Antifaschisten.

5. **Simbele** sind

   a) Haare, die in die Stirne fallen

   b) Ziemlich einfältige Menschen

6. **Drei Menschen, die in unterschiedlicher Weise auffallen**
   Wer von den dreien hat beim Laufen die meisten Handicaps?
   Ordne die drei Menschen nach dem Schweregrad ihrer Beeinträchtigung von leicht bis schwer
   a-b-c a-c-b b-a-c b-c-a c-a-b c-b-a

   a) Der mit de Atzelaa?

   b) De Pitschedebbeler?

   c) De Podegraische?

7. **Es Schambesje mit soine klaane Haggesjer hott Zooweh**

   a) Der kleine Jean-Baptiste hat Heimweh nach den Zootieren.

   b) Der kleine Jean-Baptiste hat Probleme mit seinen Milchzähnchen.

8. **Aach wonn de schaffst wie en Foind, derfsde dich net benemme wie en Fulder!**

   a) Auch wenn du sehr fleißig arbeitest, darfst du dich nicht wie ein osthessischer Gelegenheitsarbeiter benehmen!

   b) Auch wenn du schuftest wie ein Kriegsgefangener, darfst du keine Tischmanieren zeigen, wie man das von osthessischen Gelegenheitsarbeitern kennt!

9. **Mit unserm zukimpfdische Dochdermann konnste kaa grad Fursch zaggern!**

   a) Mit unserem Schwiegersohn in spe kann man nicht gut Hand in Hand Feldarbeit verrichten.

   b) Unser zukünftiger Hausarzt ist unpolitisch oder parteilos.

10. **Wenn Socken mit hornerne Nodele gestrickt sind, dann**

   a) sind sie aus guter Wollqualität und mit Gelenke schonenden Hornnadeln

   b) aus Billigmaterial schnell und lieblos gestrickt.

11. **Dem soin Hawwer iss so hoch, do misse die Spatze „Tantum ergo" peife, bis se ebbes ins Schnewwelje krieje!**

   a) Der Bauer baut Bio-Hafer an, den die Spatzen so sehr zu schätzen wissen, dass sie fromme Loblieder zwitschern.

   b) Der Hafer des Bauern hat Wachstumsprobleme, weshalb die kleinen Spatzen sich noch hinknien müssen.

Gedicht, geschrieben im April 1970 von Dagmar Kamp

Ich hun kaa Ängscht, moi Maad,
vor de Oominse, die wo krawwele, grad
weil die schunn wisse, was se schaffe wolle.
Ich hun kaa Ängscht, moin Bu,
vorm Mulwuruff, der zaggert de Borrem uff, guck zu!

Die Oomins unn de Mulwuruff, die wissen noch:
Es gibt Grund genuch zum Lewe
fer allminonner uff dere Welt, … doch!

Nachtrag, im April 2014 von Dagmar Reifenberger

Awwer wie de Wingertsmonn vor de Pernoschpera
so ferscht ich mich vor jenen da,
die wo nur Hochdeitsch exklusiv akzeptieren
und *dandini* und *es buggelisch Mennje*
aus unserem Sprachschatz gewaltsam möchten eliminieren.

Übersetzung: Die Ameisen und den Maulwurf braucht man nicht zu fürchten, denn Tiere tun nichts weiter als ihre naturgegebene Arbeit und sind mit sich selbst zufrieden und genügsam. Aber wie sich der Winzer vor Krankheiten im Weinberg fürchtet, so fürchte ich mich vor solchen Menschen, die mit engherzigen Vorschriften alle Kreaturen unter ihre Kontrolle zwingen möchten.

Rätselauflösungen

Auflösung zu Labyrinth auf Seite 197.

SUDOKU Nr. 1 (Nackenheim)

817	432	965
036	578	412
524	619	378
142	083	756
658	741	293
793	265	184
285	**104**	637
371	826	540
460	357	821

Der Psalm mit den vielen Tierarten ist Psalm Nr. 104.

SUDOKU Nr. 2 (Viernheim)

846	**579**	123
519	283	674
732	614	598
164	932	857
983	756	412
275	148	936
498	325	761
627	491	385
351	867	249

Die grau hinterlegten Felder weisen auf den neunten Vers im 57. Psalm hin.

SUDOKU Nr. 3 (Dom-Glocken)

```
465  792  831
781  364  259
293  158  647

518  623  794
924  875  316
376  419  528

132  986  475
657  241  983
849  537  162
```

Das gesuchte Morgenlied im nGL ist die Nr. 86, Aus meines Herzens Grunde.

SUDOKU Nr. 4

```
925  348  761
178  625  943
463  179  582

312  956  874
746  283  159
589  417  236

894  561  327
637  892  415
251  734  698
```

SUDOKU Nr. 5

169	432	857
254	768	319
873	519	264

692	173	548
587	694	123
431	825	796

725	786	431
948	351	672
316	247	985

Das gesuchte Lied hat im EG die Nr. 316: „Lobet den Herren"

RÄTSEL Nr. 1:   ENGELSGEDULD

RÄTSEL Nr. 2:   Es entsteht das Bild einer Schnecke.

RÄTSEL Nr. 3:   SEID HIRT UND HERDE OHNE FURCHT

RÄTSEL Nr. 4:   LET FLOCKS AND HERDS THEIR FEAR FOR-GET

RÄTSEL Nr. 5:   Z-A-U-B-E-R-W-O-R-T

RÄTSEL Nr. 6:   F-R-I-E-D-E-N

RÄTSEL Nr. 7:   F-R-I-E-D-E-N

RÄTSEL Nr. 8:   Dachs, Fische
Die übrigen musst du selbst erschließen!

RÄTSEL Nr. 9:   Der kleine Esel träumt von Rita.

RÄTSEL Nr. 10:

(Sie schleichen auf Zehenspitzen.)

RÄTSEL Nr. 11:   Er ist Winzer. Er reduziert die überschüssigen Triebe. Das Ausbrechmesser ist also das Winzermesser.

RÄTSEL Nr. 12:   Traubenlese

Quiz für Hochdeutschsprecher

1 b: brütende Henne, nicht Henne in Brühe

2 b: Journalier ist ein ungelernter Tagelöhner (franz. le jour, der Tag)

3 a

4 a: Andifdsche = Endivie; Endiviensalat galt als Salatsorte für Werktage, also weit unter Kopfsalatniveau; Eschdimierer = jmd., der etwas gerne isst, von aestimare (lat.) = wertschätzen ; wer also den Endiviensalat gutheißt, leidet an Geschmacksverirrung

5 a der feine Unterschied: b ist nicht ganz falsch, aber das Wort existiert in diesem Sinn nur im Singular. Im Falle von zwei einfältigen Menschen würden man zwaa Simbel (ohne Plural-e) sagen. Oder eher: der do iss en Simbel unn der annern aach.

6 b-a-c: b, unachtsamer oder schusseliger Mensch; a, Mensch mit Hühneraugen (Atzelaa sind eigentlich Elsternaugen, diebische Elstern haben stechende Augen, Hühneraugen stechen); c, Mensch mit Gicht (lat. podagra). Bei Gichtkranken sind viele Gelenke schmerzhaft deformiert.

7 b

8 b: Fuldaer Arbeitssuchende standen saisonweise mit Dreschflegeln am heutigen Bahnhof Konstablerwache in Frankfurt. Bei uns daheim (wie in manch anderem Bauernhaushalt) gab es Fulder Deller, von denen die Dreschmaschinenarbeiter aßen. Diese Teller waren größer und stabiler.

9 a: zaggern = veraltetes Wort für pflügen

10 a

11 b: Beim Singen des „Tantum ergo" (Text von Thomas von Aquin, 13. Jh.) kniet man in der katholischen Kirche vor der Monstranz nieder.

Abendlieder
als Ausklang

Gedruckte und handgeschriebene
Lieblingszeilen

Melodie: gälisches Traditionslied, populäre Version „Morning has broken"
Texte. selbstgedichtet

Abendrot kommt nun, Taglicht, verlösche!
Nachtigall singt uns sanft in die Nacht.
Dank für die Lieder aller Geschöpfe,
Dank sei dem Herrn der alles erdacht!

Hark! Kookaburras finish their laughing,
they use to sing and laugh through the day.
Blackbird and lark are sleeping and resting.
Recurring nightmares: chase them away!

Lachender Hans
(= Kookaburra)

Annika, 8 Jahre

(Übersetzung:
Horch, die Kookaburras hören allmählich mit ihrem Lachgesang auf.
Den ganzen Tag über singen und lachen sie.
Amsel und Lerche schlafen und ruhen sich aus.
Wiederkehrende Albträume: scheuch sie weg!)

Avus Antonius --- schließt nun das Hoftor,
avia Anna --- summt den Choral,
avis in horto --- pfeift noch sein Liedchen
Kindlein im Bettchen, gähne nochmal!

(Übersetzung: Opa Anton / Oma Anna / ein Vogel im Garten)

Viele, viele Kinder und Jugendliche können abends lange nicht einschlafen, weil sie sich um ihre altgewordenen Großeltern Sorgen machen oder um eine verstorbene Oma, einen verstorbenen Opa trauern. Manchmal hilft es, aus Erinnerungen einen Vers zu einem Lied zu dichten, das tröstet und macht müde.
(Hier zwei Beispiele zu Abendlied Nr. 9)

So mancher Rhythmus, Erinnerungen
von Deinem Holzbein, von Löffeln von mir.
Dank für die Klänge, sind sie auch verklungen,
was wir gesungen, bleibt immer bei mir.

Wenn Aprikosen blühen und reifen
und wenn die Lerche ihr Jubellied singt,
hilft meine Oma mir zu begreifen,
dass aus Erinnern vieles gelingt.

(Die dazugehörigen Erinnerungen an Opas Holzbein und Omas Aprikosentage findest du in Lektion 9 und Lektion 12).

Von guten Mächten wunderbar geborgen,
erwarten wir getrost, was kommen mag.
Gott ist mit uns am Abend und am Morgen
Und ganz gewiss an jedem neuen Tag.

By gracious powers so wonderfully sheltered
And confidently waiting, come what may,
We know that God is with us night and morning
And never fails to meet us each new day.

Sur nous, merveille! Des puissances veillent,
Sans peur nous avancons vers l'avenir;
Dieu, près de nous, de l'aube au soir demeure,
fidèle, chaque jour qui doit venir.

Zum Glück kann der Mensch
von der Katze
Entspannung
lernen.

Diese Wasserspeier, die herunter auf die Einwohner und Touristen blicken, die weit über die Seine glotzen, sind Dämonen. Sie sind weder Mensch noch Tier, weder tot noch lebendig.

Sie sind Angst einflößend. Ähnliche Dämonen finden wir an vielen Kathedralen, auch am Hohen Dom zu Mainz (siehe Foto). An Gotteshäusern bedeutet dies: Dämonen sind überall, doch nicht in gesegneten Räumen.

Abendlied, zu beten oder zu singen

Der Tag hat sich geneigt,
so wie im sommerlichen Feld
sich schwer die Ähre zur Erde beugt,
die reife Körner hält.

Wer nun zum Abend ruht, fragt sich:
Was hat der Tag gebracht?
Wer weiß, was schlecht war und was gut?
Was bleibt nach dieser Nacht?

Herr, der den Tag uns gab,
bleib Du auch jetzt noch bei uns hier!
Nimm uns die Stunden des Tages ab,
gib uns Dein Brot dafür!

Manfred Siebald, 1999

Die Melodie des Abendliedes „Nun ruhen alle Wälder" ist uralt.

Heinrich Isaac hat sie am Ende des 15. oder am Anfang des 16. Jahrhunderts komponiert, ursprünglich als wehmütiges Abschiedslied an die Stadt Innsbruck.

Dieser Melodie wurden so manche weltliche und religiöse Liedtexte hinzugefügt. Unzählige Eltern und Großeltern haben ihre Kinder mit diesem Lied beruhigt und sie sanft in den Schlaf gewiegt. Friedrich der Große soll das Lied verabscheut haben, vielleicht weil er es wie jeder Deutsche kannte und man es ihm doch nie vorgesungen hat. Einem künftigen Monarchen gestand man in seiner Kindheit und Jugend Angst und Schwäche prinzipiell nicht zu.

Viele Menschen, die heute etwa 80 Jahre alt sind, hat das Lied durch Ängste in Krieg und Nachkriegszeiten begleitet. Die Ängste, die besonders vor dem Einschlafen auftauchen, werden benannt, beschrieben und dann durch Gottes Machtwort gebannt.

Breit aus die Flügel beide, o Jesu, meine Freude, und nimm dein Küchlein ein.
Will Satan mich verschlingen, so lass die Englein singen: „Dies Kind soll unverletzet sein!"

Bei manchen Vogelarten sind es die Vogelmütter, bei anderen, beispielsweise einigen Straußenvögeln, sind es die Vogelväter, die die Eier bebrüten und die neugeschlüpften Küken wärmen und schützen.

Das türkische Abendlied „Dandini, dandini" hat auf den ersten Blick einen ganz anderen Text und ist doch ähnlich aufgebaut. Als kindliche Angst wird thematisiert, dass ein hungriges Kälbchen das Gemüse im Garten über Nacht verschlingen könnte, doch das Kind darf ruhig einschlafen. Der Gärtner wird den Gemüsegarten beschützen und Gott wird das Kind und die ganze Welt beschützen.

Zuversicht entsteht nicht dadurch, dass die Angst verneint oder verdrängt oder verniedlicht wird. Angst wird beim Namen genannt, in starken Bildern und Worten beschrieben und durch zarte Worte und

alte Melodien mit Gottes Schutz und menschlichem Bemühen verknüpft.

Von Generation zu Generation, immerdar und überall auf der Welt, bei Menschen und Tieren, in Gärten und Wäldern, in Ställen und Häusern.

In früheren Jahrzehnten haben Großeltern ihren Enkelkindern oft Verse oder Strophen aus Gesangbuchliedern ins Poesiealbum oder Stammbuch geschrieben.

Welche **dieser** Liedstrophen hätte wohl deine Oma / dein Opa für dich aufgeschrieben?

Gibt es ein Kirchenlied mit **Segensworte**n, vielleicht aus einem Schulgottesdienst, das du kennst und vielleicht gerne singst?

Welche Liedzeile macht dir besonders Mut?

Abendlieder

1 **Kookaburra* sits in the old gum tree**
(M. Sinclair) - *) australischer „Lachvogel" /
Schalom chaverim (jüdische Volksweise) / Kumbaya my Lord (aus
Angola / Mittelamerika 19. Jh.)
Michael Freund (Piano), Maria Graschtat (Violine)

2 **They tiptoe**
(Lied über Katzen; T und M: Shamrock-Duo in „Book of Kells")***
Michael Freund (Piano), Maria Graschtat (Violine), Dagmar E. Reifenberger (Katzennamenflüsterin)

3 **Guten Abend, gute Nacht**
(Johannes Brahms, 1833-1887)
Michael Freund (Piano), Maria Graschtat (Violine)

4 **Dandini, dandini**
(türkisches Schlaflied für Kinder; M: traditionell) ***
Michael Freund (Piano)

5 **Von guten Mächten wunderbar geborgen**
(EG, nGL 430; T: Dietrich Bonhoeffer 1944; M: Siegfried Fietz
* 1946)
Michael Freund (Piano), Maria Graschtat (Violine)

6 **Wie Deines Auges Stern**
(T und M: Heinz Martin Lonquich, Carus-Verlag; neues Gotteslob
nGL 441; nach einem Psalmvers) ***
Michael Freund (Piano), Maria Graschtat (Violine und Gesang)

7 **Dear Lord and Father of Mankind**
(T: J. G. Whittier, 1807-1892; M: C. M. H. Parry, 1848-1918)
Michael Freund (Piano), Maria Graschtat (Violine und Gesang),
Dagmar E. Reifenberger (Sprecherin)
(nach der Ballade „Long since in Egypt's plenteous land aus dem
Oratorium „Judith", uraufgeführt am 29. August 1888 in Birmingham) ***

8 **The day Thou gavest**
(T: J. Ellerton, 1826-1893); M: C. C. Scholefield, 1839-1904)
Michael Freund (Piano), Maria Graschtat (Violine) ***

9 **Taglicht verlöschet**
(ursprünglich gälisches Volkslied; 1931 in „Songs of Praise" von
Eleanor Farjeon erschienen unter dem Titel „Morning has broken";
Abendliedstrophen : Dagmar E. Reifenberger 1979) ***
Michael Freund (Piano), Maria Graschtat (Violine)

10 **Abide with me**
(T: H. F. Lyte, 1793-1847; M: W. H. Monk, 1823-1889)
Michael Freund (Piano), Maria Graschtat (Violine) ***

11 **All night, all day**
(Amerika: trad.)
Elisa Groth (Software-Orgelemulator aeolus, Leiden 2010) ***

12 **Stabat Mater**
(Köln, 1638)
Elisa Groth (Schlimbach-Orgel, St. Gereon Nackenheim 2012)
nGL 532 Christi Mutter stand mit Schmerzen

13 **Orgel-Potpourri: Gegrüßet seist du, Königin**
(nGL 536 / GL 573), In dieser Nacht (nGL 91 / GL 703, Ausgabe
Bistum Mainz 1974),
Elisa Groth (Schlimbach-Orgel, St. Gereon Nackenheim 2012)

14 **Kanon in D-Dur**
(M: Johann Pachelbel um 1680)
H. P. Spanheimer (Schlimbach-Orgel, St. Gereon Nackenheim
2012)

15 **Vienne la paix**
(Franz. Friedenslied um 1900)
Allegra Reifenberger (Gitarre, Pfeifen) ***

16 **Abendglocken**
(Uhrzeit „f", Angelusläuten „g")
St. Maria – Glocke und Bruder-Konrad-Glocke (Kirche St. Gereon
Nackenheim)

17 Wer hat die schönsten Schäfchen
(T: Hoffmann von Fallersleben um 1830; M: Joh. Friedrich Reichardt;)
Michael Freund (Schlimbach-Orgel, St. Gereon Nackenheim 2012)***

18 Guter Mond, du gehst so stille
(T: Karl Enslin, 1819-1875; M: anonymes volkstümliches Liebeslied um 1800)
Susanne Jung (Klavier und Gesang), Marie Cara Jung (Gesang)

19 Der Sandmann ist da
(Volkslied 19. Jh.)
Susanne Jung (Klavier), Marie Cara Jung (Gesang)

20 Abendstille überall
(T: Otto Laub, 1805-1882; M: Fritz Jöde, 1887-1970) ***
Susanne Jung (Klavier und Gesang), Marie Cara Jung (Gesang),
Susanne Schweiger (Gesang), Dagmar E. Reifenberger (Gesang),
Kanon

21 All through the night / Ar Hyd y Nos
(T: Thomas Oliphant, 1862; M: John Ceiriog Hughus, 18. Jh.)
Michael Freund (Piano), Maria Graschtat (Violine)

22 Gott, Dein Segen geht mit uns
(Reinhard Horn in: Kinder-Kirchen-Hits, Das Liederbuch für den
Kinder- und Familiengottesdienst, Verlag Junge Gemeinde 2008,
978-3-7797-0598-7)
Susanne Jung (Klavier und Gesang), Marie Cara Jung (Gesang) ***

23 Gott, Dein Segen geht mit uns
(siehe 22)
Susanne Jung (Orgelimprovisation)

24 Kind, du bist uns anvertraut
[Liebster Jesu, wir sind hier] (EG 577, EG 161, GL 529; n GL 890) T:
Tobias Clausnitzer, 1663; M: Johann R. Ahle, 1664)
Susanne Jung (Orgel)

25 Der Tag hat sich geneigt
(T und M: Manfred Siebald 1991) ***
Susanne Jung (Orgel und Gesang), Dagmar E. Reifenberger (Gesang)

26 Nehmt Abschied Brüder
(T und M: internat. Pfadfinderlied in engl., franz., deutscher Sprache)
Allegra Reifenberger (Gitarre und Pfeifen), Elisa Groth (Ukulele und Gesang), Jakob Reifenberger (Ukulele und Pfeifen)

27 Der Mond ist aufgegangen
(EG 482, nGL 93; T: Matthias Claudius, 1778; M: Joh. Abraham Peter Schulz, 1790)
Michael Freund (Orgel)

28 Nun ruhen alle Wälder
(EG 477; nGL 101) T: Paul Gerhardt, 1607-1676; M: Heinrich Isaac [Innsbrucklied], 15. Jh.)
Michael Freund (Orgel)

29 La nuit
(T: Jean-Philippe Rameau, 1863-1764; M: trad. franz. Weihnachtslied, 18. Jh.) ***
Elisa Groth, geb. Reifenberger (Orgel der Pfarrkirche St. Gereon), Jakob Reifenberger (Trompete)

Anmerkung:
Zu den mit *** gekennzeichneten Liedern sind die Noten im Buch enthalten.
Die Lieder, die im EG oder nGL enthalten sind, kannst du selbst leicht nachschlagen.
Sowohl in katholischen wie in evangelischen Kirchen liegen für Besucher Gesangbücher bereit.

Welches Abendlied ist für dich persönlich geeignet als Fokus zum Meditieren, als Einschlafmelodie, zum dankbaren Tagesausklang, zum Trost in der Dunkelheit?

Abendlied Nr. 1

Kookaburra (australischer Lachvogel, LACHENDER HANS)

KANON

Koo-ka-bur-ra sits in the old gum tree.

Merry, merry king of the bush is he.

Laugh, Kooka-bur-ra, laugh, Kooka-bur-ra.

Zeile ② und ④ : bitte selbst ergänzen! Abendlieder, Lied Nr. 1

Abendlieder

Kum-ba- ya my Lord, kum-ba- ja.

(Ergänze Noten oder Akkorde nach Gehör!)

Abendlied Nr. 2

Katzen werden übermütig,
Menschen werden übermüde.

they tiptoe

(Satz: C. Lange, 2012)

they tiptoe
through the tulips

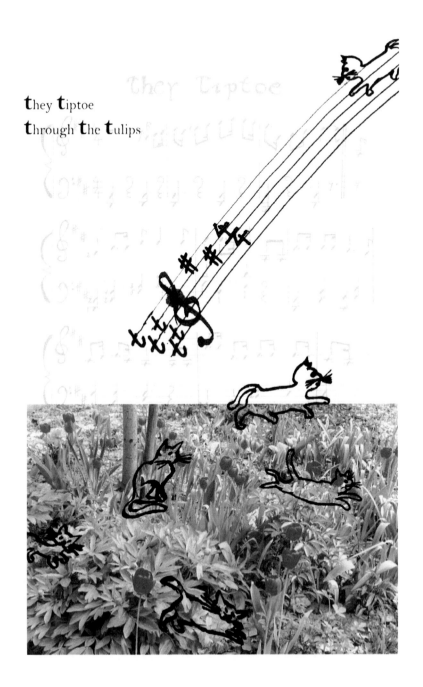

Abendlied Nr. 4

Dandini, dandini

Volkslied aus der Türkei
Bearb.: Bettina Gütermann-Cichorowski

1.Dan - di - ni, dan - di - ni, da - sta - na,

da - na - lar gir - mis bos - ta - na,

kov bos - stan - ci dan - a - yi

ye - me - sin la - ha - na - yi.

2. Dandini dandini dandadan,
   bir ay dogmus anadan,
   kacinmamis yradan,
   mevla korusun nazardan.

Übersetzung:

Schlaf, mein Kind, schlaf.
Der Gärtner bewacht den Gemüsegarten
vor einem hungrigen Kälbchen.
Mein Kind, du bist so schön wie der Mond,
Gott beschütze dich!

Abendlied Nr. 5

Von guten Mächten wunderbar geborgen,
erwarten wir getrost, was kommen mag.
Gott ist bei uns am Abend und am Morgen
und ganz gewiss an jedem neuen Tag.

(Waltraud, 60 Jahre)

Von guten Mächten wunderbar geborgen
erwarten wir getrost, was kommen mag.
Gott mit uns am Abend und am Morgen
und ganz gewiß an jedem neuen Tag.

(Dietrich Bonhoeffer)

Karl-Josef mit 83 Jahren

VON GUTEN MÄCHTEN WUNDERBAR GEBORGEN,
ERWARTEN WIR GETROST, WAS KOMMEN MAG.
GOTT IST BEI UNS AM ABEND UND AM MORGEN
UND GANZ GEWISS AN JEDEM NEUEN TAG.

EBERHARD, 51

Laß warm und hell die Kerzen heute flammen,
die du in unsre Dunkelheit gebracht.
Führ, wenn es sein kann, wieder uns zusammen.
Wir wissen es, dein Licht scheint in der Nacht.

Sylvia, 52 Jahre

Noch will das alte unsre Herzen quälen,
noch drückt uns böser Tage schwere Last.
Ach Herr, gib unsern aufgeschreckten Seelen
das Heil, für das du uns geschaffen hast.

Alfred, 68. J.

Abendlied Nr. 6

M: Heinz Martin Lonquich

... im Schatten deiner Flügel ...

Chiara, 12 Jahre

Wie Deines Auges Stern behüte mich,
birg mich im Schatten Deiner Flügel.

**Wie Deines Auges Stern behüte mich,
birg mich im Schatten Deiner Flügel.**

Wie Deines Auges Stern behüte mich,
birg mich im Schatten Deiner Flügel.

*Wie Deines Auges Stern behüte mich,
birg mich im Schatten Deiner Flügel.*

Abendlied Nr. 7

Drop thy still dews of quietness,
Till all our strivings cease;
Take from our souls the strain and stress,
And let our ordered lives confess
The beauty of thy peace.

Henri, 22 Jahre

„interpreted by love" (Christine, 23 Jahre)

Speak through the earthquake, wind and fire
O still small voice of calm
Mary, 67 years.

Abendlied Nr. 8

Der Tag ist um, die Nacht kehrt wieder,
auch sie, o Herr, ist deine Zeit.
Dich preisen unsere Morgenlieder,
dir sei die Stille nun geweiht.

Kaum ist die Sonne uns entschwunden,
weckt ferne Menschen schon ihr Lauf,
und herrlich neu steigt alle Stunden
die Kunde deiner Wunder auf.

Am Weltgebetstag der Frauen singen wir dieses Lied
immer als Schlußlied.   (Beate, 52 Jahre)

As o'er each continent and island
The dawn leads on another day,
The voice of prayer is never silent,
Nor dies the strain of praise away. (Fel.)

So be it, lord; Thy throne shall never,
Like earth's proud empires, pass away;
Thy kingdom stands, and grows forever,
Till all Thy creatures own Thy sway.
                    (Audrea, 46 Jahre)

411

We thank Thee that Thy church, unsleeping,
While earth rolls onward into light,
Through all the world her watch is keeping,
And rests not now by day or night.

Steff. 46 Jahre

The Day Thou Gavest, Lord, Is Ended

Letzten zwei Strophen (4,5)

The sun that bids us rest is waking
Our brethren 'neath the western sky,
And hour by hour fresh lips are making
Thy wondrous doings heard on high.

So be it, Lord; Thy throne shall never,
Like earth's proud empires, pass away:
Thy Kingdoms stands, and grows forever,
Till all Thy creatures own Thy sway.

Pascal, 28 Jahre

Abendlied Nr. 9

Times and Church Seasons

16 (AMR 33)
St. Clement 9 8.9 8.   C. C. Scholefield (1839–1904)

Evening

The World Church

The day thou gavest, Lord, is ended,
  the darkness falls at thy behest;
to thee our morning hymns ascended,
  thy praise shall sanctify our rest.

2

We thank thee that thy Church unsleeping,
  while earth rolls onward into light,
through all the world her watch is keeping,
  and rests not now by day or night.

3

As o'er each continent and island
  the dawn leads on another day,
the voice of prayer is never silent,
  nor dies the strain of praise away.

4

The sun that bids us rest is waking
  our brethren 'neath the western sky,
and hour by hour fresh lips are making
  thy wondrous doings heard on high.

5

So be it, Lord; thy throne shall never,
  like earth's proud empires, pass away;
thy kingdom stands, and grows for ever,
  till all thy creatures own thy sway.

J. ELLERTON (1826–93)

Abendrot kommet

(Melodie: Morning has broken, Cat Stevens)

Abendrot kommet, Taglicht verlöschet;
Nachtigall singt uns saft in die Nacht.
Dank für die Lieder aller Geschöpfe,
Dank sei dem Herrn der alles erdacht!

Shine through the gloom and point me to the skies;
Heaven's morning breaks, and earth's vain shadows flee;
In life, in death, O Lord, abide with me.

Dichte, 38

413

Abendlied Nr. 10

Times and Church Seasons

13 (AMR 27)
Eventide 10 10.10 10.

W. H. Monk (1823–89)

Evening

The evening of life

Abide with me; fast falls the eventide:
the darkness deepens; Lord, with me abide:
when other helpers fail, and comforts flee,
help of the helpless, O abide with me.

2

Swift to its close ebbs out life's little day;
earth's joys grow dim, its glories pass away;
change and decay in all around I see:
O thou who changest not, abide with me.

3

I need thy presence every passing hour;
what but thy grace can foil the tempter's power?
Who like thyself my guide and stay can be?
Through cloud and sunshine, Lord, abide with me.

4

I fear no foe with thee at hand to bless;
ills have no weight, and tears no bitterness.
Where is death's sting? Where, grave, thy victory?
I triumph still, if thou abide with me.

5

Hold thou thy cross before my closing eyes;
shine through the gloom, and point me to the skies:
heaven's morning breaks, and earth's vain shadows flee;
in life, in death, O Lord, abide with me.

H. F. LYTE (1793–1847)

Heaven's morning breaks, and earth's vain
shadows flee,
In life, in death, O Lord, abide with me.

Johnny 69 yrs (jual!)

414

Abendlied Nr. 12

Christus,
lass bei meinem Sterben
mich mit DEINER MUTTER
erben SIEG und Preis
nach letztem Streit.

Wenn der Leib dann
sinkt zur Erde,
gib mir, dass ich teilhaft werde

DEINER SEL'GEN

Herrlichkeit.

(Olaf, 52 Jahre)

Christi Mutter stand mit
Schmerzen bei dem Kreuz und weint'
von Herzen, als ihr lieber Sohn da hing.
Rita   74 Jahre

bei dem Kreuz und weint von Herzen
als ihr lieber Sohn da hing

(Cecilia, 64 Jahre)

584 5.
Christus, lass bei meinem Sterben mich mit
deiner Mutter erben, Sieg u. Preis nach letztem Streit.
Wenn der Leib dann sinkt zur Erde, gib mir,
dass ich teilhaft werde deiner selgen Herrlichkeit

Doris, 56

Abendlied Nr. 13

Gegrüßet seist du, Königin, o Maria,
erhabne Frau und Herrscherin, o Maria.

(Regel, 80 Jahre)

O mächtige Fürsprecherin, –
bei Gott sei unsre Helferin.

(Irmgard, 57 Jahre)

In dieser Nacht sei du mir Schirm und Wacht
o Gott, durch Deine Macht wollst mich bewahren
vor Sünd und Leid, vor Satans List und Neid,
Hilf mir im letzten Streit, in Todsgefahren.

Hildegard 81

In dieser Nacht
1. Strophe   (Gerhard, 60)

Gegrüßet seist du, Königin, o Maria,
erhabne Frau und Herrscherin, o Maria.

(Resel, 80 Jahre)

O mächtige Fürsprecherin, ~
bei Gott sei unsre Helferin.

(Irmgard, 57 Jahre)

Gegrüßet seist du Königin

3. Du unsre Hoffnung, sei gegrüßt,
o Maria,
die du der Sünder zuflucht bist,
o Maria!

Berit, 43 Jahre

In dieser Nacht sei du mir Schirm und Wacht
o Gott, durch Deine Macht wollst mich bewahren
vor Sünd und Leid, vor Satans List und Neid,
Hilf mir im letzten Streit, in Todsgefahren.

In dieser Nacht
1. Strophe   (Gerhard, 60)

Hildegard 81

Orgel-Potpourri (Nr. 13)

418

Am liebsten singe ich jeden Donnerstag bei der Probe und manchmal sonntags im Hochamt in der Nackenheimer Kinder-und Jugendschola von St. Gereon unter der Leitung von Frau Dr. Renate Lang.

Manche Melodien schweben hoch über der Erde. Bis zum Himmel! Wer kann es dort oben vielleicht hören? Ich habe es gemalt.

Katharina, 8 Jahre

Abendlied Nr. 15

Vienne la paix

Refrain: Vienne la paix sur notre terre,
la paix de Dieu pour les nations!
Vienne la paix entre les frères,
la paix de Dieu dans nos maisons!

1. Nos épées deviendront charrues de laboureurs,
   nos lances deviendront des faux pour la moisson.
   Vienne la paix de Dieu!
   On ne s'armera plus pays contre pays,
   les soldats cesseront de preparer la guerre,
   vienne la paix de Dieu!

3. Le souffle du Très-Haut se répandra sur nous,
   et le désert fleurira comme un verger,
   vienne la paix de Dieu!
   La tendresse de Dieu recouvrira le monde
   mieux que l'eau ne remplit les abîmes de la mer.
   Vienne la paix de Dieu!

4. Les hommes désunis se donneront la main!
   On ne commettra plus ni mal ni cruauté,
   vienne la paix de Dieu!
   Les captifs chanteront leurs chants de delivrance;
   les camps de réfugiés se changeront en jardins!
   Vienne la paix de Dieu!

VIENNE

ES
LA
WERDE
PAIX
FRIEDEN

Vienne la paix – es werde FRIEDEN!

5. April 2014

selbst gedruckt in Mainz, Druckerwerkstatt

Vienne la paix sur notre terre, la paix de
Dieu pour les nations!
Vienne la paix entre les frères, la paix de
Dieu dans vos maisons!

3. Le souffle du Très-Haut se répandra
sur nous,
Et le désert fleurira comme un verger,
Vienne la paix de Dieu!
La tendresse de Dieu recouvrira le monde
Mieux que l'eau ne remplit les abîmes de
la mer,
Vienne la paix de Dieu!

Sebastian, 27 Juin

Vienne la paix de Dieu,
Vienne la paix sur notre terre,
la paix de Dieu dans nos maisons
et pour les nations.

Renate und Bernhard (79 und 89 Jahre)

Abendlied Nr. 17

Wer hat die schönsten Schäfchen?

Wer hat die schönsten Schäfchen?
Die hat der goldene Mond,
Der hinter jenen Bäumen
Am Himmel droben wohnt.

Er kommt am späten Abend,
Wenn alles schlafen will,
Hervor aus seinem Hause
Zum Himmel leis' und still.

Dann weidet er die Schäfchen
Auf seiner blauen Flur,
Denn all die weißen Sterne
Sind seine Schäfchen nur.

Sie tun uns nichts zu leide
Hat eins das andere gern,
Und Schwestern sind und Brüder
Da droben Stern an Stern

Dietrich, 45 Jahre

Das weiche Kuscheltier, ein Schäfchen, hat am Halsband ein kleines Glöckchen. Und wenn das Glöckchen ganz leise bimmelt, begleitet das unser Einschlaflied, das Mama und Papa für mich und meine kleine Schwester Florina singen.

Livia, 6 Jahre

Dann weidet er die Schäfchen
auf seiner blauen Flur;
denn all die weißen Sterne
sind seine Schäfchen nur.

                    Sabrina , 15 Jahre

Er kommt am späten Abend,
wenn alles schlafen will,
hervor aus seinem Hause
am Himmel leis und still.

                    Isabel, 13 Jahre

Abendlied Nr. 18

Guter Mond, du gehst so stille

Guter Mond, du gehst so stille durch die Abendwolken hin,
deiner ... Ville ... auf jener Bahn dich ziehen.
Leuchte freundlich jedem Müden in der stillen Kammer ...,
und dein Schimmer fließe Frieden ins bedrängte Herz hinein.

Dietrich, 45 Jahre

Guter Mond, so sanft und milde
glänzest du im Sternenmeer,
wallest in dem Lichtgefilde
hehr und feierlich einher.

Corinna, 46

427

Abendlied Nr. 19

Abends, will ich schlafen gehn,
vierzehn Engel um mich stehn:
Zwei zu meinen Häupten,
Zwei zu meinen Füßen,
Zwei zu meiner Rechten,
Zwei zu meiner Linken,
Zweie die mich decken,
Zweie die mich wecken,
Zweie die mich weisen
Zu Himmels Paradeisen.

Emma, 13

Jedem Tierlein überall

Gib ihm Schutz und gib ihm Stall.
Jedem Blümlein seinen Traum
Wiege leise Jeden Baum.

Anne, 8

Kanon 1.

A-bend-stil – le ü – ber – all.

2.

nur am Bach die Nach – ti – gall

Kranken Herzen sende Ruh,
Nasse Augen schließe zu,
Lass den Mond am Himmel steh'n
Und die Stille Welt beseh'n.

Paul, 12

Abendgebete

Weißt du, wiel viel Kinder frühe, stehn aus
ihrem Bettlein auf, dass sie ohne Sorg und
Mühe fröhlich sind im Tageslauf? Gott im Himmel
hat allen seine Lust, sein Wohlgefallen; kennt auch
dich und hat dich lieb, kennt auch dich und hat
dich lieb.

(Minn-Thu N., 15J)

Abendlied Nr. 20

Abendstille ...
überall ...

Nur am Bach ...
die Nachtigall ...
singt ihre Weise ...
Zart ... und leise ...
durch das Tal .....

(Gerhard , 57 Jahre)

Abendstille überall,

nur am Bach die Nachtigall,

singt ihre Weise

klagend und leise

durch das Tal

Ellen (61 Jahre)

Abendlied Nr. 21

Sleep my child, 1. Strophe:

Sleep my child and peace attend thee,
All through the night,
Guardian angels God will send thee,
All through the night.
Soft the drowsy hours are creeping,
Hill and dale in slumber sleeping,
I my loved ones' watch am keeping,
All through the night.

Isabel, 31 Jahre

Schenk' Träume voll Freude und guter Wünsche,

die ganze Nacht.

Wach' über uns, Herr, schenk' uns Deinen Segen,

die ganze Nacht.   zu „Sleep my child..."

(Bardo, 37 Jahre)

Sleep my child and peace attend thee,
All through the night
Guardian angels God will send thee,
All through the night
Soft the drowsy hours are creeping
Hill and vale in slumber sleeping,
I my loving vigil keeping
All through the night.

Bajit, 45 Jahre

Soft the drowsy hours are creeping,
Hill and vale in slumber sleeping.

(Marvin, 17 Jahre)

While the moon her watch is keeping
All through the night
While the weary world is sleeping
All through the night

Susan (16)

432

Abendlied Nr. 22

GOTT, DEIN SEGEN GEHT MIT UNS

Text: Ulrich Walter / Musik: Reinhard Horn

23

Gott,
dein Segen geht mit uns
am Abend und am Morgen

Susanne, 42

Abendlied Nr. 24

1. Kind, du bist uns anvertraut.
   Wozu werden wir dich bringen?
   Wenn du deine Wege gehst,
   wessen Lieder wirst du singen?
   Welche Worte wirst du sagen
   und an welches Ziel dich wagen?

2. Unser Wissen und Verstand
   ist mit Finsternis umhüllet,
   wo nicht deines Geistes Hand
   uns mit hellem Licht erfüllet.
   Gutes denken, tun und dichten
   mußt du selbst in uns verrichten.

3. Freunde wollen wir dir sein,
   sollst des Friedens Brücken bauen.
   Denke nicht, du stehst allein;
   kannst der Macht der Liebe trauen.
   Taufen dich in Jesu Namen.
   Er ist unsre Hoffnung. Amen   (Elisabeth, 57 Jahre)

Liebster Jesu, wir sind hier,
dich und dein Wort anzuhören;
lenke Sinnen und Begier
hin an deinen Himmelslehren.

Ernst, 83 Jahre

Unser Wissen und Verstand
ist mit Finsternis umhüllet,
wo nicht deines Geistes Hand
uns mit hellem Licht erfüllet.

(Jutta, 47 Jahre)

Unser Wesen sind Verband

ist mit Hindernis umhüllt,

wo nicht deiner ... Hand

uns mit hellem Licht erfüllt.

Imgard, 83 J.

Kampf und Krieg zerreißt die Welt,
einer drückt den andern nieder.
Dabei zählen Macht und Geld,
Klugheit und gesunde Glieder.
Mut und Freiheit, das sind Gaben,
die wir bitter nötig haben.

Sabine, 55 Jahre

Abendlied Nr. 25

... Licht vom Licht, aus Gott geboren:
mach uns allesamt bereit,
öffne Herzen, Mund und Ohren ...

Benct, 47

Der Tag hat sich geneigt,
so wie im sommerlichen Feld
sich schwer die Ähre zur Erde beugt,
die reife Körner hält

Fluette 56 J.

Herr, der den Tag uns gab,
bleib Du auch jetzt noch bei uns hier!
Nimm uns die Stunden des Tages ab,
gib uns Dein Brot dafür.

Agnes 75 Jahre

437

Der Tag hat sich geneigt

1. Der Tag hat sich ge - neigt, so wir im som - mer - li - chen Feld sich schwer die Äh - re zur Er - de beugt, die rei - fe Kör - ner hält, sich schwer die Äh - re zur Er - de beugt, die rei - fe Kör - ner hält.

2. Wer nun zum A - bend ruht, fragt sich: was hat der Tag ge - bracht? Wer weiß, was schlecht war und was gut? Was bleibt nach die - ser Nacht? Wer weiß, was schlecht war und was gut? Was bleibt nach die - ser Nacht?

3. Herr, der den Tag uns gab, bleib du auch jetzt noch bei uns hier. Nimm uns die Früch - te des Ta - ges ab - gib uns dein Brot da - für. Nimm uns die Früch - te des Ta - ges ab - gib uns dein Brot da - für.

Text und Melodie: Manfred Siebald 1999; Satz: Manfred Staiger
© Hänssler Verlag, D-71087 Holzgerlingen

Abendlied Nr. 26

Nehmt Abschied, Brüder
ungewiss ist alle Wiederkehr,
die Zukunft liegt in Finsternis
und macht das Herz uns schwer.

Der Himmel wölbt sich übers
Land, Ade, auf Wiederseh'n!
Wir ruhen all in Gottes Hand,
Lebt wohl auf Wiederseh'n.

(Michèle, 40 J.)

Die Sonne sinkt, es steigt die Nacht,
vergangen ist der Tag.
Die Welt schläft ein und leis' erwacht
der Nachtigallen Schlag.

Ursula (61 Jahre)

Auld Lang Syne

We twa hae rin aboot the braes,
and pu'd the gowans fine
But we've wander'd mony a weary ft,
Sin auld lang syne.

Jessica, 25 Jahre

Should old acquaintance be forgot

We twa hae paidl'd i'the burn,
frae morning sun till dine
But seas between us braid hae roar'd,
sin' auld lang syne.

Felice, 29 Jahre

A Smile

1. A smile is quite a funny thing,
   It wrinkles up your face,
   And when it's gone you'll never find
   Its secret hiding place.
   But far more wonderful it is
   To see what smiles can do,
   You smile at one, he smiles at you,
   And so one smile makes two.

2. And here's a hand, my trusty friend,
   And give a hand of thine;
   We'll take a cup of kindness yet
   For auld lang syne.   (Felicitas, 46 Jahre)

441

Text des Pfadfinderabschiedsliedes

Der Himmel wölbt sich übers Land,
Ade, auf Wiederseh'n!
Wir ruhen all in Gottes Hand,
Lebt wohl auf Wiederseh'n.

Nehmt Abschied, Brüder, schließt den Kreis,
das Leben ist ein Spiel.
Und wer es recht zu spielen weiß,
gelangt ans große Ziel.

(Reinhold Richer, Pfarrer
in Nackheim, St. Gereon)

„So ist in jedem Anbeginn,
das Ende nicht mehr weit,
wir kommen her und gehen hin,
und mit uns geht die Zeit.
Der Himmel wölbet sich in dem Land,
ade, auf Wiedersehen.
Wir ruhen all in Gottes Hand,
lebt wohl, auf Wiedersehen."

Marina, 14 Jahre

Die Sonne sinkt, es steigt die Nacht,
vergangen ist der Tag.

Die Welt schläft ein, und leis' erwacht
die Nachtigallen Schlag.

Joshua 40 Jahre

Nehmt Abschied Brüder, schließt den Kreis,
das Leben ist ein Spiel.
Und wer es recht zu spielen weiß,
gelangt ans große Ziel

Peter 43 Jahre

Abendlied Nr. 27

Der Mond ist aufgegangen
die goldenen Sternlein
prangen am Himmel
hell und klar

    Anna-Lisa

Der Mond ist aufgegangen
d. die Goldnen Sternlein prangen
 am Himmel hell und klar

   Vincent, 9 Jahre

So legt euch denn ihr Brüder,
In Gottes Namen nieder;
kalt ist der Abendhauch.
Und lass uns ruhig schlafen !
Und unsren kranken Nachbarn
    auch !
   sch. Daisy. 45 Jahre

So legt euch denn, ihr Brüder,
in Gottes Namen nieder,
kalt ist der Abendhauch.
Verschon uns, Gott mit Strafen
und lass uns ruhig schlafen
und unsern kranken Nachbarn auch.

Steffi, 66 Jahre

„Der Mond ist aufgegangen"
So legt euch denn, ihr Brüder,
in Gottes Namen nieder.
kalt ist der Abendhauch.
Verschon uns, Gott, mit Strafen
und laß uns ruhig schlafen,
und unsern kranken Nachbarn
                                auch!
                    Text Matthias Claudius
                              1779
                    Jördis 73 Jahre

445

So Legt·euch denn ihr Brüder
in Gottes Namen nieder

kalt ist der Abendhauch

verschon uns, Gott mit Strafen

und Lass uns ruhig schlafen

und unsern kranken Nachbarn auch
Jakob, 6 Jahre

446

... how often would I have gathered
thy children together, even as a hen
gathered her chickens under her wings...
(Matthew 23,37)

... volui congregare filios tuos
quemadmodum gallina congregat
pullos suos sub alas...
(secundum Mattheum 23,37)

... combien de fois ai-je voulu rassembler
tes enfants, comme une poule rassemble
ses poussins sous les ailes...
(Matthieu, 23,37)

even as a hen gathered
her chickens under her wings

quemadmodum gallina congregat
pullos suas sub alas

comme une poule
rassemble ses poussins
sous les ailes

Abendlied Nr. 28

Gott, lass dein Heil uns schauen, auf nichts
Vergänglichs trauen, nicht Eitelkeit uns freuen;
lass uns einfältig werden und vor dir hier auf
Erden wie Kinder fromm und fröhlich sein.

(Minh.-Thu N, 15J)

Breit aus die Flügel beide,
o Jesu, meine Freude,
und nimm dein Küchlein ein!
So lass die Englein singen:
Dies Kind soll unverletzet sein!

Nach Jesu Worten
Mt. 23, 37

Beatrix, 81 J.

"Nun ruhen alle Wälder"
Breit aus die Flügel beide,
o Jesu, meine Freude,
und nimm dein Küchlein ein,
weil Satan mich verschlingen,
so laß die Englein singen,
das Kind soll unverletzet sein"

Text: Paul Gerhardt
1647

Gisela 73 Jahre

Abendlied Nr. 29

La nuit

O nuit! Viens apporter à la terre
le calme enchantement de ton mystère.
L'ombre qui l'escorte est si douce!
Si doux est le concert de tes voix chantant l'espérance!
Si grand est ton pouvoir, transformant tout en rêve heureux.

O nuit! Oh laisse encore à la terre
le calme enchantement de ton mystère.
L'ombre qui l'escorte est si douce!
Est-il une beauté aussi belle que le rêve?
Est-il de vérite plus douce que l'espérance?

La Nuit

(Jean Philippe Rameau, 1683 – 1764)

Oh Nuit! Oh! Laisse encore à la terre
le calme enchantement de ton mystère.
L'ombre qui t'escorte est si douce!
Est-il une beauté aussi belle que le rêve?
Est-il de vérité plus douce que l'espérance?

Für Dagmar
von Isabelle (40)

Est-il de vérité plus douce que l'espérance?
(Cécile, 54 Jahre)

450

La Nuit

O night! Bring to the earth the raptures of your secret!
Your shadows and your voices are so tender and sing of hope.
You change everything into a lucky dream.
What is more beautiful than a dream, more real than hope?

O Nacht! Bring der Erde die Verzückung deines Geheimnisses.
Deine Schatten und deine Stimmen sind so sanft und singen von
Hoffnung!
Du kannst alles in einen glücklichen Traum verwandeln!
Was ist schöner als der Traum, was ist wirklicher als die Hoffnung?

O Nuit! Viens apporter à la terre le calme enchantement de ton
mystère!
L' ombre qui l'escorte est si douce! Si doux est le concert
De tes voix chantant l'espérence!
Si grand est ton pouvoir, transformant tout en reve heureux!

GROSSMÜTTERCHEN

KARL MAY

...SOOFT ICH STERNE LEUCHTEN SEHE,
HELL WIE IN MEINER JUGENDZEIT,
HÖR ICH IHR WORT:,WAS AUCH GESCHEHE,
DU UND DEIN GLÜCK,IHR SEID GEFEIT.'
DANN MÖCHT ICH, WIE IN JENEN TAGEN,
ZWAR ÜBERFLÜSSIG, ABER DOCH
DIE LIEBEN,LIEBEN STERNLEIN FRAGEN:
'GROSSMÜTTERCHEN,SAG,WACHST DU NOCH?'

Elisa, 14 Jahre

Anhang

Liste der Bücher, die als Hintergrundwissen in meine Tagebuchnotizen eingeflossen sind

I. Alle Bibeln, die beim Schreiben dieses Buches verwendet wurden

Die Bibel. Die Heilige Schrift des alten und neuen Bundes. Schulbibel in Abstimmung mit der „Jerusalemer Bibel", Freiburg im Breisgau: Herder, 1965 (16. Auflage).

Die Bibel. Altes und Neues Testament. Einheitsübersetzung. Freiburg im Breisgau: Herder, 1991.

Die Bibel mit Bildern von Marc Chagall. Herausgegeben von Vinzenz Hamp, Meinrad Stenzel und Josef Kürzinger. Augsburg: Weltbild, 1998.

Die Bibel nach der Übersetzung Martin Luthers. Schulausgabe. Deutsche Bibelgesellschaft, 1999.

The Holy Bible. Containing the Old and New Testaments. Authorized (King James) Version. Philadelphia, PA: National Publishing Company, 1978.

Biblia Sacra Vulgata. Herausgegeben von Robert Weber und Robert Gryson. Nördlingen: C. H. Beck, 2007 (5., verbesserte Auflage).

La Sainte Bible. Traduite d'après les textes originaux Hébreu et Grec. Übersetzung von Louis Segond. Villiers-le-Bel: Alliance Biblique Universelle, 2012.

***

II. Gebetbücher verschiedener Religionen

Eißler, Friedmann (Hrsg.) (2010): Im Dialog mit Abraham. Berlin: Evangelische Zentralstelle für Weltanschauungsfragen (EZW-Texte 209).

Gottesdienst-Institut Nürnberg (o. J.): Kirchenführer für Muslime. Müslümanlar için Kilise Rehberi (Kılavuzu).

Homolka, Walter (Hrsg.) (2011). Frieden in Fülle komme vom Himmel. Die schönsten Gebete des Judentums. Freiburg im Breisgau: Herder.
[Der Autor ist Professor, Rabbiner, Landesrabbiner a. D. und Autor und Herausgeber zahlreicher Veröffentlichungen zum zeitgenössischen Judentum.]

Kämpchen, Martin (Hrsg.) (2011). Dein Name gewährt jeden Wunsch. Die schönsten Gebete des Hinduismus. Freiburg im Breisgau: Herder.
[Der Autor lebt seit vier Jahrzehnten in Indien und hat u. a. die Texte von Rabindranath Tagore übersetzt.]

Krausen, Halima (Hrsg.) (2011). Licht über Licht. Die schönsten Gebete des Islam. Freiburg im Breisgau: Herder.
[Die Autorin ist islamische Theologin und Imam einer Hamburger Gemeinde.]

Scherer, Burkhard (Hrsg.) (2010). Mögen alle Wesen glücklich sein. Meditationstexte des Buddhismus. Freiburg im Breisgau: Herder.
[Der Autor ist Universitätsprofessor an der englischen Canterbury Christ Church University und praktizierender Buddhist.]

Schridde, Katharina (Hrsg.) (2011). Wie im Himmel so auf Erden. Die schönsten Gebete des Christentums. Freiburg im Breisgau: Herder.
[Die Autorin ist evangelische Benediktinerin, Mitglied der Communität Casteller Ring (CCR), geistliche Begleiterin und Referentin für Theologie und Spiritualität.]

**

III. Bücher, die mir geholfen haben, Menschen anderer Religionen besser zu verstehen

Becker, Jurek (1982): Jakob der Lügner. Roman. Berlin und Weimar: Suhrkamp.

Bruchfeld, Stéphane & Levine, Paul A. (1998): Erzählt es euren Kindern. Der Holocaust in Europa. München: Bertelsmann Jugendbuch Verlag.

Coles, Robert (1994): Wird Gott nass, wenn es regnet? Die religiöse Bilderwelt der Kinder. München: dtv Sachbuch.

Demirkan, Renan (2008): Septembertee oder Das geliehene Leben. Berlin: Aufbauverlagsgruppe, Kiepenheuer-Verlag.

Hansen, Walter (Hrsg.) (2013): Die Edda. Die Germanischen Göttersagen. Rheinbach:
Regionalia-Verlag.

Kamcili-Yildiz, Naciye & Ulfat, Fahimah (2014): Islam. Von Abendgebet bis Zuckerfest. Grundwissen in 600 Stichwörtern. München: Kösel.

Klee, Ernst (2003): Warum hat es uns keiner gesagt? In: Tribüne. Zeitschrift zum Verständnis des Judentums, 42. Jahrgang, Heft 168, 4. Quartal 2003.

Lain-Priestley, Rosemary (2012): Does my soul look big in this? London: Society for Promoting Christian Knowledge.
[Die Autorin ist Dekanin in der Church of England.]

Mandel, Gabriele.(2009): Gezeichnete Schöpfung. Eine Einführung in das hebräische Alphabet und die Mystik der Buchstaben. Wiesbaden: Marix Verlag (2. Auflage).

Mayer, Klaus (2007) . Wie ich überlebte. Die Jahre 1933 bis 1945. Würzburg: Echter Verlag. [Monsignore Mayer war Pfarrer zu St. Stephan in Mainz von 1965 bis 1991.]

Menke, Franz (2012): Die Religionen der Welt den Kindern erklärt. Kevelaer: Butzon und Bercker-Verlag.

Müller, Matthias (2009): Christliche Theologie im Angesicht des Judentums. Bausteine einer Phänomenologie des Wartens. Stuttgart: Kohlhammer.

Semprun, Jorge (1995): Schreiben oder leben. Frankfurt am Main: Suhrkamp.

Staguhn, Gerhard (2006): Gott und die Götter. Die Geschichte der großen Religionen. München: Reihe Hanser dtv.

Waldenfels, Hans (Hrsg.) (1987): Lexikon der Religionen. Phänomene, Geschichte, Ideen. Freiburg: Herder Spektrum.

***

IV. Bücher, die mir geholfen haben, meine eigene Kirche besser zu verstehen

Calvocoressi, Peter (1990): Who's who in der Bibel. München: dtv Sachbuch.

Dirmeier, Ursula (2009): Nicht Furcht, sondern Liebe. Geistliche Lebenskunst mit Mary Ward. Ignatianische Impulse. Würzburg: Echter-Verlag.

Freidl, Thomas u.a. (2013) …und verkündet aller Kreatur … Eine Führung durch die Basilika San Francesco in Assisi. Kunstverlag Josef Fink.

Glatz, Joachim (2009): Dom im Buch – Buch im Dom. Die Mainzer Bischofskirche und die Bücher. Mainz: Publikationen Bistum Mainz.

Glocken in Geschichte und Gegenwart, Band 1 und 2. Herausgegeben vom Beratungsausschuss für das Deutsche Glockenwesen. (1997). Karlsruhe: Badenia Verlag.

Hallensleben, Barbara (1994): Theologie der Sendung. Die Ursprünge bei Ignatius von Loyola und Mary Ward. Frankfurt am Main: Knecht-Verlag.

Huonder, Quirin (1968). Die Gottesbeweise. Geschichte und Schicksal. Stuttgart: Urban-Bücher.

Kiesner, Cosima u.a. (2009). Frauen und keine Fräulein. Maria Ward und die Congregatio Jesu. Topos Taschenbücher.

Köhler, Mathilde (1985): Maria Ward. Ein Frauenschicksal des 17. Jahrhunderts. München: Kösel-Verlag.

Küng, Hans (2006): Musik und Religion. Mozart-Wagner-Bruckner. München: Piper Verlag.

Lehmann, Karl Kardinal (Hrsg.) (2012). Publikationen im Bistum Mainz: Dominus Fortitudo. Bischof Albert Stohr (1890-1961). Würzburg: Echter-Verlag.

Martin, Gabriele (2011). Du findest den Weg nur, wenn du dich auf den Weg machst. Pilgern als Lebensmotiv. Würzburg: Echter-Verlag.

Sayers, Dorothy L. (2003/1934): The Nine Tailors. London: New English Library. [Kriminalroman um Glocken in Kirchtürmen englischer Kirchen. Deutsche Übersetzung unter dem Titel: Der Glocken Schlag.]

Schmitt, Éric-Emmanuel (2003): Monsieur Ibrahim et les fleurs du Coran. Stuttgart: Reclam.

Schmitt, Éric-Emmanuel (2004): L'enfant de Noé. Zürich: Ammann Verlag.

Stingl, Anton jun. (Hrsg.) (2011): Tropen zum Kyrie im Graduale Romanum. Sankt Ottilien: Eos-Verlag.

Sulpicius Severus (2010): Vita Sancti Martini. Das Leben des Heiligen Martin. Lateinisch/Deutsch. Stuttgart: Reclam.

***

V. Alle meine Liederbücher, die ich zur Auswahl der Abend- und Morgenlieder herangezogen habe

Aichele, Karl & Binkowski, Bernhard (Hrsg.) (1968): Unser Liederbuch. Mittelstufenband. Stuttgart: J. B. Metzlersche Verlagsbuchhandlung (12. unveränderte Auflage).

Beinhoff, Howard & Färber, Karl-Heinz (Hrsg.) (1970): Chantons Gaiement. Chansons de la France. Frankfurt am Main: Diesterweg (3. Auflage).

Corbach, Dieter u. a. (Hrsg.) (2001): die mundorgel. Köln/Waldbröl: mundorgel verlag.

Deutscher Chorverband (Hrsg.) (2013): Die Carusos. Lieblingslieder aus aller Welt. Hamburg: Carlsen Verlag.

Erk, Ludwig & Friedländer (o.J): Deutscher Liederschatz. Die schoensten Weisen der alten Sammlung Ludwig Erks, neu bearbeitet und durch hundert Lieder vermehrt. Frankfurt: Edition Peters.

Goldring, Malcolm & Sund, Robert (2006): Songbook. XVI Europa Cantat in Mainz, Mainz: Schott-Verlag.

Heer, Josef, Knorr, Ernst-Lothar von & Rabsch, Edgar (Hrsg.) (1970): Musik im Leben. Schulwerk für die Musikerziehung (Band 1). Frankfurt am Main: Diesterweg (22. Auflage).

Kahl, Peter & Schütt, Hermann (Hrsg.) (1975): It's fun to sing. English and American Songs. Frankfurt am Main: Diesterweg (13. Auflage).

Profos-Sulzer, Elisabeth (Hrsg.) (2013): Chansons populaires de France, de Suisse, de Belgique et du Canada. Reclam Fremdsprachentexte. Stuttgart: Reclam.

Siebald, Manfred (2005): Singen Sie bald mit? Beliebte Lieder von Manfred Siebald für die Gemeinde. Holzgerlingen: Hänssler Verlag.

Ziegert, Alexander (Hrsg.) (o.J.): Poverello. Das gesellige Liederbuch für alle Christen. Leipzig: Benno-Verlag.

***

VI. Liederbücher für den Gottesdienstgebrauch

Für Kinder und Jugendliche:

Diözese Rottenburg-Stuttgart (Hrsg.) (2002): Erdentöne – Himmelsklang. Neue geistliche Lieder. Ostfildern: Schwabenverlag (3. veränderte und ergänzte Auflage).

Horn, Reinhard u. a. (Hrsg.) (2012): Kinder-Kirchen-Hits. Das Liederbuch für den Kinder- und Familiengottesdienst. Lippstadt: KONTAKTE Musikverlag (4. Auflage).

Für Menschen jeden Alters:

Abbaye Saint-Pierre de Solesmes (Hrsg.) (1998): Graduale Triplex. Seu Graduale Romanum Pauli PP. VI. Solesmes: Abbaye Saint-Pierre de Solesmes.
Alléluja. Avec le Christ, dépasser les frontières. Un recueil de chants au service des Eglises francophones. Lyon: Editions Olivétan, 2005.

Commission Internationale Francophone pour les Traductions et la Liturgie (Hrsg.) (2001): Chants Notés de l'Assemblée. Montrouge: Bayard Éditions.

(Erz-)Bischöfe Deutschlands und Österreichs und der Bischof von Bozen-Brixen (Hrsg.) (1998): Gotteslob. Katholisches Gebet- und Gesangbuch für das Bistum Mainz. Stuttgart: Katholische Bibelanstalt (Stammausgabe) und Mainz: Matthias-Grünewald-Verlag (Diözesan-Anhang, 14. Auflage).

(Erz-)Bischöfe Deutschlands und Österreichs und der Bischof von Bozen-Brixen (Hrsg.) (2013): Gotteslob. Katholisches Gebet- und Gesangbuch für das Bistum Mainz. Stuttgart: Katholische Bibelanstalt (Stammausgabe) und Ostfildern: Matthias Grünewald Verlag der Schwabenverlag AG (Diözesan-Anhang).

Evangelische Kirche in Hessen und Nassau (Hrsg.) (2001): Evangelisches Gesangbuch. Ausgabe für die Evangelische Kirche in Hessen und Nassau. Frankfurt am Main: Spener Verlag (3. Auflage).

Hymns Ancient and Modern Limited (2002): Hymns Ancient & Modern New Standard. Full Music Edition. Norwich: Canterbury Press (16. Auflage).

Stanislaus, Horst (2012): Silber-Blick. 25 Jahre Veeh-Harfe. Hemmersheim-Gülchsheim: Verlag der Hermann Veeh GmbH & CoKG.

The Standing Committee of the General Synod of the Church of Ireland (Hrsg.) (o. J.): Church Hymnal. Melody Edition. Oxford: University Press (5. Auflage).

***

VII. Partituren

Ode, James (bearb./hrsg.) (o.J.): G. F. Handel: Eternal Source of Light Divine; from Ode for the birthday of Queen Anne. Surrey: Green Man Press.

Poensgen, Benedikt (Hrsg.) (2011): George Frideric Handel. Te Deum for the victory of Dettingen (HWV 283). Lf.-Echterdingen: Carus Verlag.

Siegmund-Schultze, Walther (Hrsg.) (2013): Händel. Ode for the Birthday of Queen Anne (HWV 74). Klavierauszug nach dem Urtext der Hallischen Händel-Ausgabe von Friedrich Chrysander. Kassel: Bärenreiter (11. Auflage).

***

VIII. Nackenheim – Mainz – Bensheim – Viernheim: Regionales/ Heimatkunde

Bachmann, Hildegard (1993): Dämmerstindche. Rheinhessische Mundart. Mainz: Druckerei Gottfried Märkl 2. Auflage).

Bachmann, Hildegard (2007): Ebbes Feinesje un onnern Geschichte. Ingelheim: Leinpfad-Verlag.

Berg, Manfred (2007): Bensheim erleben. Ein Führer zu den historischen Sehenswürdigkeiten. Weinheim: Edition Diesbach.

Der Kirchenvorstand der Evangelischen Michaelsgemeinde Bensheim (Hrsg.) (2013): 150 Jahre Evangelische Michaelsgemeinde Bensheim: WR design.

Duda, Wendelin (2011): Die Sagen des Mainzer Doms, der Bischöfe und Kurfürsten, der Kirchen und Klöster, der Stadtteile und Randgemeinden. Freiburg: Echo-Verlag (5. Auflage).

Dumont, Franz., Scherf, Ferdinand, Schütz, Friedrich (Hrsg.) (1998): Mainz. Die Geschichte der Stadt. Mainz: Verlag Philipp von Zabern.

Ertl, Erika (Hrsg.) (1994): Bensheimer Geschichten. Senioren erzählen. Bensheim: Selbstverlag der Herausgeberin.

Festschrift zur Weihe der renovierten Schlimbach-Orgel zu St. Gereon in Nackenheim (2004).

Gesellschaft für Vor-und Frühgeschichte in Württemberg und Hohenzollern e.V. (2004): Geritzt und entziffert. Schriftzeugnisse der römischen Informationsgesellschaft. Tübingen: Gulde-Druck.

Gundrum, Hans (1979, reprint): Ebbes vum Hebbes. Mainz: Verlag der Norbert Windfelder Buchhandlung.

Heckwolf, Heinz (Hrsg.) (2013): Vis-à-vis mit dem Domsgickel. Ein Mainzer Wahrzeichen und seine Geheimnisse. Mainz.

Heimat-und Verkehrsverein Nackenheim e.V. (Hrsg.) (2002): Die Kräuter im Nackenheimer Werzwisch (Rheinhessen). Nackenheim: Verlag Incipit.

Jung, Stefanie (2013): 111 Orte in Mainz, die man gesehen haben muss. Mainz: Emons Verlag.

Kirchenvorstand der Christusgemeinde Mainz (Hrsg.) (2003): Christuskirche 1903–2003. Mainz: Pretty Print.

Knapp, Hans (1972): Viernheimer Wörterbuch. „Wie gered't, sou gebabblt." Viernheim: Selbstverlag.

Kotzur, Hans-Jürgen (Hrsg.) (2008): Dommuseum Mainz. Führer durch die Sammlung. Mainz: Verlag Philipp von Zabern.

Leiwig, Heinz (1995): Bomben auf Mainz. 27. Februar 1945: Fakten, Hintergründe, Augenzeugen. Mainz: Verlag PS:KonText.

Loew, Heinrich (1927): Die israelitische Religionsgemeinde Viernheim (Hessen). Festschrift zur Jahrhundertfeier des Synagogenbaues im August 1927. Viernheimer Volkszeitung 1927.

Nackenheimer heimatkundliche Schriftenreihe, Heimat-und Verkehrsverein Nackenheim e.V. (Hrsg.). Lang, W. (1957; 2002, 2. Auflage): Der Rhein bei Nackenheim. Nackenheim: Verlag Incipit.

Reifenberger, Dagmar E. (2000): Die Glocken von Drais im Wandel der Zeit. Noch älter als wir alle sind: Die Draiser Petrusglocke ist 111 Jahre alt. In: 850 Jahre Drais. Nach-Lese zum Ortsjubiläum. Mainz: Schultz.

***

IX. Zum Weiterlesen für universal interessierte Menschen

Aquin, Thomas von (2014 [1933]): Über das Seiende und das Wesen. Lateinisch und Deutsch. Deutsche Übersetzung von Edith Stein. Hrsg. von Bruno Kern. Wiesbaden: marixverlag.

Bergeson, T.R., Trehub, S.E. (1999): Mother's singing to infants and preschool children. Infant behavior and development, 22, 51-64.

Bower, Tom (1978): Die Wahrnehmungswelt des Kindes. Das Kind und seine Entwicklung. Stuttgart: Verlag Klett-Cotta.

Bryson, Bill (2011): Eine kurze Geschichte der alltäglichen Dinge. München: Wilhelm Goldmann Verlag (2. Auflage).

Csikszentmihalyi, Mihaly (1992): Flow. Das Geheimnis des Glücks. Stuttgart: Verlag Klett-Cotta.

Csikszentmihalyi, Mihaly (1997): Kreativität. Wie Sie das Unmögliche schaffen und Ihre Grenzen überwinden. Stuttgart: Verlag Klett-Cotta (2. Auflage).

Dobe, M., Zernikow, B. (2012): Rote Karte für den Schmerz. Wie Kinder und ihre Eltern aus dem Teufelskreis chronischer Schmerzen ausbrechen. Heidelberg: Carl-Auer Verlag (2. Auflage).

Gruhl, Herbert (1978): Ein Planet wird geplündert. Die Schreckensbilanz unserer Politik. Frankfurt am Main: fischer alternativ.

Hammarskjöld, Dag (2005): Zeichen am Weg. Das spirituelle Tagebuch des UN-Generalsekretärs. München: Knaur TB.

Jung, Carl Gustav (1987): Grundwerk C. G. Jung. Band 4. Menschenbild und Gottesbild. Band 9. Mensch und Kultur. Olten und Freiburg im Breisgau: Walter-Verlag.

Kreutz, Gunter u.a. (2004): Effects of choir singing or listening on secretory immunglobulin A, cortisol and emotional state. Journal of Behavioral Medicine 27, page 623-635.

Lelord, François (2007): Le Voyage d'Hector ou la recherche du bonheur. Stuttgart: Reclam.

Marti, Lorenz (2012): Eine Hand voll Sternenstaub. Was das Universum über das Glück des Daseins erzählt. Freiburg im Breisgau: Kreuz Verlag.

May, Karl (1956): Lichte Höhen. Aus Karl May's Nachlass. Bamberg: Karl-May-Verlag.

McCourt, Frank (1996): Die Asche meiner Mutter. Irische Erinnerungen. München: Luchterhand.

McCourt, Frank (1999): Ein rundherum Tolles Land. Erinnerungen. München: Luchterhand.

McCourt, Frank (2006): Tag und Nacht und auch im Sommer. Erinnerungen. München: Luchterhand.

Mitchell, Jaqueline (Hrsg.) (2010): Blitzspirit. Imperial War Museum Collections. Oxford: Osprey Publishing.

Riedel, Wolfgang (2012): Duden Allgemeinbildung. Eselsbrücken. Die schönsten Merksätze und ihre Bedeutung. Mannheim: Dudenverlag.

Sacks, Oliver (2007): Der einarmige Pianist. Über Musik und das Gehirn. Reinbek bei Hamburg: Rowohlt Taschenbuch Verlag.

Schleske, Martin (2011): Der Klang. Vom unerhörten Sinn des Lebens. München: Kösel.

Schmidt-Casdorff, Julia (2001): Der Bündner Kreuzstich als Zeichen. Aspekte des Wandels weiblicher Kultur in Graubünden. Chur: Verein für Bündner Kulturforschung.

Schröer, Ilse (2000): Gutenberg für Kinder / Gutenberg for kids / Gutenberg pour les enfants. Gutenberg-Museum Mainz.

Sennlaub, Gerhard (2009): Rische, rasche, Plaudertasche. Kinder auf das Lesen- und Schreibenlernen vorbereiten. Freiburg im Breisgau: Herder-Verlag.

Spitzer, Manfred (2005): Musik im Kopf. Hören, Musizieren, Verstehen und Erleben im neuronalen Netzwerk. Stuttgart: Schattauer.

Trehub, Sandra u.a. (1997): Mothers' and fathers' singing to infants. Developmental Psychology 33, page 500-507.

Trehub, Sandra E. (2005): Musik in der frühen Kindheit. In: Spezielle Musikpsychologie, Enzyklopädie der Psychologie. Göttingen: Hogrefe Verlag für Psychologie.

Bücher, die mir geholfen haben, mich selbst und meine Mitmenschen besser zu verstehen

Alles, was ich je von Epikur, Seneca, Ovid, Shakespeare, Schiller, Goethe und unzähligen anderen gelesen habe.

Jollien, Alexandre (2009): Liebe Philosophie, kannst du mir helfen? Briefe an Boethius, Schopenhauer und den Tod. München: C. H. Beck-Verlag.

Ott, Ulrich (2010) Meditation für Skeptiker. Ein Neurowissenschaftler erklärt den Weg zum Selbst. O. W. Barth.

Trökes, Anna, Knothe, Bettina (2012). Yoga-Gehirn. Wie und warum Yoga auf unser Bewusstsein wirkt. O. W. Barth.

Danksagungen

Es muss nicht immer www. sein.
Unser Alphabet hat 26 Buchstaben.

Zu guter Letzt kommt zzz.

Zauberwort, Zylinderhut, Zuversicht

Dies ist mein Dankeswort an meinen leider viel zu jung verstorbenen
Onkel Egon, den einzigen Bruder meines Vaters. Es ist zugleich mein
Dankeswort an alle Menschen, die meinem Leben mit Zauberworten
und Zylindern eine Extraportion Zuversicht mitgegeben haben. Nicht
wenige von ihnen tragen oder trugen den Nachnamen Kamp.

Danke ist ein ebenso wichtiges Wort wie JA und NEIN.

Unser Uropa dankt jeden Abend seinem Schöpfer für den Tag, den er heute erleben durfte. Er weiß immer genau, vor wie vielen Tagen er geboren wurde. Berechne ohne Taschenrechner!
(Tipp: zunächst eine Überschlagsberechnung)

Wenn Wolfgang am 7. Juni 1931 geboren ist, wie viele Tage alt war er dann am 24. Dezember 1960 als junger Papa (siehe Foto)?

Dankbarkeit setzt voraus, dass die Dankende keinen Anspruch gehabt hätte, diese oder jene Wohltat zu bekommen. Seit meinem 9. Lebensjahr habe ich täglich mindestens einen Satz aufgeschrieben, wofür ich an diesem einen Tag besonders danken will. An besonderen Tagen, wie zum Beispiel am Tag meiner Ersten Heiligen Kommunion am 13. April 1969, habe ich eine ganze Doppelseite beschrieben.

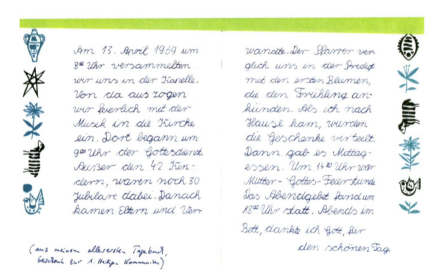

Am 13. April 1969 um 8⁰⁰ Uhr versammelten wir uns in der Kapelle. Von da aus zogen wir feierlich mit der Musik in die Kirche ein. Dort begann um 9⁰⁰ Uhr der Gottesdienst. Außer den 42 Kindern, waren noch 30 Jubilare dabei. Danach kamen Eltern und Verwandte. Der Pfarrer verglich uns in der Predigt mit den ersten Blumen, die den Frühling ankünden. Als ich nach Hause kam, wurden die Geschenke verteilt. Dann gab es Mittagessen. Um 14²⁰ Uhr war Mutter-Gottes-Feierstunde. Das Abendgebet fand um 18⁰⁰ Uhr statt. Abends im Bett, dankte ich Gott, für den schönen Tag.

(aus meinem allerersten Tagebuch, geschenkt zur 1. Heiligen Kommunion)

In meinen Danksagungen aus Kindertagen kommen naturgemäß vor allem meine Eltern, Großeltern, Familienangehörige und Freundinnen vor, immer aber auch Tiere in Feld und Garten, über deren Gegenwart ich sehr glücklich war. Vielleicht ist es meinem persönlichen, offensichtlich relativ hohen Resilienz-Faktor zu verdanken, dass ich in dieser Hinsicht nie abgestumpft, sondern eher noch sensibler geworden bin. Denn mit etwas Glück nimmt generelle Dankbarkeit im Alter nicht ab, sondern zu. Man ist dankbar für alle die, die man zwar schon verloren hat, die aber früher mit einem gelebt, gelacht und geweint haben.

Man ist dankbar für alles Gegenwärtige, das man achtsam genießt. So freue ich mich täglich über jeden Glockenschlag und jedes Läuten aller neun Nackenheimer Glocken. Bin ich unterwegs, dann gilt dies ebenso für die Glocken in Mainz, Bensheim und Viernheim. Auf dem Heimweg mit der Deutschen Bahn habe ich dann genug Zeit, mir Glocken-Sudokus auszudenken. (Ich sollte der Deutschen Bahn wirklich von Herzen danken, wieviel an unverhoffter Zeit sie mir schon zum Ausdenken von Sudokus und Labyrinthen geschenkt hat! ...)
Und ich sehe dankbar in die Zukunft, denn es kann noch einiges Gute kommen; beruflich beispielsweise Kinder, Jugendliche, junge und alte Menschen, die vielleicht an diesem Buch Spaß haben und daraus irgendetwas lernen. Und persönlich, ich bin und bleibe neugierig und dankbar.

Nun aber individuelle Danksagungen:

Ganz herzlichen Dank

den Menschen, die sich jahrein, jahraus um Glocken kümmern, namentlich den Küsterehepaaren Gabriele und Heinz Leichner sowie Dieter und Heidi Köhler, dem Glockensachverständigen Günter Schneider und dem evangelischen Pfarrer-Ehepaar Frau Diehl und Herrn Schwöbel für die Informationen über einzelne Glocken,

meinem alten Vater für die 50 Jahre alten Fotos, die er so gut geknipst hat, für die Erklärungen zu seinen Winzermessern und für seinen einzigartigen Humor,

meiner leider viel zu früh verstorbenen Mutter für alles, was man seiner Mutter so verdankt, besonders für die Verquickung von Singen und Arbeiten, meinem Mann und unseren 3 Kindern für alles, was man seinen Liebsten so verdankt, Ihr seid die 4 Joker im Kartenspiel meines Lebens.

Ich danke Professor Alfred Mertens für die Beantwortung mancher Fragen zum Thema Altes Testament und Professor Werner Kümmel für das Korrekturlesen meines Vortrages im Ortsmuseum in Nackenheim im Januar 2013, der in Lektion 5 zu lesen ist.

Und ich danke Monsignore Klaus Mayer, ehemals Pfarrer in St. Stephan in Mainz, dafür, dass er vor einem Jahr an einem Osterferientag unerwartet bei uns zu Hause angerufen und mich dazu überredet hat, dieses schwierige Kapitel in ein solches Buch einzuarbeiten. Am nächsten Tag habe ich den damals 90jährigen alten Pfarrer in St. Stephan getroffen, der mir unter den Chagall-Fenstern einen langen Brief und ein vom ihm geschriebenes und signiertes Buch „Wie ich überlebte" in die Hand drückte.

Ich danke unserem Freund Pfarrer Winfried Hommel für eine wunderbare Woche für unsere Familie und viele andere Gäste in der Casa Lorenzo in Assisi im August 2013 sowie für das Geleitwort zu diesem Buch, dessen Entstehung er jahrzehntelang miterlebt hat. Mein besonderer Dank gilt den Tieren rund um die Casa Lorenzo, besonders den Grillen, Katzen, Hunden und Schafen, insbesondere dem „schwarzen Asthmaschaf", das inzwischen an Asthma oder Vereinsamung oder an beidem zugleich verstorben ist.

Ich danke den beiden Steinmetzen für die sehr individuell gestalteten Wort-Wegweiser in unserem Garten. Et expecto resurrectionem mortuorum, gestaltet vom Steinmetz J. Hubig nach Kinderzeichnungen, liegt unter dem alten Nussbaum, unter dem schon einige Katzen und eine Brieftaube ihre letzte irdische Ruhestätte gefunden haben. An dieser Stelle auch noch ein Danke an Kardinal Volk, damals noch nicht Kardinal, der anlässlich einer Fragestunde bei der Firmvorbereitung meine diesbezügliche Frage als Firmling („Wird man im Paradies seine Haustiere wiedersehen?") nicht verlachte, sondern sogar ernsthaft bejahte.

Wir Mainzer hatten bisher immer ausgesprochen großes Glück mit unseren Oberhirten, die zu uns nach Mainz geschickt wurden. Auch dies ein wichtiger Hinweis für die hochbegabten Schülerinnen und Schüler, denen mein Buch in die Hände fallen könnte: Kardinal Volk und Kardinal Lehmann stehen für brillante Intelligenz und herzhaften Humor und eben deshalb sind sie allen Schafen ein guter Hirte geworden, den schneeweißen, den wollweißen und den schwarzen, den frohen ebenso wie den traurigen Schäfchen.

Unser Jakobsweg war ein Überraschungsgeschenk vom Steinmetz-Obermeister Kurt Lenz aus Mainz-Bretzenheim, dem Ehemann meiner lieben Großcousine Christhilde. Nachdem unser Sohn Jakob im Garten in den Sommerferien einen kleinen *Jakobsweg* aus Steinresten gestaltet hat, sehen wir fast täglich Schnecken aller Arten, die in ihrem Tempo auf unserem Jakobsweg unterwegs sind.

Ich bedanke mich bei dem freundlichen und geduldigen Grafiker Robert Haas für die Umsetzung meiner Bleistiftskizzen in Sudokus und Grafiken und ich bedanke mich bei Daniele Schramm, Magda Müller und Edith von Eerde von *Landfein im Kirschgarten, Mainz* für die Verwandlung meiner Schwalbenfamilie-Bleistiftzeichnung in eine Stoffapplikation und darüber hinaus bei der Kreuzstichexpertin Elly Koch aus Chur, die mich in puncto Kreuzstichdesign über Jahrzehnte inspiriert hat.

Herzlichen Dank auch meinen besten Freundinnen, mit denen ich fast ein halbes Jahrhundert frohe und traurige, aber dabei doch immer nur gute und innige Erinnerungen teile.

Dabei nochmals ganz besonderen Dank an Bettina Gütermann-Cichorowski für die Gitarren- und Klaviernoten des türkischen Abendliedes „Dandini, dandini". Und an Lissi Frey für die praktische und emotionale Unterstützung im Garten und auf dem Friedhof, so dass selbst die Grabpflege für meine Tante Hildegard inzwischen zu einem Segen für mich wurde statt eine lebenslängliche Bürde zu bleiben. Solche Verwandlungen von Pflicht in Freude kannst nur du … Danke an Sylvia und Eberhard Struck, mit denen man über alles reden kann, also auch über Dietrich Bonhoeffer und andere besondere Lieder.

Ich danke meinem altgewordenen Klassenkameraden Dr. Guido Platz und seiner Frau Claudia und allen Mitgliedern des SKTC (SchwellKoppTräscherClub) Mainz für die Unterstützung beim Tragen des Schwellkopps „Die Strunzern". Mit dem Foto von mir selbst und dem riesigen Schwellkopp auf dem Jugendmaskenzug kann ich an der Bergstraße und in Viernheim ohne viele Worte das Hochbegabtengedankenkarussell oder das Elternschuldgefühlekarussell erläutern.

Ich danke meinen Gruppenkindern der Mädchengruppe „Frechdachse" der Katholischen Jugend Nackenheim und meinen unzähligen Nachhilfeschülerinnen und Schülern, die mir auf wunderbare Weise immer wieder veranschaulicht haben, wie unterschiedlich Menschen sind und wie ähnlich sie zugleich sind, wenn sie lachen.

Ich danke den Mitgliedern des Katholischen Kirchenchores Nackenheim und Ihren jeweiligen Chorleitern Dieter Rudolf, Dr. Renate Lang geb. Rudolf und Jutta Schitter für die Chorlieder auf der Morgenlieder-CD, besonders Annemarie Rudolf für musikalische Früh- und Spätererziehung.

Ich danke meiner langjährigen Brieffreundin Deborah Barnes aus Hampshire und meiner aus Belgien stammenden Freundin Cécile Grevisse-Vogel dafür, dass beide mich gelegentlich in englischer beziehungsweise französischer Sprache unterstützen.

Ich danke meiner evangelischen Schulfreundin Michaela, dass sie ausgerechnet mich zur alleinigen Patentante ihrer ältesten Tochter Manuela bestimmt hat und für die freundliche Zustimmung des evangelischen Pfarrers und seiner Kirche. Ich weiß, dass die katholische Kirche dies im umgekehrten Falle nicht so genehmigt hätte und meine Traurigkeit darüber möchte ich auch nicht verschweigen.

Ich danke allen guten Lehrern in Grundschule und Gymnasium, in Nackenheim und Mainz, durch die Schule zu einer Quelle lebenslanger Inspiration geworden ist. Stellvertretend für viele weitere seien einige ganz besonders herzlich bedankt. In der Reihenfolge ihres zeitlichen Auftretens:

In der Grundschule: Elisabeth Salzer (Klassenlehrerin), Frau Müller (Handarbeitslehrerin), Frau Höflich (Religion).
In der Maria Ward-Schule Mainz:
Frau Beckmann (Handarbeitslehrerin), Schwester St. Ancilla (Religion), Tini Reising, Schwester M. Devota, Helga-Maria Haack, Gerda Hartrath-Orth (Musiklehrerinnen), Schwester M. Irmgard, Gisela Mende (Biologielehrerinnen), Rainer von Scharpen (Englischlehrer) und Alfons Rudolf (Lateinlehrer).

Ich danke allen mitwirkenden Musikern und Musikerinnen der Morgen- und Abendlieder CDs, ganz besonders denen, die an einigen Liedern mit einigem Zeitaufwand beteiligt waren.
Marie Cara, damals 4 Jahre, hat so innig ihren Kuscheltieren gesungen, wie dies nur Vierjährige können. Michael Freund, der mir über

eine Aufnahme von Radio Melibocus und mit seiner CD Piano seul begegnet war, hat mit dem alten Nackenheimer Erntedanklied und vielen anderen Liedern unnachahmliche Melodien eingespielt. Das Bolivianische Erntelied „Fiel" im Anschluss an unser Traditions-Erntedanklied ist so völlig anders und drückt doch ebenso den Erntedank aus. Maria Graschtat, bei der Aufnahme im Tonstudio erst 14 Jahre alt, sei besonders gedankt für die außerordentlich angenehme und inspirierende Zusammenarbeit.

Ganz herzlichen Dank an Dr. Alfred Huff, der in seinem sensationellen Tonstudio in Mainz-Drais die einzelnen, über Jahre entstandenen Aufnahmen zu einem musikalischen Ganzen zusammengefügt hat.

Möge jede Hörerin und jeder Hörer einige für ihn passende Melodien und Texte finden, die ihr und ihm Entspannung schenken.

They tiptoe, Danksagungen

Ursprünglich altes irisches Tanzlied, bekannt geworden durch die CD *Book of Kells*, komponiert und aufgeführt von *Shamrock-Duo, Hilde und Jupp Fuhs*. Das Lied wird traditionell mit Flöten, Tin Whistle, Bodhran, Harfe und Streichpsalter begleitet. Der Name des Ensembles leitet sich von Shamrock, dem irischen Weißklee ab. Dieser dreiblättrige Klee soll dem Heiligen Patrick Grundlage seiner einfachen Predigten für einfache Zuhörer gewesen sein, denen er die Heilige Dreifaltigkeit erklären wollte.

Im „Book of Kells" werden die vielen Klosterkatzen besungen. Diese Katzen schleichen allgegenwärtig von einer Klosterzelle zur anderen, von der Schreibstube zum Kornspeicher. Sie beschützen zugleich unermüdlich die Mönche, die Nahrungsvorräte und Pergamente aus Rinderhäuten und damit das mühevoll entstehende und sorgsam handgeschriebene Evangeliar vor Mäusen und Ratten. Aber sie verursachen auch selbst durch ihre Katzengewohnheiten neues Durcheinander in den Schreibstuben. Sie spielen mit den feinen Schreibfedern und sie zerzausen dabei die feinen Daunenästchen. Sie zerbeißen die Federkiele und stoßen Tintenfässchen mit kostbaren Farbflüssigkeiten um.

Hilde und Jupp Fuhs haben sich vor einigen Jahren über mein Interesse an diesem Lied gefreut und mir spontan die Noten geschickt. Michael Freund hat mit seiner Klavierinterpretation wiederum das Interesse unserer jüngsten Tochter geweckt, die wiederum zum Geburtstag von ihrer Klavierlehrerin Cäcilia Lange Notenbild und Anleitung bekam. Für die Abendlieder CD dieses Buches hat Maria Graschtat im Tonstudio in Mainz-Drais die schleichenden trickreichen Katze mit ihrer Violine interpretiert, begleitet von Herrn Freund am Klavier. So lange kann es dauern, bis aus einer Melodie und den Bildern, die ein solches Lied im Kopf erzeugt, ein heilsames Abendlied zum Weitersingen und Mitsingen entstanden ist.

Ich bedanke mich also aus meines Herzens Grunde bei Hilde und Jupp Fuhs, Cäcilia Lange, Maria Graschtat und Michael Freund für ihre wichtigen Beiträge zum Entstehen dieses besonderen Liedes.

Alle auf den beiden CDs mitwirkenden Musiker

sind keine Berufsmusiker, sondern arbeiten (arbeiteten) in anderen Berufsfeldern.

Maria Graschtat, *1999, Violine, Gesang	Schülerin, 9. Klasse
Michael Freund, * 1966, Piano, Orgel, Keyboard	Lehrer für Mathematik, Musik
Dieter Rudolf, 1937–2014, Orgel	Lehrer für Mathematik, Physik
Hans-Peter Spanheimer, * 1964, Orgel	Lehrer für Musik, Deutsch
Josef Schaffrath, * 1958, Orgel	Lehrer für Mathematik, Informatik, Physik
Dr. Renate Lang (geb. Rudolf), * 1964, Orgel	Ärztin
Susanne Jung (geb. Schroff), *1970, Orgel, Klavier, Gesang	Lehrerin für Deutsch, Musik, kath. Religion
Marie Cara Jung, *2008, Gesang	Kindergartenkind, zum Zeitpunkt der Tonaufnahme 4 Jahre
Susanne Schweiger, * 1970, Gesang	Lehrerin für Chemie, Deutsch und kath. Religion
Elisa Groth (geb. Reifenberger), * 1984, Orgel, Gitarre, Gesang	Magister Artium (Latein, Altgriechisch), Lehrerin für Deutsch

Jakob Reifenberger,	Student (Publizistik,
* 1991, Trompete, Ukulele	Anglistik)
Allegra Reifenberger, *1997, Gitarre	Schülerin, 12. Klasse
Hans-Peter Reifenberger,	Schulpsychologe
* 1953, Sprechstimme	
Dagmar E. Reifenberger,	Schulpsychologin,
* 1960, Gesang, Blockflöte	Klang- und
	Musiktherapeutin

Musikgruppen:

Katholischer Kirchenchor St. Gereon/Nackenheim, Chorleiterin Jutta Schitter aus Katzenbach
Sternsinger, Kinder und Jugendliche, St. Gereon/Nackenheim

Eco Latino, Nackenheim, Gitarren, Flöten, Percussion
Herkunftsländer der Musiker: Bolivien, Chile, Paraguay, Deutschland

Ensemble Arpeggio, Bayern, Menschen mit und ohne Down-Syndrom, Veeh-Harfen und Gesang, Chorleiterin Johanna Veeh-Krauß

Der Rabe tanzt wild hin und her zur Musik vom CD-Player!

Schlusssegen

Wenn im frühen Mittelalter ein Buch fertig geschrieben worden war, so pflegte der Bücherschreiber ganz zuletzt eine solche Handschrift mit einem sogenannten Bücherfluch gegen mögliche Bücherdiebe zu schützen. Und zwar folgendermaßen: „UT TE DESTRUAT DEUS!" – Möge Gott dich vernichten!- lautete der Fluch gegen den Bücherdieb. Die Botschaft wurde ohne Tinte mit spitzer Feder ins Pergament geritzt und zusätzlich dadurch verschlüsselt, dass die lateinischen Buchstaben ins Griechische übertragen wurden.

Ein Bücherfluch als Schlusswort erscheint mir nicht passend. Es soll ein Segenswort sein.
Wenn ich davon ausgehe, dass das Gute auf Dauer stärker ist als das Böse, die Liebe stärker ist als der Tod und ein Segen stärker ist als ein Fluch, dann sollte ganz zuletzt ein Segensspruch stehen.

Unsere Zukunft ist schweigendes Land,
nicht Menschenwille es pflügt.
Jeder Tag kommt aus Gottes Hand
Und das zu wissen genügt.   Maria Ward

Vor rund fünfzig Jahren gab es in jedem katholischen Haus ein Weihwasserkesselchen, eine Schale mit gesegnetem Wasser, die an der Wand befestigt war. *Das Weihwasserkesselchen daheim*, so schrieb ich mal mit sechs Jahren in mein Tagebuch, *ist das Urenkelkind vom Taufbecken in unserer Kirche droben und das Enkelchen von den Weihwasserschalen rechts und links bei der Kirchentüre.*
Am Anfang des Tages, am Abend vor dem Schlafengehen und bevor man auf eine Reise ging, bekam man von Mutter oder Großmutter ein kleines Weihwasserkreuzchen auf die Stirne gezeichnet, dazu ein leises „Gott seschen dich, moi Kind!" (auf hochdeutsch: Gott segne dich, mein Kind!).

Diese zarte Geste war ein guter Wunsch, zugleich aber auch das Eingeständnis der Erwachsenen: wie gerne würden wir dich vor allen Gefahren, vor allem Bösen beschützen. Da wir nicht auf allen

Wegen bei dir sein können, möge Gottes Segen dich beschützen, immer und überall.

In Irland, wo auch dann noch lange Armut den Alltag beherrschte, als bei uns schon längst das Wirtschaftswunder boomte, konnte die ältere Generation der jüngeren oft nichts mit auf den Lebensweg geben als einen Segensspruch. Das erklärt, warum es so viele schöne und anrührende Segensworte aus Irland gibt. Viele wurden gerade damals formuliert, als Hungersnöte in der zweiten Hälfte des 19. Jahrhunderts massenhafte Auswanderungen nach Amerika verursachten.

„A blessing does not fill the stomach", ein Segensspruch füllt keinen Magen, auch das ist ein irisches Sprichwort. Doch wir leben nicht vom Brot allein.
Nicht, dass alles schon von selbst gut ist, sondern es beinhaltet die Zuversicht: mit Gottes Hilfe **Ein Segen ist ein unsichtbares Zeichen, das von einem Menschen zum anderen, von einer Generation zur anderen weitergegeben wird und eine Zusage von Gott ist.**
Segen bedeutet: Alles wird am Ende gut! All is well that ends well!. Tout est bien qui finit bien! Segensworte und Segensgebärden sind wichtig für Juden, Christen, Muslime, für Menschen anderer Religionen ebenso, für Alte und Junge.
Und jeder einzelne Mensch kann an jedem Tag in irgendeiner Weise zum Segen für andere Lebewesen werden.

Solange ich denken kann, sind Umweltschutz und Artenschutz, Archäologie und Denkmalpflege wichtige Themen, die im Tagesgeschehen von wichtigeren Fragestellungen der großen Weltpolitik regelmäßig beiseite gefegt werden.

Mit jedem Verlust von Tierarten, Häusern, Denkmälern geht auch ein Stückchen Heimatgefühl verloren. Wer nur die eigene Gegenwart sieht und die Vergangenheit als Schnee von gestern abtut, der irrt. Wir haben eine Verantwortung gegenüber den nach uns kommenden Generationen, manchmal begreifen das kleine Kinder besser als scheinbar vernünftige Erwachsene. Sie stellen viele Fragen und staunen, wie anders das Leben ohne Heizung und Dusche, ohne Flugzeuge und Handys gewesen sein muss.

Mein allererster Berufswunsch, mit vier Jahren, war: ich werde Steinmetz!
Meine Begründung: was in Stein geschrieben ist, wird später niemals
verloren gehen.

Mein nächster Berufswunsch, weil es hieß, dass Steinmetze immer
Männer seien, war ausgerechnet: Pfarrer. Mein Entsetzen groß: auch
das wieder ein Männerberuf.
Pfarrer, so dachte ich, passen auf, dass verstorbene Menschen niemals
vergessen werden, ebenso wie Steinmetze, die die Namen Verstorbener in Grabsteine meißeln.

Nun habe ich fünfzig Jahre lang elf Tagebücher vollgeschrieben, etwa die Hälfte der Menschen, die in meinen Tagebüchern von früher vorkommen, sind längst gestorben, Tendenz steigend. Die Sprache, die ich in meinen ersten Lebensjahren gesprochen und auch in Vorschulzeit aufgeschrieben habe, war ein Dialekt, den heute so leider niemand mehr spricht. Eine Kostprobe davon habe ich in ein Quiz verpackt. Ich vermute, die wenigsten Leser werden alles richtig beantworten und niemand spricht selbst so im Alltag.

Wer schreibt, der bleibt. Wer Tagebuch schreibt, lebt doppelt. Erinnerungen sind nicht Spekulationen. Alte Ängste sind unwichtig geworden. Oder, noch besser: Ängste, die schlimm waren, haben sich in Zuversicht verwandelt. Wenn man älter wird, weiß man, ob es bei Gefahr besser ist wegzulaufen oder zu kämpfen. Frauen, die bequeme Schuhe tragen, können beides besser: schnell weglaufen oder fest stehenbleiben und unbequeme Wahrheiten sagen, wenn es sein muss.

Wenn ich nicht so oft nach Worten gerungen hätte, wie Hildebert Hassemer „in de Bojemaaschderei" als Gemeindesekretär mit der Schreibmaschine Rhythmus fabriziert „uff die Melodie von dene Kerchelieder, die wo er sunndaachs uff de Orjel spiele duut: ...", würde diese Erinnerung für immer verloren gehen. Und es ist so eine schöne Erinnerung, auch das eine Art musikalischer Früherziehung, Teil II nach Teil I in der Mainzerstraße Nr. 4.

Kleine Singvögel singen nicht gleich in ihren ersten Lebenswochen schöne und kunstvolle Lieder. Das Liederrepertoire ist bei älteren Singvögeln deutlich größer als bei jüngeren Vogelkindern. Junge Zaunkönige oder Rotkehlchen lernen singen, indem sie das Lied ihrer Eltern in Segmente zerlegen, diese Bausteine einzeln üben und allmählich zu eigenen Liedern zusammensetzen.

Lieder lassen sich leichter aufbewahren und weitergeben als Tierarten und Denkmäler.
Damit das geschieht, müssen wir allerdings dasselbe tun, wie „unsere gefiederten Freunde". Ein buchstäblich geflügeltes Wort von Bernhard Grzimek. Wenn Lieder nur in Liedersammlungen in Bibliothe-

ken verstauben, geraten sie in Vergessenheit. Wenn sie nicht gesungen werden, haben sie keine heilsame Wirkung.

Unsere Schulkinder lernen nicht mehr „Die Glocke" von Friedrich Schiller auswendig und erst recht nicht „Der Glockenguss zu Breslau" von Wilhelm Müller. Vermutlich kennt kein Jugendlicher Dorothy Sayers' Kriminalroman „The nine tailors."
Aber ihr kurzes Vorwort möchte ich unkommentiert zitieren, da ich Glocken allgemein und unsere neun Nackenheimer Glocken als wichtige Klangspender achte.

„From time to time complaints are made about the ringing of church bells. It seems strange that a generation which tolerates the uproar of the internal combustion engine and the wailing of the jazz band should be so sensitive to one loud noise that is made to the glory of God."

Ob Jazzmusik oder Kirchenglockengeläute: Klänge, Rhythmen, Melodien sind wohltuend für Körper und Geist. Ob musikalische Früherziehung mit Xylophon oder Glockenspiel, ob Glöckchen und Schellen auf Kuhweiden: all diese Klangteppiche aus Stimmen und Tönen können, wenn sie nur richtig dosiert werden, individuelle und universale rezeptfreie Beruhigungsmittel sein. Eine wichtige Voraussetzung ist allerdings, dass es auch ausreichend viele Momente ausgeprägter Stille gibt.

Vielleicht können wir dadurch unsere Ängste in Zuversicht verwandeln, dass wir Morgen- und Abendlieder aus aller Welt gemeinsam singen. Ob *Dandini, dandini* oder *Breit aus die Flügel beide*, ob Kälbchen oder Küken, ob Dur oder Moll, ob Quinte oder Oktavsprung, ob Kleinkind oder Greis: das Singen ist die gemeinsame Muttersprache aller Menschen.

In englischen Luftschutzkellern wurde seit 1940 ein Lied gesungen, dessen Refrain lautete:

For the peace – bells will ring
And the whole world will sing
When they sound the last *all – clear*.

(Die Friedensglocken werden läuten
Und die ganze Welt wird singen
Wenn man das letzte *alles klar* ausruft.)

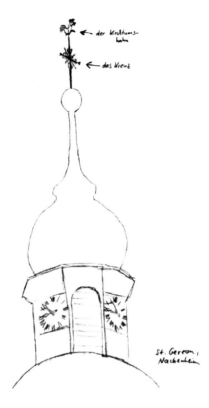

Dieses Lied wurde viele Jahre gesungen, bis endlich und endgültig Entwarnung ausgerufen werden konnte. Bis dahin mochte niemand in unseren Nachbarländern mehr die vormals so beliebten Abendlieder deutscher Komponisten hören und singen.

Einige Menschen, geboren in England, Irland und Schottland, erzählten mir unabhängig voneinander, dass spätestens ab 1940 bis in die Nachkriegszeit oder sogar für immer *Guten Abend, gute Nacht* auch als reine Instrumentalversion ohne Text verboten oder verpönt war, eben weil es ein deutsches Abendlied eines deutschen Komponisten war.

Wir können unendlich dankbar sein, dass wir solange schon in Frieden leben dürfen.

Der kleinste Baustein des großen Weltfriedens ist, mit sich selbst jeden Tag im Frieden zu leben. Und das kann jeder Mensch, jeden Tag, immer wieder von neuem, wie alle Menschen neben, vor und nach uns.

Glauben vermag Berge zu versetzen und ist trotzdem nicht wirklich fassbar. Jedes noch so akribisch theologisch fundierte Bild von Gott ist undeutlich, noch weniger als eine flüchtige Skizze mit einem kleinen Bleistiftstummel auf einem alten Butterbrotpapier. Und weil in jedem von uns ein göttlicher Anteil innewohnt, sollten wir auch Tag für Tag dementsprechend respektvoll einander begegnen.

Als Schlusssatz für mein Buch borge ich mir die Worte bei Ludwig van Beethoven aus, der dieses Geleitwort über das Kyrie seiner Missa Solemnis schrieb:

Von Herzen – möge es wieder zu Herzen gehen!

AMEN

Grenoble

Nackenheim

Viesalem

MAINZ 1922.

Kein Kirchthurmsgockel wie ein anderer Kirchthurmsgockel

Keine Glocke im Kirchthurm wie eine andere Glocke